Die Marken

MICHAEL SATTLER • CHRISTIANE TOLKMITT
MIT FOTOS VON WOLFGANG KRAMMER

Die Marken.

UNBEKANNTES ITALIEN ZWISCHEN ADRIA UND APENNIN

Verlag Carinthia

Fotonachweis:
Veröffentlichung folgender Fotos erfolgt mit freundlicher Genehmigung der Tourismusbüros (APT) Ancona, Ascoli, Fano, Gabicce, San Benedetto, Sarnano, Senigallia und Urbino: 9, 20, 26, 35, 72, 86, 98, 99, 124, 138, 182, 186, 187, 192, 208, 218, 220, 224, 228
Alle anderen Fotos © Fotos: Wolfgang Krammer, Wien
© Karte im Innencover: m4 Mediendienstleistungs GmbH & Co KG, Klagenfurt

www.verlag.carinthia.com
Gestaltung: Pliessnig
Satz und Repro: TextDesign GmbH, Klagenfurt
Druck: Carinthian Bogendruck, Klagenfurt

www.italien-rustico.de
www.rustico-factory.com

ISBN 3-85378-569-7

Geschichte und Gesellschaft

Die Provinzen

Tourenvorschläge

Die Küche der Marken

Anhang

Geschichte und Gesellschaft

Einleitung

Der moderne Massentourismus erschließt immer neue Bereiche, und dabei entgeht ihm scheinbar nichts; die Marken sind ihm allerdings bislang verborgen geblieben. Vielleicht durch ihre Lage abseits der großen Reisewege, die bereits in den vorigen Jahrhunderten von Goethe und anderen illustren Reisenden in den nordeuropäischen Ländern bekannt wurden. Vielleicht war es für die Marken ein glücklicher Umstand, daß Goethe von Venedig über Umbrien nach Rom fuhr und lediglich die nebligen Täler um Arezzo beschrieb, statt die kräftigen Farben einer marchegianischen Landschaft. Vielleicht lag es aber auch an dem in Italien so berühmten *Markenplan,* der nach dem 2. Weltkrieg zur Ansiedlung kleiner und mittlerer Firmen führte, so daß die Landflucht eingegrenzt und nicht um jeden Preis in den Tourismus investiert wurde. Jedenfalls findet sich in den Marken wenig Bereitschaft, Kompromisse einzugehen, um den Tourismus zu fördern. Buden mit Ansichtskitsch sieht man eher selten, Ausländer werden noch gegrüßt und wie Menschen behandelt und nicht als zu melkende Kuh betrachtet. Vielleicht ist dies alles ein großes Glück für die Region, die nicht unbedingt die reichste Italiens ist, aber deren Einwohner zufrieden leben und nirgendwo anders hin wollen.

Die Touristen, denen man hier begegnet, fahren nicht großen Werbeplakaten hinterher, sondern möchten eine wenig bekannte Gegend erschließen. Sie werden belohnt, denn mit den Marken lernen sie ein Stück des ursprünglichen Italien in konzentrierter Form kennen: eben ein Italien in einer Region, wie es von namhaften Reisenden wie Montaigne, Seume und Stendhal beschrieben wurde. Wer also Italien kennenlernen möchte, wie es noch heute sein könnte, wäre da nicht der Massentourismus gewesen, der sollte am Lago di Garda und an Rimini vorbei in Richtung Süden fahren und sich auf sein eigenes Urteil verlassen.

Ein Stück ursprüngliches Italien in konzentrierter Form: die Marken. Luftaufnahme von Osimo (li.); Alltag am Markt von Ascoli.

Von den Menschen in den Marken (ALBERTO SENSINI)

Wenn Sie einen Durchschnittsitaliener fragen, wo genau die Marken liegen und welche Menschen die Marchegianer sind, so wird die Frage fast immer Verlegenheit hervorrufen, die Antwort wird allgemein oder sogar falsch sein. Warum? Die Antwort ist einfach. Weil die Marken in der Vorstellung der Allgemeinheit keine klar umrissene Identität haben, obwohl sie eine der variationsreichsten und schönsten Regionen der ganzen Halbinsel sind. Aber auch weil die Marchegianer jede Rhetorik, jede Redekunst ablehnen, die die Schönheit ihres Landes beschreiben würde. Sie sind sehr bescheidene Menschen, zudem zäh und nüchtern wie alle erdverbundenen Völker, – jeder Marchegianer hat einen Großvater, der Bauer oder Landbesitzer war.

Die Marken werden häufig als »in der Mitte liegend« charakterisiert, was nicht mit »Mittelmäßigkeit« verwechselt werden darf. In der Tat sind die Marchegianer in allen nationalen Statistiken im »guten Mittelfeld« zu finden, in allem schneiden sie ein bißchen besser als der ärmere Süden, ein wenig schlechter als der privilegierte Norden Italiens ab. Mittleres Einkommen, Größe der Familie, Sparverhalten, Bildungsniveau, soziale Zusammensetzung: In all diesen Statistiken werden Sie die Marken immer im berühmten Mittelfeld zwischen den Gegensätzen des Südens und des Nordens finden, die die Halbinsel entzweien.

Natürlich spiegelt sich all das auch im Charakter der Marchegianer wider. Sie sind bescheiden, wie bereits erwähnt, nüchtern und arbeitsam, Feinde der Rhetorik, aber dennoch ironisch (auch sich selbst gegenüber; was in Italien nicht häufig anzutreffen ist).

Im großen und ganzen ist es ein ernstes Volk, das an seinen Traditionen hängt, ohne dabei konservativ zu sein, es ist dem Fortschritt zugetan, ohne Neigung zum Abenteuer zu haben, und es ist religiös, ohne klerikal zu sein.

Das bemerkten zu ihren Zeiten schon Montaigne, Seume und Hesse.

Kommen Sie und sehen Sie selbst ...

Alberto Sensini war 20 Jahre Chefredakteur für den politischen Teil des »Corriere della Sera«. Er wurde in Camerino geboren, ging jedoch nach dem Studium nach Rom. In seinem Herzen ist er nach wie vor ein Marchegianer.

Die Geschichte der Marken

Schon der Plural des Namens Marken, der erstmals im 10. Jahrhundert auftaucht, weist auf eine uneinheitliche und unhomogene Geschichte hin, weswegen es nicht einfach ist, einen zusammenfassenden Überblick zu bieten: Zu viele Städte mit zu vielen Schicksalen und zu häufig wechselnde Bündnisse haben die Geschichte geprägt. Aber vielleicht ist es gerade dieser Umstand, der die Marken so interessant macht, denn jeder kann hier noch ein bißchen Historiker oder Archäologe sein.

Zahlreiche archäologische Funde, die die Marken diesbezüglich sehr interessant machen, lassen sich bis 5000 Jahre v. Chr. zurückdatieren und weisen auf eine frühe und mittelmäßig dichte Besiedlung hin. Auch der ständige Einfluß aus dem Balkan läßt sich an diesen Funden erkennen.

Ca. 3000 v. Chr. wurde das Leben der neusteinzeitlichen Landwirte durch das Eindringen jagender Stämme aus dem tirrenischen Gebiet verändert.

Etwa 1000 v. Chr. formierte sich der Volksstamm der **Picener,** der aus den vom Osten eingewanderten Sabinern hervorging und kulturelle Parallelen zu den Etruskern, sowie Kontakte mit den Griechen aufwies. Dieses Volk verehrte einen Spechtvogel, (lateinisch: picus), woraus sich sein Name ableitet. Die Picener betrieben überwiegend Landwirtschaft, ihre Grabstätten sind ab dem 9. Jahrhundert v. Chr. nachweisbar.

Im 4. Jahrhundert v. Chr. fielen die Gallier in weite Teile der heutigen Marken ein und besetzten das Gebiet. Es entstand eine Unterteilung, die Jahrhunderte anhielt: Nördlich des Flusses Esino herrschten die Gallier, südlich davon die Picener und in einem kleinen südwestlichen Streifen entlang des Apennin die Umbrer.

In der ersten Hälfte des 3. Jahrhunderts v. Chr. vereinigten sich die Picener mit den Römern gegen die gemeinsamen Feinde. Diese Allianz besiegte 295 v. Chr. die Gallier in der Nähe des heutigen Sassoferrato, was für die Picener allerdings dazu führte,

ebenfalls beinahe vollständig von den Römern unterjocht und vereinnahmt zu werden, die 268 v. Chr. das Gebiet zu römischem Territorium erklärten. Lediglich Ascoli schaffte es, sich seine Autonomie für weitere 150 Jahre zu bewahren.

In der Folgezeit unterstanden die Marken dem römischen Imperium. Es wurden Handelswege errichtet, die Rom mit der wichtigen Adriaküste verbanden. Im Landesinneren wurden Ländereien an Kriegsveteranen verteilt, was im allgemeinen die landwirtschaftliche Entwicklung voran brachte.

Im 4. Jahrhundert spaltete sich das Römische Reich in Ost und West, der östliche Teil wurde von

In den Provinzen Ascoli und Macerata finden sich zahllose Ansichten wie diese.

Byzanz aus regiert und gewann an Macht und Einfluß.

Der Germanenführer Odoaker führte 476 n. Chr. den endgültigen Verfall des mittlerweile dekadenten Weströmischen Reiches herbei. In der Folgezeit gelang es Byzanz, die Oberhand zu gewinnen. Von hier aus wurde in den Marken die sogenannte Pentapolis (Fünfstadt) gegründet, die aus Rimini, Senigallia, Pesaro, Fano und Ancona bestand.

Im 6. Jahrhundert wurde die Region von den Langobarden, einem germanischen Volk auf der Völkerwanderung, heimgesucht und furchtbar verwüstet. Kaum ein Gebäude überstand diese Periode.

Die nun folgenden Jahrhunderte (7.–11. Jahrhundert) sind im Hinblick auf die Marken nicht vollständig zu rekonstruieren. Die betreffende Literatur ist widersprüchlich und ungenau, lediglich einige Eckdaten sind belegt.

Um die Zeit der Jahrtausendwende herrschten die Ottonen, ostfränkische, d.h. deutsche Könige, in Mittelitalien. Otto I. ließ sich Mitte des 10. Jahrhunderts in Rom zum Kaiser krönen. Die Region wurde erstmals in die Marken Camerino, Fermo und Ancona unterteilt. Es begann ein ständiger Kampf zwischen Kirche und weltlicher Macht, der sich im Streit zwischen Guelfen (auch: Welfen) und Ghibellinen manifestierte. Erstere waren Anhänger des Papstes, während letztere dem Kaiser nahestanden.

Ab der zweiten Hälfte des 12. Jahrhunderts, der Zeit der Kreuzzüge, übernahmen die Staufenkaiser die Macht.

Unter dem Staufen Friedrich II., der in einem Zelt auf dem Marktplatz von Jesi geboren wurde, spitzte sich die Auseinandersetzung zwischen den Papst- und den Kaisergetreuen zu und erreichte ihren Höhepunkt in der ersten Hälfte des 13. Jahrhunderts. Nach dem Tod Friedrichs II. gewann die Kirche die Oberhand.

Im 14. und 15. Jahrhundert waren die Marken in viele kleine Stadtstaaten aufgeteilt, in denen vom Papst eingesetzte Familien herrschten. Diese waren die Malatesta in Pesaro und Fano, die Montefeltro, und später die della Rovere in Urbino, Fossombrone und Pesaro, die Varano in Camerino und die Chiavelli in Fabriano.

Mit dem 16. Jahrhundert ging die Blütezeit der Marken wie auch die Italiens zu Ende. Die gesamte Macht fiel an die Kirche zurück, und Italien wurde ab Mitte des 17. Jahrhunderts ein Kirchenstaat.

Der Verlust der zentralen Stellung Venedigs als wichtigem Handelsplatz und Hafen für die angrenzenden Länder, bedingt durch die neue Schiffahrtsroute um Südafrika, ließ Italien verarmen und für den Welthandel in absolute Bedeutungslosigkeit verfallen.

Einflußreiche Familien der Marken

Über weite Strecken des Mittelalters waren Schicksal und Geschichte der Marken mit denen einiger weniger großer und einflußreicher Familien auf das engste verbunden. Die Zeugnisse aus jener Zeit, die wir heute noch in den Marken vorfinden, tragen den Stempel dieser Familien. Ihre Namen begegnen uns auf unserer Entdeckungsreise immer wieder. Das mittelalterliche Städtebild, das in den Marken so gut erhalten geblieben ist, wurde von diesen Menschen entscheidend geprägt.

In den nördlichen Marken war dies in Urbino die Familie Montefeltro und in Fano und Pesaro die Familie Malatesta, die zeitweise sehr stark miteinander konkurrierten und sich gegenseitig bekriegten. Für Camerino spielte diese Rolle die Familie Varano und für Fabriano die Familie Chiavelli.

Die Familie Montefeltro

Der erste Montefeltro, über den berichtet wird, war Antonio, der 1155 geholfen haben soll, den Aufstand gegen Barbarossa in Rom niederzuschlagen. Für diesen Einsatz wurde er mit der Lehnsherrschaft über das Montefeltro, dem Gebiet im äußersten nordöstlichen Zipfel der heutigen Marken, belohnt.

Schon Antonios Sohn Montefeltrano (1135–1202) erreichte eine Erweiterung des Lehnsgebietes um das Montefeltro. Zusammen mit seinem Sohn Buonconte unterstützte er den Staufen Heinrich IV. bei der Rückeroberung Süditaliens. Sein jüngster Sohn wurde Bischof in S. Leo. Buonconte und ein weiterer Sohn Montefeltranos, Taddeo, wurden 1226 für ihre Kaisertreue mit dem Lehen der Stadt Urbino belohnt.

Als Buonconte 1242 mit 77 Jahren starb, wurde sein Bruder Taddeo Familienoberhaupt, er verstieß gegen die Familientradition, indem er auf die päpstliche Seite überwechselte. Nach dem Tod Taddeos 1251 erbte Guido (1223–1298), ein Enkel des Buon-

Der »Piano Grande« bei Castelluccio in den Monti Sibillini

conte, die Ansprüche seines Großonkels. Guido wurde in der ältesten Burganlage des Montefeltro, Petra Rubea, geboren, deren wilde Ruinen noch heute zu besichtigen sind. Guido schloß sich wieder dem Kaiser an und eroberte Jesi, Forli, Cesena und Senigallia. Im Zuge der Auseinandersetzungen zwischen Guelfen und Ghibellinen wurde Urbino von päpstlicher Seite erobert, wenig später (1288) wurde Guido vom Papst gefangen genommen und vier Jahre inhaftiert. Nach seiner Freilassung belagerte er Pisa und ließ seinen Gegner Graf Ugolino verhungern; ein Vergehen, das von Dante in seiner Göttlichen Komödie im 33. Gesang der Hölle beschrieben wurde. Auf seine alten Tage versöhnte sich Guido mit dem Papst, entsagte der weltlichen Macht, wurde Franziskanermönch und zog sich in eine Zelle in Assisi zurück. Daß er seinen Frieden trotz dieser Anstrengungen letztendlich doch nicht erlangte, geht aus Dantes Bericht im 27. Höllengesang hervor, denn Guido mischte sich während seiner Mönchszeit erneut in weltliche Angelegenheiten und beging Verrat, indem er dem Papst Informationen lieferte. Zumindest nach Einschätzung Dantes sicherte ihm dieses Vergehen den Platz in der Hölle. Urbino und das Montefeltro befanden sich nun wieder fest in der Hand des Papstes.

Die auch weiterhin in Urbino ansässige Familie war nun den päpstlichen Gouverneuren unterstellt.

Erst mit Antonio Montefeltro (1348–1404) gewann die Familie wieder an Macht. Antonio war zunächst ins Exil verbannt, das er in Florenz verbrachte. Die Bürger Urbinos waren jedoch mit der kirchlichen Mißwirtschaft alles andere als zufrieden und verlangten nach Antonio, der schließlich mit päpstlicher Billigung nach Urbino zurückkehrte und als päpstlicher Vikar eingesetzt wurde. Von den Malatesta eroberte er in den folgenden lokalen Kriegszügen Gubbio, Cagli und Cantiano. Antonio war bei den Urbinern beliebt und zeigte sich fromm. In seiner florentinischen Zeit hatte er sich außerdem mit den humanistischen Idealen vertraut gemacht.

Er bewohnte den noch heute erhaltenen Palazzo Buonventura, der sich neben dem später erbauten Palazzo Ducale in Urbino befindet. Antonio wurde in der Kirche S. Francesco in Urbino beigesetzt.

Antonios einziger Sohn Guidantonio (1378–1443) setzte die väterliche Tradition fort und wurde ebenfalls päpstlicher Vikar, was damals eine Frage der Bezahlung war. Als Condottiere stand er überdies im Dienst der Republiken Venedig und Florenz und des Königs von Neapel und nahm somit teil an den großen politischen Bewegungen Italiens. Auch er wird als frommer, den franziskanischen Ideen verpflichteter Mann geschildert. Vom Papst wurde ihm Spoleto gegeben, wie auch Castel Durante (das heutige Urbania), da die dort ansässige Familie Brancaleone das Lehen an die Kirche nicht bezahlen konnte. Guidantonio hatte einen ehelichen Sohn, Oddantonio (1427–1444), der nach dem Tod seines Vaters als erster der Familie vom Papst in den Herzogstand erhoben wurde. Oddantonio übernahm im Alter von nur 16 Jahren die Herrschaft, erfüllte die in ihn gesetzten Hoffnungen jedoch nicht. Seine charakterliche Schwäche zeigte sich schnell. In seiner kurzen Zeit als Herzog von Urbino nahm er das Volk finanziell aus, zeigte keinen Respekt vor seinen Untertanen, verfolgte und vergewaltigte Bürgertöchter, wodurch er in kürzester Zeit den Haß der Urbiner auf sich zog. Von erbosten Bürgern wurde er in seinem Urbiner Palast durch Dolchstiche ermordet. Glücklicherweise hatte sein Vater Guidantonio, vielleicht in weiser Voraussicht, mit der Zofe seiner Gattin einen weiteren – illegitimen – Sohn gezeugt, Frederico (1422–1482), und diesem das Lehen über Castel Durante vermacht. Beim Papst erwirkte er für

seinen unehelich geborenen Sohn das päpstliche Vikariat, um dessen Stellung zu sichern.

Nach der Ermordung Oddantonios 1444 gelangte somit Frederico an die Macht. Auch er wurde, allerdings erst 1474, zum Herzog von Urbino ernannt. Unter Frederico erlebte Urbino seine bedeutendste Zeit. Der Herzog versammelte zahlreiche Künstler an seinem Hof. Er war beliebt bei der Bevölkerung und favorisierte einen volksnahen Regierungsstil. Sein Bildnis (von Piero della Francesco gemalt) hängt heute in den Uffizien in Florenz und zeigt sein markantes Profil, Ergebnis einer Kampfverletzung, bei der ihm das Nasenbein gebrochen wurde. Der Herzog wurde stets im Profil von der linken Seite gemalt, da er sein rechtes Auge ebenfalls in einer Schlacht verlor. Die persönliche Geschichte Fredericos war bewegt. Seine Kindheit und frühe Jugend verbrachte Frederico in Mantua, wo er am Hofe der Gonzaga lebte und die Erziehung des Humanisten Vittorino da Feltre genoß, die ihn prägte. Humanistischen Idealen fühlte sich Frederico neben seinen machtpolitischen Bestrebungen zeitlebens verpflichtet. Als ihn der Ruf nach Urbino ereilte, war er zwar erst 22 Jahre alt, jedoch schon ein kampferprobter Mann. Bereits mit 15 Jahren war er von Kaiser Sigismund zum Ritter geschlagen worden. Seine Halbschwestern aus der Ehe seines Vaters Guidantonio mit Caterina Colonna versuchten beim Papst zu erreichen, daß er die Legitimierung als päpstlicher Vikar für Urbino nicht erhielt, ihre Bemühungen blieben jedoch ohne Erfolg.

Durch eine Liga mit Florenz und ein Bündnis mit dem König von Neapel machtpolitisch gestärkt, gelang es ihm, das erbliche Vikariat für seine männlichen Nachfolger zu sichern. 1444 nahm Frederico den Malatesta Fossombrone und 1459 Pergola ab. Er erwarb sich einen hervorragenden Ruf als Heerführer, der ihm viele militärische Aufträge brachte und zu einem beträchtlichen Einkommen verhalf. Dadurch konnte er die Steuern niedrig halten, was den Urbiner Bürgern und denen seiner anderen Herrschaftsbereiche zu Prosperität und Zufrieden-

heit verhalf. Er wurde von in- und ausländischen Herrschern anerkannt und umworben.

Seine erste, als Kindehe zu bezeichnende Verbindung mit Gentile Brancaleone blieb ohne Nachkommen. Er hatte zwei uneheliche Söhne, von denen einer später an der Pest starb. Vergeblich bemühte sich Frederico, diese Söhne zu legitimieren. 1460 heiratete er um der Erbfolge Willen Battista Sforza (1446–1472), die Tochter von Alessandro Sforza aus Pesaro. 1472 wurde nach fünf Töchtern schließlich der ersehnte Erbe Guidobaldo geboren.

Frederico entwickelte sich im Laufe seines Lebens zu einem Kunstmäzen aus Neigung, aber sicherlich auch, um seine Macht zu demonstrieren. Er beauftragte namhafte Architekten, vornehmlich jedoch Francesco di Giorgio Martini, mit dem Bau einer stattlichen Anzahl von Palästen und Festungsanlagen. Besonders hervorzuheben sei hier der Bau des Herzogspalastes in Urbino, der ab 1465 im klassischen Renaissancestil erbaut wurde. Herzstück des Palastes sind das kostbar ausgestattete Studierzimmer Fredericos und die Palastbibliothek mit Tausenden von Manuskripten. Weitere Herrschaftshäuser ließ er in Gubbio, Cagli, Fossombrone, Cantiano und Urbania errichten. Anläßlich der Geburt seines Sohnes 1474 veranlaßte Frederico die Erneuerung des Doms in Urbino und den Bau des Klosters S. Chiara. 1482 starb Frederico 60jährig auf der Höhe seiner Macht an Wassersucht und Malaria. Er wurde in der Kirche S. Bernardino bei Urbino beigesetzt.

Bilder einer Landschaft: in den nördlichen Marken; typische Bodenerosionen; Torbogen (von li.).

Bei der Geburt seines einzigen legitimen Sohnes, Guidobaldo (1472–1508), ein schwächliches und sehr zartes Kind, starb dessen Mutter Battista. Nach dem Tod Fredericos wurde dem 10jährigen, nunmehr verwaisten Guidobaldo ein Vormund, Ottaviano degli Ubaldini, ein enger Vertrauter Fredericos, zur Seite gestellt.

Doch Guidobaldo hatte nicht die herausragenden Fähigkeiten seines Vaters. Glücklos in seinen militärischen Unternehmungen versuchte er dennoch, den höfischen Standard am Urbiner Palast zu wahren. Wie sein Vater fühlte er sich zu Kunst und Wissenschaft hingezogen. Seine Ehe mit Elisabetta Gonzaga blieb kinderlos.

1502 eroberte Cesare Borgia Urbino und einige benachbarte Städte und plünderte den Palast. 1504 konnte der ins Exil geflüchtete Guidobaldo mit Hilfe des Papstes zurückkehren, fand sich jedoch um wesentliche Kunstschätze ärmer. Nur vier Jahre später starb Guidobaldo gerade 36jährig.

Die Familie Malatesta

Fano, Pesaro

Um die Geschichte der Familie Malatesta, deren Name bezeichnenderweise am ehesten mit »Übelkopf« übersetzt werden kann, ranken sich viele blutrünstige Erzählungen. Anders als die andere große und einflußreiche Familie der nördlichen Marken, die Montefeltro, die über lange Zeit der damaligen Vorstellung eines idealen Herrschaftsstils recht nahe kam, zeichnete sich die Geschichte der Malatesta durch Grausamkeiten aus, die auch vor den eigenen Verwandten nicht halt machte, sowie durch rücksichtslose Machtbesessenheit. Schon Dante verbannte die ersten Vertreter der Familie in seiner Göttlichen Komödie in den zweiten Kreis der Hölle. Er schilderte die tragische Geschichte von Francesca von Rimini und den Malatestabrüdern Paolo und Gianciotto, die sich auf der Burg Gradara abspielte. Gianciotto, der ungeliebte Ehemann Francescas, tötete nämlich seine Frau und seinen Bruder Paolo aus Eifersucht.

Die Familie war zunächst im 12. Jahrhundert in Pennabilli, im Norden der Marken, ansässig. Seit Anfang des 13. Jahrhunderts lebten die Malatesta in Rimini, wo ihnen gegen die Verpflichtung, im Kriegsfall für die Stadt zu kämpfen, die Bürgerrechte eingeräumt wurden.

Malatesta da Verruchio, der Lahme (1210–1312), schlug sich auf die Seite der Guelfen und gelangte durch seinen militärischen Einsatz für den Papst in die Führungsposition in Rimini und der Romagna. So begann Ende des 13. Jahrhunderts die Herrschaft der Malatesta in Rimini, die 200 Jahre dauern sollte. Der Einflußbereich der Familie erstreckte sich bis weit in die Marken hinein.

Malatesta Malatesta (1297–1364) ist unter allen Schurken seines Geschlechts besonders hervorzuheben, denn er prägte den Ruf der Familie, skrupellos und grausam zu sein, entscheidend mit und erwarb sich den Beinamen »Guasta Famiglia«, »Familienverderber«. Er gelangte durch Intrigen und Gewalt gegen Familienangehörige in Rimini an die Macht, die ihm zunächst keineswegs zustand. Er war es auch, der dafür sorgte, daß die Malatesta in den Marken an Einfluß gewannen, indem er zwischen 1333 und 1348 zeitweise die Herrschaft über Ascoli, Ancona, Fano, Pesaro und Fossombrone ausübte. Aus machtpolitischen Erwägungen heraus schloß er sich dem Papst an.

Immer wieder kam es zu kriegerischen Auseinandersetzungen zwischen den Malatesta und den Montefeltro um die Vorherrschaft in den Marken. Gegenspieler von Frederico Montefeltro war vor allem

Sigismondo Malatesta (1417–1468), der ebenfalls zum schlechten Ruf der Familie beitrug. Ihm wird nachgesagt, seine ersten beiden Ehefrauen ermordet zu haben. Sigismondo, Sohn des Pandolfo Gianotto, war, wie Frederico, ein illegitimes Kind aus einer Verbindung mit einer Dienerin und wurde von seiner leiblichen Mutter nach der Geburt getrennt. Er wuchs einsam und ohne Zuwendung auf. Sein Vater, der starb, als Sigismondo gerade neun Jahre alt war, hatte aus mehreren Ehen und Liebschaften zahlreiche Kinder. Sigismondo erkämpfte sich unter diesen eine Vorrangstellung. Mit fünfzehn Jahren übernahm er bereits als Nachfolger seines Bruders, der sich im religiösen Wahn das Leben genommen hatte, die Herrschaft über Rimini. Sigismondo war ein erfolgreicher Feldherr, der militärische Aufträge annahm, diese zur vollen Zufriedenheit seiner Auftraggeber ausführte und dementsprechend entlohnt wurde. 1446 lernte er die schöne und sehr gebildete Bürgertochter Isotta aus Rimini kennen und lieben, für die er bereits zu Lebzeiten ein aufwendiges Grabmal in Rimini errichten ließ, dessen Bau damals als Skandal galt. Die für die Legitimation seiner Liebschaft hinderliche zweite Ehefrau ließ er, ebenso wie die erste, kurzerhand ermorden. Auch Sigismondo umgab sich an seinem Hof mit Künstlern und Poeten und wurde, wie Frederico Montefeltro, von Piero della Francesco porträtiert.

Sigismondo, der zum ersten Mal bereits im Alter von dreizehn Jahren gegen die Montefeltro kämpfte, verlor schließlich sein in den Marken erkämpftes Terrain wieder an die Montefeltro.

Gegen Ende seines Lebens war Sigismondo glücklos, sein Vermögen schwand, die Aufträge blieben aus, er überwarf sich mit dem Papst, und es wird berichtet, daß er diesen anläßlich einer Audienz ermorden wollte.

Die Familie Varano

Camerino

Die Herzöge von Varano sind die dritte Familie, deren Geltung und Einfluß die Marken im Mittelalter geprägt haben. Ihre Geschichte ist eng mit der Camerinos verbunden, und unter dem Einfluß dieser Familie

Typische Landschaftsformen: Obst- und Weinbau wechselt mit karger Natürlichkeit (unten: in den Monti Sibillini)

erlebte die Stadt ihre Glanzzeit. Obwohl sich das Herrschaftsgebiet der Varano zeitweise von Ascoli, Visso, Sarnano über Macerata und Recanati, bis nach Senigallia erstreckte, ist die Geschichte der Familie doch längst nicht so spektakulär wie die der anderen großen Familien der Marken. Die Varano herrschten unangefochten nahezu drei Jahrhunderte in Camerino. Als Feldherren waren die Varano angesehen, sie kämpften stets auf der Seite des Papstes. Dem für heutige Verhältnisse eher kleinen Camerino verhalfen sie damals zu einem so hohen Bekanntheitsgrad, daß man die Stadt auf mittelalterlichen Europa- bzw. Weltkarten wiederfinden konnte. Dem Wirken der Varano verdankte Camerino auch die Einrichtung einer Universität und einer Malerschule.

Die Geschichte der Familie begann im Jahr 1259 mit der Zerstörung Camerinos durch die Ghibellinen, den Verbündeten von Manfredi. Als drei Jahre später die beim Kampf geflüchteten Bewohner in die Stadt zurückkehrten, setzte sich Gentile da Varano, ein Adliger aus der ländlichen Umgebung an die Spitze derer, die den Wiederaufbau in die Hand nahmen. Er proklamierte Disziplin und Vaterlandstreue und versprach, dem Despotismus der vorangegangenen drei Jahrhunderte ein Ende zu bereiten. Gentile herrschte von 1262–1284 und dehnte bereits in dieser Zeit den Machtbereich Camerinos sehr weit aus. Ihm folgte sein Sohn Rodolfo I. (1284–1316) und nach diesem Berardo I., der als der eigentliche Begründer des Herzogtums Camerino anzusehen ist. Unter ihm nahm der politische Einfluß der Familie zu, so daß die Varano vom Papst als ernstzunehmende Partner wahrgenommen wurden. Es folgten Gentile II. (1329–1355) und Berardo II., dessen Sohn Rodolfo II. durch die Teilnahme an Kreuzzügen zu Ruhm gelangte und dem Camerino einiges Raubgut zu verdanken hatte. Sein Bruder Giovanni hingegen war Bauherr für vielfältige Wehranlagen, die noch heute in den unterschiedlichsten Stadien des Verfalls um Camerino herum zu sehen sind. In den Jahren 1385 bis 1399 wurden die Varano von Gentile III. vertreten. Sein Sohn Rodolfo III. führte die Geschäfte bis 1424 weiter. Das Jahr 1434

Klassisches Rustico: verlassener Bauernhof in der Provinz Pesaro, darunter: Olivenbäume.

brachte den Varano Unglück: Bei einem Familienstreit in Camerino wurden vier ihrer Söhne hingemetzelt. Acht Jahre später fiel Sforza in Camerino ein. Die Witwe von einem der ermordeten Söhne, Elisabetta Malatesta, konnte ihren Einfluß geltend machen und erreichte, daß ein Jahr später erneut zwei junge Varano, die dem einstigen Gemetzel entgangen waren, wieder an die Macht gelangten: Rodolfo und Cesare. Sie wurden, weil sie noch zu jung waren, bis 1448 durch Elisabetta vertreten. In großem Einverständnis führten die beiden Cousins die Regentschaft bis 1464. In diesem Jahr starb Rodolfo, und Giulio Cesare wurde alleiniger Herrscher. Für Camerino begann eine Zeit des Wohlstands und kultureller Blüte. Der Hof wurde nach dem Urbinos zum bedeutendsten der Region, und namhafte Künstler, Wissenschaftler und Humanisten hielten sich in Camerino auf. In dieser Zeit wurde das urbane Leben Camerinos erheblich gefördert, und der Herzogspalast stand nachmittags der Bevölkerung offen. Cesare war als begehrter Feldherr des öfteren abwesend, so daß seiner Frau Giovanna Malatesta Verwaltung und Gestaltung des Lebens am Cameriner Hof oblag und die positive Entwicklung in dieser Zeit auch wesentlich ihr Verdienst gewesen sein dürfte.

1502 wurde Camerino, wie andere Städte in den Marken, von Cesare Borgia besetzt, und es begann eine Zeit wechselhafter und unbeständiger politischer Verhältnisse. Zwar konnten einzelne Mitglieder der Familie Varano zeitweise wieder die Macht übernehmen, hatten aber auch mit internen Querelen zu kämpfen. So war Mitte des 16. Jahrhunderts der Untergang der Familie besiegelt, lediglich ein Zweig der Sippe Varano verblieb in Ferrara.

Die Provinzen

Der Nationalpark »I Sibillini«

Der Nationalpark bildet eine fünfte und eigenständige Region der Marken, obwohl ein Teil des Parks in Umbrien liegt. Er lädt zum Erforschen auf eigene Faust ein und befriedigt dadurch in unvergleichbarer Weise ein Grundbedürfnis der menschlichen Natur. So kommt es, daß jeder, der einmal hier war, von diesem schönen und ursprünglichen Gebiet tief beeindruckt ist.

Die Einrichtung des Nationalparks »I Sibillini« wurde in den 60er Jahren geplant und in den 80er Jahren begonnen, ist jedoch bis heute noch nicht als ein klar umrissenes und abgeschlossenes Projekt zu bezeichnen. Sein Entstehen geht nur langsam und vorsichtig voran, denn allzu unterschiedlich sind die Ansprüche von Tourismus, Einwohnern und Natur. Das Gebiet des Parks erstreckt sich etwa 40 km in Nord-Süd-Richtung, ca. 20–30 km in Ost-West-Richtung und gehört mit 15.000 Einwohnern zu den am wenigsten besiedelten Gebieten Europas. In den 18 Gemeinden, die im Park liegen oder an ihn angrenzen, befinden sich über 50.000 schützenswerte biologische und architektonisch-historische Schätze. 1800 Pflanzenarten, 50 verschiedene Säugetierarten, 150 Vogelarten und ca. 20 verschiedene Reptilien bzw. wirbellose Tiere gehören zu seinem lebenden Inventar.

Andererseits jedoch hat sich in diesem historisch interessanten und sich durch Artenvielfalt auszeichnenden Makrobiotop die Einwohnerzahl in den letzten 30 Jahren um 50% verringert und ist damit stärker als die umliegenden Regionen von der Landflucht betroffen. Heute kommen die einst Abgewanderten oft als Urlauber in ihre Heimat zurück.

Das erklärte Ziel des Parks ist es, die über Jahrhunderte gewachsene biologische, kulturelle und historische Identität zu erhalten bzw. wiederzuerlangen. Dies ist sicherlich kein leichtes Unterfangen, bedeutet es doch, die Zeit innerhalb der Grenzen des Parks in einer anderen Geschwindigkeit ablaufen zu lassen als in der schnellebigen und modernen Welt außerhalb. Dennoch sieht das Konzept des Parks keine starre Infrastruktur mit Zwangscharakter vor, sondern möchte lediglich als Behüter und Bewacher eines verträglichen Gleichgewichts zwischen den sozialen, ökonomischen und ökologischen Bedürfnissen und Erfordernissen verstanden werden.

Das Herz des Parks besteht aus der von Nord nach Süd ausgerichteten Bergkette der »Sibillini«, deren höchster Berg, der Monte Vettore, bis auf nahezu 2.500 m emporragt. Der Vettore ist ähnlich einem Vulkan im Inneren hohl, und dort befindet sich der See »Lago di Pilato«, wohin der Sage nach der Leichnam des gleichnamigen römischen Statthalters von einer Büffelherde verschleppt worden sein soll. In dem See wurde vor einigen Jahrzehnten eine für ausgestorben gehaltene Spezies von winzigen Krebsen (Chirocephalus marchesonii) entdeckt. Im August, wenn die meisten Italiener Urlaub machen und vor der Hitze in die Berge oder ans Meer flüchten, werden rund um den See Wachen aufgestellt, um die gegen Verschmutzung sehr empfindlichen Tiere zu schützen.

20 weitere Gipfel aus Kalkfelsen ragen über 2.000 m in den Himmel. Einer der seit jeher berühmtesten ist der Monte Sibilla, wo die Höhle der sagenumwobenen Fee Sibylle liegt. Der Eingang der Höhle wurde leider in den 50er Jahren durch eine Explosion verschüttet und nicht mehr wiedergefunden. »La Grotta della Sibilla« war im Mittelalter eine Kultstätte für ganz Europa. Es kamen Ritter aus Frankreich und Deutschland, um das Reich der Fee zu erforschen, und die so entstandenen Geschichten haben sich bis heute erhalten. Einige der bekanntesten unter den »Höhlenforschern« waren Andrea da Barberino, Antoine de la Sale und Hermelin. Das Bild der mythischen Sibylle ist widersprüchlich, für die einen war sie eine Prophetin und anmutige Frau, für andere eine Zauberin im Bund mit dem Teufel, so daß einige Päpste das Aufsuchen der »Sibillini« verboten. Auf jeden Fall bot sie genügend Stoff für die »Tannhäusersage« und für Michelangelos Fresken in der Sixtinischen Kapelle in Rom.

Detailaufnahmen aus Tolentino (li.), San Ginesio (re.) und den Monti Sibellini (unten)

Im Süden des Parks liegen die Hochebenen Pian Grande, Pian Perduto und Pian Piccolo, die durch ausgetrocknete Gletscherseen am Ende der quartären Eiszeit entstanden. Der grandiose Anblick dieser Landschaft sucht in Europa seinesgleichen. Immer wieder werden die Hochebenen von Nepal zum Vergleich herangezogen. Man hat das Gefühl, sich in einer anderen, baumlosen Welt zu befinden. Dies ist um so erstaunlicher, als man nur ein Tal weiter, sowohl in westlicher als auch in östlicher Richtung, schon wieder eine völlig andere Landschaft vorfindet.

Der ökonomische Schwerpunkt im Park war von jeher die Schafzucht und, vor allem in Castelluccio, der Linsenanbau.

Einige der umliegenden Siedlungen lebten einst vom Handel mit den vorbeiziehenden Schäfern. Andere Orte entstanden auch durch die Besiedlung auf Veranlassung der Kirche. Aus der Verquickung von klerikalen, ökonomischen und intellektuellen Interessen entstanden in diesem Gebiet viele Klosteranlagen und Eremitagen. So entwickelte sich im Mittelalter z. B. in Preci ein Zentrum für Chirurgie, das auf die Behandlung von Augen und Wirbelsäule spezialisiert war. Das nahegelegene Norcia war (und ist) für seine Metzger berühmt, und da sich die Anatomie von Schweinen und Menschen sehr ähnelt, der menschliche Kadaver jedoch lange Zeit für Forschungszwecke tabuisiert war, holte man sich diese »Fachleute« zu Hilfe. Unzählige solcher Zusammenhänge und Geschichten gilt es wieder zu entdecken, denn sie machen den Park so interessant und einzigartig. Hinzu kommen architektonische Sehenswürdigkeiten wie der Klosterbau von Macereto (siehe Fiastra), die Kirche S. Benedetto in Norcia, die Abbazia S. Eutizio in Preci, die Festungsmauern in Montemonaco oder die Burg von Arquata, um nur einige zu nennen.

Die heutige Baumgrenze liegt bei etwa 1700 m, also ca. 1000 Meter tiefer als einst. Dies ist die Folge von Abholzungen in früheren Jahrhunderten, um Weideflächen zu schaffen. Bis auf eine Höhe von ca. 1000 m besteht der Wald meist aus Eichen, Eschen und Buchen. Je höher man kommt, desto mehr

überwiegen die Buchen. Auf den Wiesen wächst eine Vielzahl höchst seltener Blumen und Kräuter, die zum Teil sogar in Italien nur noch hier zu finden sind (Carex Disticha im Piano Grande, Ephedra nebrodensis im Val Nerina).

Aber auch die Fauna des Parks ist äußerst interessant, der Wolf hat hier beispielsweise einen seiner letzten natürlichen Lebensräume in Europa. Außerdem trifft man Stachelschweine, Wildkatzen, Großfamilien von Wildschweinen und seit einigen Jahrzehnten auch wieder den Rehbock. Unter den Vögeln sind vor allem Steinadler, Uhu, Habicht, Sperber, Steinhuhn, Alpenkrähe, Mornellregenpfeifer, Steinrötel, Alpenbraunelle, Schneefink und Wanderfalken nennenswert.

Weiterhin kommt in weiten Teilen des Parks eine giftige Vipernart (Aspisviper) vor. Da die Jagd im Park verboten ist, haben einige Tierarten ihren letzten natürlichen Feind verloren und konnten sich daher seitdem ungehindert vermehren, insbesondere das Wildschwein. Andere Arten werden trotz des Verbots nicht verschont, vor allem der Wolf und der Steinadler.

Zählt zu den am wenigsten besiedelten Gebieten Europas: der Nationalpark (li.).

Die vier Provinzen und ihre Sehenswürdigkeiten

Provinz Pesaro

ACQUALAGNA

Acqualagna, an der alten Römerstraße Via Flaminia gelegen, ist heute vor allem als »Hauptstadt« der Trüffel bekannt, denn von Oktober bis März wird alle 14 Tage ein Trüffelmarkt abgehalten. In ihrer Umgebung mit ausgedehnten Eichenwäldern wachsen die kostbaren und kostspieligen weißen Knollen (Kilopreis um 2000 DM). Für Feinschmecker ist die alljährlich in den ersten beiden Novemberwochen stattfindende Messe, die Fiera del Tartufo, eine einmalige Gelegenheit, die verschiedenen traditionellen Trüffelgerichte zu kosten und Trüffelhunde bei der Arbeit zu beobachten.

Verläßt man Acqualagna auf der alten Via Flaminia in Richtung Fossombrone, gelangt man entlang des Candigliano-Flusses zwischen hohen Felswänden zur **Gola di Furlo,** der Furlo-Schlucht. Der knapp 40 m lange und 6 m hohe Tunnel, durch den die Via Flaminia hier führt, wurde, wie die noch erhaltene antike Inschrift am Tunnelausgang bezeugt, 76 n. Chr. von Vespasian eröffnet und erfüllt noch heute seine Funktion.

CAGLI

Die Stadt Cagli ist am Fuße des Massivs der Berge Catria Petrone und Nerone am Zusammenfluß von Burano und Bosso gelegen. Sie erstreckt sich z. T. am Hang und gehört mit ihren knapp 10.000 Einwohnern zu den größeren Städten der Marken.

Die Geschichte Caglis ist eng mit der der Via Flaminia verknüpft: Zur Zeit der Römer war der Ort durch seine Lage an der Via Flaminia ein wichtiges Handelszentrum, der Standort der Stadt jener Zeit entspricht jedoch nicht mehr der heutigen Lage. Das ursprüngliche Cagli, das im 12. Jahrhundert Selbständigkeit erlangte, wurde 1287 von dem Ghibellinen Trasmondo Brancaleone zerstört. Zwei Jahre später wurde die Stadt mit päpstlicher Unterstützung in der Nähe des alten Standorts wieder aufgebaut. Nach Bündnissen mit den Städten Gubbio und Perugia übernahm schließlich die Familie Montefeltro von Urbino die Herrschaft. In dieser Zeit profitierte die Stadt von den künstlerischen und architektonischen Ambitionen der Herzöge von Urbino, die sich auch auf Cagli auswirkten.

Hier wurde übrigens auch 1475 noch in der Zeit der Montefeltro eine der ersten Druckereien Italiens gegründet.

Von der Befestigungsanlage der Stadt, die von den Montefeltro bei dem berühmten Architekten Francesco di Giorgio Martini in Auftrag gegeben wurde, ist in der Stadt nur noch ein Rest der Wehrmauer und der zur Besichtigung freigegebene Turm »**Torrione**« zu sehen. Oberhalb der Stadt befinden sich ebenfalls Reste der Anlage. Die Burg wurde 1502 auf Befehl von Guidobaldo Montefeltro mit Ausnahme des Verteidigungsturms abgetragen.

1566 begann man an der gleichen Stelle mit dem Bau eines Karmeliterklosters.

Die gut erhaltene mittelalterliche Stadt, die mit einem rechtwinkligen Straßennetz angelegt wurde, lädt zu Streifzügen ein, bei denen man die vielen Paläste bewundern und mit etwas Glück auch Blicke in die meist sehr schönen Eingänge und Innenhöfe werfen kann.

Empfehlenswert ist ein Besuch des **Palazzo Comunale** an der Piazza, der aus dem 13. Jahrhundert stammt und später unter Frederico Montefeltro von dessen Architekten Francesco di Giorgio Martini restauriert und gestaltet wurde. Heute befindet sich im unlängst sehr schön und stilgerecht restaurierten hinteren Teil des Palazzo das archäologische Museum mit Funden aus der Römerzeit und einer interessanten Dokumentation über die römische Ziegelfertigung. Verläßt man die Piazza auf dem Corso xx Settembre, stößt man linkerhand auf den **Palazzo Brancaleone,** der im 15. Jahrhundert von der mächtigen Familie gleichen Namens errichtet wurde, die Cagli im 13. Jahrhundert zerstört hatte. Wenige Schritte entfernt, in der Via Dell'Ospedale, findet man die **Chiesa di S. Domenica,** in der sich Fresken von Giovanni Santi, dem Vater Raffaels, befinden. Die an der kleinen Piazza gelegene **Chiesa di S. Francesco** ist ebenfalls einen Besuch wert. Die eindrucksvolle Kirche wurde 1234 im romanischen Stil nur wenige Jahre nach dem Tod des heiligen Franziskus erbaut, das zugehörige Franziskanerkloster brannte 1418 ab.

An der Piazza Nicolo IV steht das Theater, das 1878 eingeweiht wurde. Der prächtige Bau mit rötlicher Fassade befindet sich gleich neben der noch bewohnten Klosteranlage di S. Nicoli. Die restaurierte Innengestaltung des Theaters wurde im historischen reich verzierten Stil belassen. Der Zuschauerraum ist mit dreistöckigen Reihen von Logen ausgestattet. Sehenswert ist auch der von Venanzio da Perugia bemalte Bühnenvorhang, der die Übergabe der Stadt Cagli an Barbarossa im Jahr 1162 darstellt.

Fossombrone: Am Fluß Metauro drängt sich der historische Stadtkern unter der Ruine einer Burganlage.

Möchte man die Schönheit des Stadtbilds genießen, so sollte man möglichst nicht an Markttagen (mittwochs) kommen, da dann die Stände der Händler den Blick behindern.

Verläßt man Cagli auf der Via Flaminia Richtung Fossombrone, findet man links das älteste Monument der Stadt, die Ponte Mallio, von den Umbrern in vorrömischer Zeit errichtet und von den Römern restauriert und neu befestigt.

Was die Umgebung von Cagli betrifft, so lohnt es sich, von Cagli aus einen Abstecher über Frontone zu machen, wo im Ortskern das Castello Malatestiano zu finden ist. Von hier aus erreicht man die Einsiedelei des Kamaldulenserordens **Fonte Avellana,** die unterhalb des Monte Catria liegt. Das Kloster wurde etwa um die Jahrtausendwende gegründet, aus dieser Zeit ist jedoch nur noch die Krypta unter der Kirche erhalten, und noch heute leben hier Mönche. Ruhe und Einsamkeit der malerischen Umgebung laden zum Verweilen ein, wie es auch Dante auf einer seiner Reisen um 1310 tat, der den Ort in seiner Göttlichen Komödie (Paradies V 21) würdigte. Günstig ist es, von Fonte Avellana aus einen Ausflug auf den Monte Catria zu machen, der mit seiner höchsten Erhebung von 1702 m als »kleine Schweiz der Marken« gilt und gute Wandermöglichkeiten bietet.

CANTIANO

Die an der alten Römerstraße (die die wichtigste Verbindung von Rom zur Adria und von dort in den Norden war) liegenden Städte, wie auch Cantiano, gewannen durch den Handel an Bedeutung und Reichtum. Entlang der Via Flaminia sind heute viele Funde aus der Römerzeit zu sehen, vor allem zahlreiche Brückenkonstruktionen. Ca. 4 Kilometer vor Cantiano, an der Grenze zu Umbrien, befindet sich in **Ponte Riccioli** eine 10 m lange Brücke; Cantiano selbst ist ein vom Tourismus unberührtes kleines Städtchen. Im örtlichen Museum sind Funde aus der Römerzeit zu besichtigen, wenn man sich die Mühe macht, den Schlüssel bei der Gemeindeverwaltung zu erbitten.

Von hier stammen die berühmten Amareni-Kirschen, die man bei uns als kandierte Früchte kaufen kann.

CARPEGNA

Carpegna ist einer der kleinen Orte des überwiegend sehr kargen und bevölkerungsarmen Montefeltrogebietes. Auf 748 m Höhe am Südhang des 1415 m hohen Monte Carpegna gelegen, nutzt der Ort seine günstige Lage für den Skitourismus.

1675 wurde die prächtige Residenz, der **Palazzo dei Principi di Carpegna** auf Geheiß von Kardinal Gaspare Graf von Carpegna gebaut. Er wird noch heute von Nachfahren der Familie bewohnt, die jedoch einen Teil des Gebäudes zur Besichtigung freigaben, u.a. die Bibliothek und die Kapelle. Im Keller der Residenz wurden während des Zweiten Weltkriegs wertvolle Gemälde von Piero della Francesco und Caravaggio vor der plündernden deutschen Armee versteckt.

Auf dem Platz vor der Residenz befindet sich ein Brunnenbecken in Form eines überdimensionierten Sarkophags. Es wird berichtet, daß dies der Sarg eines Riesen aus der an Fabeln und Mythen reichen Gegend gewesen sei.

Die **Pieve** ist eine sehr alte, aus dem Jahre 1182 stammende Pfarrkirche, die auf römischen Mauerresten errichtet wurde, die noch heute sichtbar sind.

Die **Kirche S. Leo,** die dem heiligen Leo von Montefeltro gewidmet wurde, stammt aus dem Jahr 1202. Sie beherbergt ein Fresko mit einer Madonna del Latte, die von dem ersten Lehrer Raffaels, Evangelista da Piandemeleto, stammen soll.

In der **Kirche S. Sisto** dagegen befindet sich eine schöne romanische Krypta.

Verläßt man Carpegna in Richtung Lunano, stößt man bald auf eine gut erhaltene mittelalterliche Wassermühle am Mulino, die noch in Betrieb ist. Etwas oberhalb in den Eichenwäldern befindet sich die Einsiedelei S. Girolamo.

Aufstieg in die Festung San Leo

CARTOCETO

Die frühe Besiedelung dieses Ortes ist durch den Fund einer Gruppe von kunstvollen Reiterstatuen aus Bronze dokumentiert, die aus dem 1. Jahrhundert stammen und derzeit in Florenz restauriert werden. Einer Legende zufolge ließ sich hier eine Gruppe von Karthagern nieder, die aus der Schlacht von Metauro entkommen war.

Nähert man sich Cartoceto, bemerkt man eine Zunahme großer alter Olivenhaine: Cartoceto gilt als Citta dell'Olio. Ein kleiner Rundgang durch die Stadt wird vor allem mit einem weiten Blick von der gut erhaltenen Stadtmauer aus über die sanften von Olivenbäumen bedeckten Hügel belohnt. Im November findet hier alljährlich ein großer Markt statt, auf dem die örtlichen Produkte – vor allem Olivenöl – angeboten werden.

FANO

Der gut erhaltene, von den alten Begrenzungsmauern umgebene Stadtkern von Fano liegt nicht direkt an der Adria, sondern ist durch die Bahnlinie vom neueren Teil der Stadt, der in Meeresrichtung liegt, getrennt. Der neue Teil der Stadt mit den unvermeidlichen modernen Hotelbauten für die Sommertouristen läßt so das historische Zentrum weitgehend unberührt, wodurch Fano als reizvoller und sehenswerter Ort, an dem man die Spuren der wechselhaften Geschichte der Marken weit zurückverfolgen kann, erhalten geblieben ist.

Die vielen Funde aus Stein- und Eisenzeit, die in und um Fano entdeckt wurden, weisen darauf hin, daß diese Gegend schon in vorchristlicher Zeit besiedelt war. Erwähnt wird Fano zuerst im Jahr 49 v. Chr., als Cäsar den Rubikon überschritt und Pesaro, Fano und Ancona besetzte. Fano liegt dicht an der Via Flaminia, die seit dem 3. Jahrhundert v. Chr. Rom mit der Adria verbindet und deren Verlauf man heute noch verfolgen kann. Kaiser Augustus ließ die Stadt mit einer mächtigen Mauer umgeben, die z. T. noch immer gut erhalten und zu besichtigen ist. Interessant ist der Augustusbogen, durch den die Via Flaminia führt, bevor sie sich nördlich nach Rimini wendet. 558 n. Chr. wurde die Stadt von den Goten zerstört, die ursprüngliche römische Stadtstruktur blieb jedoch weitgehend erhalten. Während der Auseinandersetzungen zwischen Ghibellinen und Guelfen, d.h. zwischen Friedrich II. und Papst Gregor IX., verbündeten sich die Stadtrepubliken der Marken gegen den Kaiser. Nicht zuletzt durch die Machenschaften des Malatesta Malatesta verlor Fano allerdings dann den Status der freien Stadtrepublik. Die Familie Malatesta gewann die Herrschaft über Fano und blieb bis 1463 an der Macht. In diesem Jahr gelang es Frederico Montefeltro, dem Herrn von Urbino, nach längerer Belagerung Sigismondo Malatesta die Herrschaft über Fano zu nehmen und die Stadt an den Papst zu übergeben. Unter der Herrschaft der Malatesta wurde der Stadtkern nach Westen und Süden erweitert und befestigt.

Auf der weiten Piazza XX. Settembre befindet sich der **Palazzo Podestà,** der um 1300 erbaut wurde und in dem in den letzten Jahren der freien Stadtrepublik der Rat zusammentraf. Der Palazzo beherbergt das **Teatro della Fortuna,** das Mitte des 19. Jahrhunderts von Luigi Poletti eindrucksvoll gestaltet und im Zweiten Weltkrieg stark beschädigt wurde. Demnächst wird es nach einer langwierigen, den ursprünglichen Stil erhaltenden Restaurierung wieder eröffnet.

Gegenüber befindet sich der Eingang zum **Corte Malatestine,** dem ehemaligen Wohnsitz der Familie Malatesta, den Galeotto Malatesta 1357 erbauen ließ. Die Gebäude umschließen einen schönen Innenhof, wo im Sommer Freiluftkonzerte stattfinden.

Der vordere repräsentativere Teil wurde inzwischen von einer Bank gekauft und mit den dadurch gewonnenen Geldern auch der hintere Teil saniert. Hier sind das Museo Civico und die Pinakothek untergebracht. Die Pinakothek enthält zahlreiche Werke aus dem 14. bis 17. Jahrhundert, unter anderem auch eine Madonna del Latte von Guglielmo Veneziano, sowie Bilder von Giovanni Santi, dem Vater von Raffael, und von Giovanni Francesco Guerrieri. Die archäologische Sammlung ist im Untergeschoß untergebracht. Neben vor- und frühgeschichtlichen Funden aus der Gegend von Fano sind auch viele römische Fundstücke zu besichtigen.

Verläßt man die Piazza auf der Via Froncini und biegt in die Via S. Francesco ein, trifft man auf das pompöse **Grabmal der Malatesta,** das von seinem ursprünglichen Standort in der Chiesa S. Francesco, die heute eine Ruine ist, ausgelagert wurde. Das in spätgotischem Stil von dem Venezianer Filippo di Domenico erbaute Monument war von Pandolfo III. für seine erste Frau Paola Bianca errichtet worden. Hier war auch Pandolfo selbst bestattet worden, dessen mumifizierte Leiche kürzlich gefunden wurde. Ob die Mumie zur Besichtigung freigegeben werden soll, wird noch zu entscheiden sein.

Nicht weit von dem Grabmal in der Via Castracana befindet sich die Bibliotheca Federiciana, in der eine bedeutende Sammlung alter Schriften aus dem 16. bis 18. Jahrhundert sowie Handschriften aus dem 15. Jahrhundert aufbewahrt werden.

Für Liebhaber bietet Fano eine Vielzahl an Kirchen zur Besichtigung an. Interessant ist auch der Besuch antiker Mauerreste aus der Römerzeit, die sich unter der **Kirche S. Agostino** in der Via Vitruvio befinden und möglicherweise die Überreste der Basilika des Vitruv sind. Vitruv war ein antiker Baumeister und Theoretiker, dessen Schrift »de Architecture« die Architekten der Renaissance beeinflußte. Der Eingang zu den unter der Kirche gelegenen Räumen befindet sich in einem kleinen Häuschen neben der Kirchentreppe, allerdings muß man zur Besichtigung im Museo Civico nachfragen.

Einen Spaziergang vom **Augustusbogen** mit seinen alten römischen Inschriften, entlang der unter Kaiser Augustus errichteten Stadtmauer bis hin zur Rocca Malatestina sollte man sich nicht entgehen lassen. Die Rocca ließ Sigismondo Malatesta zwischen 1438 und 1452 auf den Überresten alter Befestigungsanlagen aus der Römerzeit und dem frühen Mittelalter errichten. Nur wenige Jahre später fand die Belagerung durch Frederico Montefeltro statt, die zum Ende der Malatestaherrschaft führte. Die Festung soll durch unterirdische Geheimgänge mit der Stadt und den umliegenden Gebieten verbunden gewesen sein, deren Lage heute jedoch nicht mehr bekannt ist.

Jeden zweiten Samstag und Sonntag findet in Fano ein interessanter Antikmarkt statt.

Auch der Karneval ist sehenswert, hier werden jedes Jahr Unmengen von Süßigkeiten an die Zuschauer verteilt.

FOSSOMBRONE

Fossombrone ist ebenfalls eine der Städte, die durch ihre Lage an der alten Römerstraße Via Flaminia an Bedeutung gewannen. Am Fluß Metauro drängt sich der historische Stadtkern unter der Ruine der Burganlage, die im Mittelalter von den hier herrschenden und sich in den nördlichen Marken bekriegenden Familien Malatesta und Montefeltro errichtet worden war.

Wie die archäologischen Funde des nahe gelegenen Forum Sempronii belegen, wurde hier schon in vorchristlicher Zeit gesiedelt. Das Forum wurde jedoch im 6. Jahrhundert während des Krieges zwischen Goten und Griechen zerstört. Kurze Zeit später wurde Fossombrone an der heutigen Stelle, unterhalb des Colle S. Aldebrando, auf dem sich die Burgruine befindet, neu angelegt. Im 13. Jahrhundert befand sich die Stadt unter der Herrschaft der mächtigen Familie Este. Anfang des 14. Jahrhunderts verdrängte Pandolfo Malatesta die Este. Nach 140 Jahren Malatestinischer Herrschaft wurde die Stadt 1445 von Galazzeo Malatesta an den

Herzog von Urbino, Frederico Montefeltro, verkauft. Unter Frederico erlebte die Stadt eine Blütezeit, bis auch Fossombrone, wie die umliegenden Städte, an den Kirchenstaat zurückfiel und damit die Zeit der Herrschaft der mächtigen Familien beendet war.

Die Stadt bezaubert in ihrem kleinen, gut erhaltenen alten Stadtkern durch malerische kleine Gassen und Treppen, an denen die zum Teil wenig renovierten Fassaden der alten Stadtpaläste ihren morbiden Charme ausstrahlen und gerade so die Phantasie anregen, sich mittelalterliches Leben vorzustellen. Die Gassen sind häufig von doppelstöckigen, blumengeschmückten Loggien überdacht. Beginnt man den Gang durch die Stadt auf dem Corso Garibaldi, der untersten Ebene der Altstadt, gelangt man vom **Corte Rossa** durch beidseits Schatten spendende Arkaden zur Kathedrale. Der Corte Rossa war der Sitz der Familie Montefeltro und wurde im 16. Jahrhundert von Guidobaldo Montefeltro in Auftrag gegeben. Die **Kathedrale** war ursprünglich eine Benediktinerabtei und wurde von 1772–1784 erneuert. In ihr befinden sich Gemälde von dem 1589 in Fossombrone geborenen Giovanni Francesco Guerrieri und von Claudio Ridolfi. Am entgegengesetzten Ende des Corso Garibaldi steht die **Kirche S. Filippo,** die in barocker Pracht ausgestattet Anfang des 17. Jahrhunderts im Auftrag von Maria Francesco II. della Rovere, dem damaligen Herzog von Urbino, gebaut wurde. Auch hier finden sich Werke von Guerrieri und Ridolfi.

Steigt man vom Corso Garibaldi eine der langen, flachstufigen Treppen hinauf, gelangt man durch die eng zusammengerückten Häuser mit kleinen Gärten schließlich zum hoch über der Stadt (aber unterhalb der Rocca) gelegenen **Corte Alta,** von dessen Fenstern man einen weiten Blick über das Land hat. Der Corte Alta wurde von Frederico Montefeltro 1464 zunächst bei Luciano Laurana in Auftrag gegeben, später sollen aber auch Francesco di Giorgio Martini und Girolamo Genga am Bau mitgewirkt haben. Im Corte Alta sind das Museum und die Pinakothek un-

tergebracht, in jenem finden sich zahlreiche frühzeitliche und römische Funde aus der nahegelegenen Grabungsstätte des alten Forum Sempronii. In der Pinakothek sind unter anderem Zeichnungen und Gemälde von Guerrieri zu sehen. Ein weiterer Aufstieg führt zur **Rocca Malatestiano-Feltresca,** der Ruine der einst mächtigen Festungsanlage, die – wie so viele andere – von Martini gestaltet wurde. Im Hof der Ruine steht die Kirche S. Aldebrando, in der man Fresken von Antonio Alberti besichtigen kann.

Verläßt man Fossombrone auf der Via Flaminia in Richtung Fano, stößt man rechterhand auf die Ausgrabungsstätte des **Forum Sempronii.** Hier wurde ein Stück der ursprünglichen Pflasterung der Via Flaminia freigelegt, weiterhin sind Reste einer Thermalanlage zu bewundern. In der Nähe ist an der Ausgrabungsstelle Calmazzo die Grabanlage einer römischen Familie zu besichtigen.

GRADARA

Kurz vor der Grenze zur Emilia-Romagna, nur wenige Kilometer von der Küste entfernt, liegt die Burg Gradara, von der man einen weiten Blick über die Landschaft hat. Dokumente, in denen der Bau erste Erwähnung findet, datieren aus dem Jahr 1182. Die noch heute im Innenhof sichtbare römische Inschrift auf einem wiederverwendeten Stein deutet auf eine frühe römische Besiedelung hin. Unterhalb der Festung führte die Via Flaminia vorbei.

Gradara besitzt eine bewegte Geschichte: Anfänglich im Besitz der Familie de Griffo, ging das Kastell sodann in den Besitz der Malatesta über, die es zu seiner heutigen Größe ausbauten. 1463 eroberte zwar Frederico Montefeltro die Burg, sie wurde jedoch anschließend von Papst Pius II. Alessandro Sforza, dem Herrscher von Pesaro, zugesprochen. Nach dem Tod seines kleinen Sohnes und Erbfolgers ging die Herrschaft über Pesaro und somit auch Gradara 1512 an die Familie della Rovere über, die die Verwaltung des Kastells ihren Frauen überließ. 1631 fiel Gradara wieder an den Heiligen Stuhl zurück. Die heutige Anziehungskraft und Berühmtheit der sehr gut erhaltenen und restaurierten Anlage ist nicht zuletzt auf die tragische Liebesgeschichte von Francesca da Rimini und Paolo Malatesta zurückzuführen, die sich gegen Ende des 13. Jahrhunderts in Gradara ereignet haben soll, und die von Dante in seinem fünften Höllengesang beschrieben wird. Francesca verliebte sich in Paolo, der als Brautwerber für seinen kränklichen Bruder zu ihr kam und von ihr zunächst irrtümlich für den Bräutigam gehalten wurde. Nach der Eheschließung mit dem ungeliebten Mann lebte Francesca auf Gradara. Der spätere Ehebruch mit ihrem Schwager Paolo – laut Dante angeregt durch die Lektüre des Ritterromans über Lancelot und Genoveva – wurde von dem eifersüchtigen Gatten entdeckt, der das Paar daraufhin in Gradara ermordete.

In der Festung ist neben der Kammer der Francesca auch das Gemach von Lucrezia Borgia zu besichtigen, die sich nach ihrer Hochzeit mit Giovanni Sforza (1493) und vor ihrer späteren spektakulären Scheidung von ihm auf Gradara aufgehalten hat.

Die Burg wurde erst vor kurzem vollständig restauriert und in größerem Umfang zur Besichtigung freigegeben, da zuvor die Gräfin Porta Natale, die bis zu ihrem Tod 1983 das Nutzungsrecht hatte, auf dem Kastell ihre Sommermonate verbrachte.

Erdgeschoß und erster Stock des Gebäudes sind zu besichtigen, sehr eindrucksvoll ist auch ein Rundgang über die gut erhaltene Stadtmauer, die sich um den kleinen, unterhalb der Burg befindlichen Ort Gradara zieht.

MOMBAROCCIO

Mombaroccio ist eine der befestigten mittelalterlichen Burganlagen im Hinterland von Pesaro, die aus dem 12. Jahrhundert stammt.

Man erinnert sich hier vor allem der Herren del Monte, die im 16. Jahrhundert in Mombaroccio ansässig waren und hier besonders an Guidobaldo del Monte, der ein Mitarbeiter von Galileo Galilei war und zeitweise mit Torquato Tasso studierte.

Burg Gradara: Erstmals erwähnt 1182 erfreut sich die gut erhaltene und restaurierte Anlage großer Anziehungskraft und Berühmtheit.

Der Palazzo ist derzeit einsturzgefährdet und leider nicht zu besichtigen. Im Keller des ehemaligen Klosters auf der Piazza befindet sich das **Museo della Civilta Contadina,** Museum der bäuerlichen Kultur, das eine umfangreiche Sammlung von Gegenständen aus dem Alltag der Bauern der letzten 200 Jahre ausstellt und in die kühlen unterirdischen Gänge des klösterlichen Eiskellers übergeht. Bei einem Gang über die Stadtmauer hat man bei günstigem Wetter einen weiten Blick über die Landschaft bis hin zu den großen Adriastädten Rimini und Ancona, sowie nach San Marino.

MONDAVIO

Der kleine, auf einem Hügel gelegene Ort ist in seiner mittelalterlichen Struktur gut erhalten. Eindrucksvoll ist hier vor allem die **Festung,** die im Auftrag von Giovanni della Rovere von Francesco di Giorgio Martini entworfen und von 1482 bis 1492 gebaut wurde. In der Festung sind heute Szenen des mittelalterlichen Burglebens nachgestellt, hier befinden sich ebenfalls Zeichnungen von Martini. Giovanni della Rovere, der Schwiegersohn des Herzogs Frederico Montefeltro von Urbino, wurde 1474 als Herr über Mondavio (und Senigallia) von dem mit ihm verwandten Papst Sixtus IV. eingesetzt. Jedes Jahr im August findet in Mondavio ein historisches Fest zur Erinnerung an die Zeiten statt, in denen die Festung von den Rovere vornehmlich als Standort für die jährliche Wildschweinjagd genutzt wurde. Im Palazzo del Comune, dem Rathaus auf der Piazza, befindet sich ein auf Holz gemaltes Marienbild von Carlo da Camerino. Neben dem Rathaus steht ein ehemaliges Franziskanerkloster aus dem 16. Jahrhundert mit schönem Kreuzgang, das heute die Pinakothek und das Stadtmuseum beherbergt. Zur Besichtigung kann der Schlüssel in dem ebenfalls an der Piazza gelegenen Büro der Pro Loco abgeholt werden.

Im Gartenrestaurant des Giardino Leopardi kann man unter uralten Bäumen die weite Aussicht über die umliegende Hügellandschaft genießen.

ORCIANO DI PESARO

Auf dem benachbarten Hügel unweit von Mondavio befindet sich in Orciano die **Chiesa S. Maria Novella,** die als eine der schönsten Renaissancekirchen der Marken gilt. Die Inspiration für den Bau der Kirche wird Raffael von Urbino zugeschrieben. Gebaut wurde sie 1492 von Baccio Pontelli im Auftrag von Giovanni della Rovere. Im Inneren befindet sich ein Fresko mit einer Madonna della Latte. Hinter der Kirche erhebt sich weithin sichtbar der Wachturm Torre Malatestiana aus dem Jahr 1348.

MACERATA FELTRIA

Auch Macerata Feltria wurde während der Renaissance von den Herren von Rimini und jenen von Urbino immer wieder umkämpft. Letzlich konnte sich hier allerdings die Familie Montefeltro behaupten. Der erste Eindruck des auf dem Hügel gelegenen alten Teiles des Städtchens wird vom Stadtturm bestimmt, dessen Fundamente aus der Römerzeit stammen. Die Burganlage geht ins 13., teilweise auch ins 15. Jahrhundert zurück.

Verläßt man den Ort in Richtung Carpegna, bzw. Ponte Cappuccini, trifft man auf die wohl älteste Kirche des Montefeltro, die aus dem Jahr 1000 stammende Chiesa San Cassiano, die auf Resten eines heidnischen Tempels errichtet wurde.

NOVILARA

Nahe bei Novilara wurden bei Ausgrabungen Ende des letzten Jahrhunderts vielfältige und interessante archäologische Funde gemacht, die sich heute zum größten Teil im Museum Oliveriano in Pesaro befinden. Die Funde aus dem 7. und 6. Jahrhundert v. Chr. belegen die Besiedelung durch die Picener.

Der Ort wurde im 16. Jahrhundert Baldesar Castiglione (dem Autor von »Der Hofmann«) übereignet, der sich längere Zeit am Hof in Urbino aufgehalten hatte und mit seinem Buch einen interessanten Einblick in Vorstellungen und Lebensweise der adligen Bevölkerung der damaligen Zeit gibt.

Heute ist Novilara eine gut erhaltene mittelalterliche Stadtanlage, idyllisch auf einem Hügel gelegen, wo auch in der größten sommerlichen Hitze noch eine kleine Brise weht und wo man von der intakten, die Stadt umgebenden Mauer einen schönen Blick auf Pesaro und die Adria hat.

Die zahlreichen prächtigen, unterhalb der Befestigung des Städtchens errichteten Villen dienten den Pesaronesen als noble Quartiere für die Sommerfrische.

PENNABILLI

Der Name Pennabilli setzt sich aus den Namen der beiden Schlösser Penna und Billi zusammen. Während die Gegend von Billi schon sehr früh besiedelt war, wurde Penna erst im 6. Jahrhundert gegründet. Schloß Penna gilt als der erste Wohnsitz der später sehr mächtigen Sippe der Malatesta (siehe das Kapitel »Einflußreiche Familien«). Bis zur zweiten Hälfte des 12. Jahrhunderts lebte die Familie hier noch als vergleichsweise schlichte Landbesitzer.

Von beiden Schlössern, die einst bereits von den Westgoten zerstört worden waren, später jedoch wieder aufgebaut wurden, sind heute nur noch Ruinen übrig.

PIETRARUBBIA UND PETRA RUBEA

Der kleine Ort liegt am östlichen Hang des Monte Carpegna. Auf einem gut beschilderten Schotterweg gelangt man zum alten Petra Rubea, das auf einer benachbarten Felsenanhöhe liegt. Der Name stammt von der rötlichen Färbung der Steine, mit denen die alte Festung gebaut wurde. Hier befinden sich die Ruinen dieser ältesten Burganlage im Montefeltro, die aus dem 6. Jahrhundert stammt und von der Familie Carpegna, den Stammvätern der Herzöge Montefeltro, errichtet wurde. In der mit dem Felsen verbundenen Burg wurde 1223 Guido Montefeltro geboren, der von Dante vor allem im 27. Höllengesang seiner Göttlichen Komödie besungen wurde. Kargheit und Wildheit des Ortes haben

Festung San Leo

die Widerstandskräfte der dortigen Bewohner mit Sicherheit einer harten Probe unterzogen. Kein Wunder also, daß die Montefeltro allesamt hartherzige und schonungslose Krieger wurden.

Die Reste der Burganlage werden zur Zeit restauriert.

PERGOLA

Die Stadt Pergola mit ihren knapp 8000 Einwohnern befindet sich an den Ausläufern des Monte Catria am Zusammenfluß von Cesano und Cinisco und wurde im 13. Jahrhundert gegründet.

Im 15. Jahrhundert wurde der Ort zeitweise von Sigismondo Malatesta, zeitweise von Francesco Sforza belagert und unterworfen. Ab 1459 gehörte es zum Herzogtum Urbino, bis es 1631 an den Kirchenstaat fiel. Neben der Landwirtschaft entwickelte sich in der wasserreichen Gegend die Weberei und Lederverarbeitung mit Färbereien und Gerbereien. 1752 wurde Pergola zur Stadt und 1819 zum Bischofssitz erklärt.

Pergola war die erste Stadt der Marken, die 1860 im Zuge des Risorgimento gegen den Kirchenstaat Widerstand leistete.

Es lohnt sich, einen Streifzug durch die sehr schöne Altstadt mit vorwiegend aus dem 18. Jahrhundert stammenden eindrucksvollen Sandsteinpalästen zu unternehmen. Im Gegensatz zu den meisten anderen Städten der Marken hat Pergola keinen größeren, zentralen Platz. Aus der Zeit der Stadtgründung (um 1300) stammen der Dom und die Kirche San Francesco. Von den Bauten der Renaissancezeit ist in Pergola wenig erhalten geblieben, auch von der von Martini erbauten Festung sind lediglich Reste erhalten geblieben.

In der Umgebung haben vergleichsweise viele Deutsche Ferienhäuser erworben.

PESARO

Pesaro ist die Hauptstadt der Provinz Pesaro-Urbino und liegt an der Mündung des Foglia in die Adria. Mit ihren knapp 100.000 Einwohnern ist Pesaro nach Ancona die zweitgrößte Stadt der Marken. Der Küstenstreifen wird, wie an vielen Stellen der Adria, durch den Badetourismus von ebenso großen wie häßlichen Hotels dominiert. Auch im Stadtkern stößt man zwischen mittelalterlichen Bauten und teilweise sehr schönen Villenvierteln immer wieder auf moderne Bauten, die die Harmonie des Stadtbildes stören.

Zeugnisse einer Besiedelung reichen bis weit vor die erste offizielle Erwähnung des Ortes als römische Kolonie unter dem Namen Pisaurus 184 v. Chr. zurück. Die Sikaner oder Sikuler sollen hier bereits im 8. Jahrhundert v. Chr. gesiedelt haben. Nach den Römern kontrollierten die Goten, Langobarden und Franken die Kolonie, 774 wurde sie von König Pippin der römischen Kirche geschenkt. Von 1300 an wurde die Stadt von der Familie Malatesta regiert und von dieser 1445 an Alessandro Sforza verkauft. Die Familie Sforza herrschte bis 1512, lediglich unterbrochen durch eine kurze Phase von 1500 bis 1503, in der Cesare Borgia die Macht innehatte. Unter Papst Julius II. wurde Pesaro schließlich an Francesco Maria della Rovere übergeben, der bereits Herr über Urbino und Senigallia war. Die Familie della Rovere blieb bis 1631 an der Macht. Nach dem Tod des letzten Prinzipals der Familie Rovere, Francesco Maria II., fiel der Besitz an die römische Kirche zurück.

Auf der Piazza del Popolo befindet sich der ehemalige **Palazzo Ducale,** der ursprünglich Wohnsitz der Familie Malatesta war und 1450 bis 1465 von Alessandro Sforza umgebaut wurde. Die Gestaltung von Portal und Innenhof stammt von G. B. Genga, der von Guidobaldo II. della Rovere beauftragt wurde. Zu besichtigen sind nur wenige Räume des Palazzo, unter anderem das Bad der Lucrezia Borgia, der Gattin Giovanni Sforzas. Leider wird das Ambiente des Platzes durch ein modernes Verwaltungsgebäude beeinträchtigt. Gegenüber dem Palazzo Ducale, der heute Palazzo del Governo heißt, befindet sich der im 17. Jahrhundert erbaute Palazzo della Paggeria.

Fano: Der gut erhaltene, von alten Begrenzungsmauern umgebene Stadtkern liegt nicht direkt an der Adria, sondern ist durch die Bahnlinie vom neueren Teil der Stadt getrennt.

Verläßt man den Platz auf der Via Rossini in Richtung Küste, findet man rechterhand das **Geburtshaus Gioacchino Rossinis,** der dort 1792 das Licht der Welt erblickte und als der berühmteste Sohn der Stadt gilt. Alljährlich findet von Ende Juli bis August das Rossini Opera Festival statt. Einige Schritte weiter, ebenfalls in der Via Rossini, steht die **Kathedrale,** die im 5. und. 6. Jahrhundert n. Chr. errichtet wurde. Die nur teilweise sichtbaren Mosaikfußböden stammen noch aus dieser Zeit, während die schlichte romanisch-gotische Backsteinfassade aus dem 12. Jahrhundert stammt.

In Strandnähe auf der Piazzale Libertà ist eine eindrucksvolle und gut erhaltene Villa im Liberty Stil zu bewundern, die leider von hohen Hotelbauten eingeschlossen ist.

Ein weiterer interessanter Kirchenbau ist auf dem Corso XI Settembre zu finden, die Chiesa di S. Agostino mit sehenswerten Intarsienarbeiten im Chor, auf denen Darstellungen von Pesaro und Umgebung zu sehen sind, unter anderem auch ein zeitgenössisches Bild des Palazzo Ducale.

Biegt man vom Corso XI Settembre rechts in die Via Tortora und nochmals rechts in die Via Levi Nathan ein, befindet man sich im 1634 in Pesaro eingerichteten Judenviertel. Hier in der Via delle Scuole steht die sephardische Synagoge von Pesaro (Öffnungszeiten: Dienstag bis Freitag 17–20 Uhr).

Einen Besuch wert sind das Museo Archeologico und die berühmte Biblioteca Oliveriano, beides im **Palazzo Almerici** in der Via Mazza zu finden. Im Museum ist eine reichhaltige Sammlung mit Funden etruskischen und römischen Ursprungs zu besichtigen (unter anderem auch Funde der Nekropole vom nahegelegenen Novilara), während sich in der Bibliothek eine Vielzahl alter Handschriften und Bücher befindet.

Liebhabern von Keramik ist ein Besuch im **Museo Civico** zu empfehlen. Hier erhält der Betrachter einen profunden Überblick über die Entwicklung der Keramikkunst in Italien.

Die Rocca Costanza, die Costanzo Sforza Ende des 15. Jahrhunderts von Luciano Laurana bauen ließ, dient heute als Gefängnis und kann nicht besichtigt werden.

In der Stille der Orti Giuli, einem Park, der zu Ehren von Giulio Perticari angelegt wurde (zwischen dem Foglia und der via Belvedere gelegen), kann sich der stadtmüde Besucher im Grünen erholen und ausruhen.

Eine Besichtigung der am Rande von Pesaro zum Monte S. Bartolo hin gelegenen **Villa Imperiale,** die sich in Privatbesitz befindet, ist sehr zu empfehlen. Von Mitte Juni bis Ende August gibt es jeweils Mittwoch nachmittags Führungen, soweit die Finanzlage der Stadt es zuläßt (zu erfragen im Tourismusbüro auf der Piazzale della Libertà). Der Bau gilt als eine der schönsten Renaissancevillen Italiens, die auf Veranlassung von Alessandro Sforza erbaut wurde. Ihren Namen erhielt sie nach Kaiser Friedrich III., der 1452 auf der Rückreise von seiner Krönung in Rom den Grundstein legte. Die Villa besteht aus zwei Bauten: Der erste Bau wurde vermutlich 1468 fertiggestellt, 1530 wurde auf Wunsch der Gattin von Francesco Maria della Rovere, der Herzogin Elena, ein weiterer Bau hinzugefügt. Mit der Ausführung wurde Girolamo Genga beauftragt, von dem auch einige der Fresken stammen.

Rossini Festival Information und Vorbestellung: Tel. +39/0721/33184, Fax +39/0721/30979

PIANDIMELETO

In Piandimeleto war die Familie Oliva ansässig. In der Kirche S. Agostino sind Fresken aus dem 15. und 16. Jahrhundert erhalten, hier liegen auch Grabstätten der Familie Oliva.

Ein interessantes Museum befindet sich im Castello, hier kann man sowohl die aristokratische Wohnkultur betrachten, als auch eine Abteilung für bäuerliche Kunst besuchen. Das Gebäude ist nur sonntags geöffnet.

PIOBBICO

Piobbico liegt zwischen den hohen kargen und schroffen Bergen Monte Nerone und Monte Montiego. Der Ort, in dem im Mittelalter die Familie Brancaleone herrschte, ist römischen Ursprungs. Im 12. Jahrhundert war Piobbico ein Stadtstaat, der im 13. Jahrhundert erbaute **Palazzo Brancaleone** wurde 1573–1583 von Girolamo Genga und seinem Sohn Bartolomeo erweitert und umgebaut. Der weitläufige Gebäudekomplex mit mehreren Innenhöfen liegt erhöht über der Stadt und wurde vor kurzem aufwendig restauriert. Geführte Besichtigungen können mit der örtlichen Kommune vereinbart werden (Tel. +39/0722/986225). An Sonn- und Feiertagen ist von 9–12 Uhr geöffnet.

Im Palazzo befindet sich weiterhin ein archäologisches Museum, in dem Fossilien aus den Höhlen des Monte Nerone ausgestellt sind. Eine der beiden großen Uhren am Eingangstor dreht sich links herum. Direkt unterhalb, durch einen Treppenabgang verbunden, liegt die kleine malerische Altstadt, die im Gegensatz zum neueren Teil der Ortschaft einen Spaziergang wert ist.

In der Pfarrkirche S. Stefano befindet sich ein etwas beschädigtes Bild von Barocci, das die Flucht aus Ägypten darstellt.

Für den Monte Nerone existiert eine Wanderkarte. Die Gegend eignet sich nicht nur zum Wandern, sondern auch zum Kanufahren, Reiten und Fischen.

SAN LEO

Schon von weitem sieht man die mächtige und bedrohlich wirkende Festung San Leo auf einer Felsenerhebung liegen. Die Lage der Festung erlaubt einen weiten Rundblick über die schöne Hügellandschaft nach San Marino und bis zum Meer. Das als uneinnehmbar geltende Bollwerk ist auf der Spitze einer 589 m hohen Felsenzunge plaziert. Die strategisch günstige Lage von S. Leo führte dazu, daß der Platz sehr begehrt war und immer wieder umkämpft wurde. Der Ort bekam seinen Namen von dem heiligen Leo, der die Umgebung im 4. Jahrhundert christianisierte. Unter Berengarius II. wurde S. Leo 962 für kurze Zeit zur Hauptstadt erklärt, bevor der deutsche Kaiser Otto II. die Festung nach monatelanger Belagerung eroberte.

Es wird berichtet, daß 1014 Kaiser Heinrich von hier den Leichnam des heiligen Leo entführte, um ihn als Reliquie mit in seine Heimat zu nehmen. Er war jedoch nicht sehr erfolgreich, denn die Überreste des heiligen Leo befinden sich heute in S. Leo di Voghenza.

In der zweiten Hälfte des 12. Jahrhunderts begann in S. Leo die Macht der Familie Montefeltro zu wachsen, der späteren Herren von Urbino. Nach einer Zeit der Herrschaft der Familie Malatesta, der zweiten mächtigen Familie der nördlichen Marken, gewannen die Montefeltro 1441 unter Frederico die Stadt zurück. 1502 bis 1503 wurde S. Leo von Cesare Borgia besetzt, der auch eine kurze und blutige Herrschaft über Pesaro innehatte. Dann wurde die Festung 1516 von dem Florentiner Lorenzo de Medici besetzt, schließlich jedoch 1527 von Francesco Maria II. della Rovere zurückerobert, der zu dieser Zeit bereits Herr über Urbino und Pesaro war. 1631, als die Herrschaft der Familie Rovere endete, da kein Erbe vorhanden war, fiel S. Leo an den Kirchenstaat zurück und diente als Gefängnis.

Architektonisch geprägt wurde S. Leo unter Frederico Montefeltro, der Giorgio Martini beauftragte, den Festungsbau zu erweitern. Martini war es auch, der für den Herzog den Palazzo Ducale in Urbino vollendete. Ihm gelang es, der Festung eine ebenso kraftvolle wie klassisch-elegante Ausstrahlung zu verleihen.

Als berühmtester Gefangener von S. Leo gilt Graf Cagliostro, der in Rom wegen der Gründung einer Freimaurerloge, Ketzerei und alchimistischer Betätigung zum Tode verurteilt wurde. Die Strafe wurde vom Papst in lebenslange Haft umgewandelt, und so trat Cagliostro am 21.4.1791 seine Gefangenschaft in S. Leo an. Die Zelle, in der er bis zu seinem Tod am 26. 8.1795 eingekerkert war, ist ebenso wie zeitgenössische Berichte, Briefe und Gegenstände, die das Leben Cagliostros dokumentieren, zu besichtigen.

Die schillernde, zu Hochstapelei neigende Persönlichkeit Cagliostros, der sich als Freigeist bewußt den strengen Regeln der Römischen Kirche widersetzte, lenkte die Aufmerksamkeit der Inquisition auf sich, was seine Verurteilung zur Folge hatte; andererseits wurden Leben und Wirken des intelligenten und interessanten Grafs als Stoff für zeitgenössische Literatur verwendet (Schiller: Der Geisterseher, Goethe: Der Großkophta). Anläßlich seines Italienaufenthalts entwickelte Goethe ein Interesse für Cagliostro, besuchte dessen Mutter und verwendete das so gewonnene Material später für den Großkophta.

Auch Dante Alighieri stattete der Festung einen Besuch ab. S. Leo wird in seiner Göttlichen Komödie als uneinnehmbare Festung beschrieben.

Ein weiterer berühmter Besucher S. Leos war der heilige Franz von Assisi, der 1213 in S. Leo eine Predigt hielt, die bis heute überliefert ist und die den Grafen Orlando veranlaßte, ihm den Berg Verna zum Geschenk zu machen. Auf der Piazza von S. Leo, im Palazzo Severini, befindet sich das Zimmer, in dem Franz von Assisi damals wohnte.

In den Wirren der Zeit der französischen Besatzung wurden in der Festung viele italienische Patrioten gefangengehalten. Der bekannteste von ihnen ist Felix Orsini, der hier 1844 nach einem mißglückten Attentat auf Napoleon III. eingekerkert war.

Heute ist die Festung zur Besichtigung freigegeben, Kriegsgerät aus mehreren Jahrhunderten ist hier ausgestellt.

Interessant ist auch der unterhalb der Festungsmauern liegende, in seiner mittelalterlichen Struktur gut erhaltene Ort S. Leo. Besonders eindrucksvoll ist die **Pieve,** die wohl die älteste Kirche des Montefeltro ist. Sie stammt aus dem 9. Jahrhundert und wurde zum Teil aus wiederverwendeten Steinen eines heidnischen Tempels errichtet. In die Kirche integriert ist die erste kleine Kapelle, die vom heiligen Leo auf nacktem Gestein errichtet wurde.

Im sehenswerten Zentrum von Fano lassen sich die Spuren der wechselhaften Geschichte der Marken weit zurückverfolgen.

Ebenfalls sehenswert ist der überaus karge und schlichte **Dom,** der nur wenige Schritte von der Pieve entfernt liegt. Der Dom wurde auf Resten des Jupitertempels errichtet. Hier befindet sich noch der Deckel des Sarkophags des (entwendeten) heiligen Leo.

Sant'Angelo in Vado

Die Gegend um Sant'Angelo in Vado ist reich an Trüffeln und speziell wegen der hier wachsenden kostbaren, weißen Knollen bekannt, sie bezeichnet sich – wie Acqualagna auch – als Hauptstadt der Trüffel.
Zur Römerzeit hieß der Ort Tifernum Mataurense. Im Mittelalter herrschten hier die Brancaleoni, ab 1437 gehörte er dann allerdings zu Urbino, d.h. er war den Montefeltro unterstellt.

Es ist der Geburtsort der Maler Frederico und Taddeo Zuccari, von ersterem befindet sich noch heute ein Bild im **Palazzo Fagnani,** dem heutigen Rathaus.

Interessant sind weiterhin das gotische Portal der Kirche S. Francesco und das im Dom hängende Gemälde von Ridolfi (Adorazione dei Magi).

Sassocorvaro

Das kleine Sassocorvaro ist einer der Orte, an dem im Mittelalter die Familien der Malatesta und Montefeltro um die Herrschaft stritten. In Sassocorvaro beeindruckt vor allem die Festung Ubaldini, die **Rocca Ubaldinesca,** die 1475 von Ottaviano Ubaldini bei Giorgio di Francesco Martini in Auftrag gegeben wurde. Ottaviano war ein enger Freund des Frederico Montefeltro und der spätere Vormund von Fredericos Sohn Guidobaldo. Die mächtige, in elliptischer Form gebaute Rocca, die einem Schiff ähnelt, verleiht dem kleinen Ort schon von Ferne ein ausgesprochen wehrhaftes Aussehen. Wie die meisten in jener Zeit erbauten Festungsanlagen erlaubt die exponierte Lage des Gebäudes einen weiten Blick auf das Umland. Ein Besuch der Rocca lohnt schon wegen der interessanten Architektur. Ausgesprochen informativ ist auch das in der Rocca untergebrachte Museum, in dem sich die Rekonstruktion eines bäuerlichen Haushalts befindet, die das Alltagsleben in der Renaissancezeit veranschaulicht.

URBANIA

Unweit von Urbino, an einer Schleife des Flusses Metauro, liegt Urbania, das ehemalige Castel Durante.

Im 14. Jahrhundert war hier die Familie Brancaleone ansässig. Nachdem der Ort im 15. Jahrhundert von Frederico Montefeltro vereinnahmt worden war, wurde der ursprüngliche Herrschaftssitz zunächst durch Francesco di Giorgio Martini, später von Girolamo Genga, erweitert und umgebaut. Der bevölkerungsfreundliche und das örtliche Handwerk stärkende Regierungsstil Fredericos bewirkte, daß auch Urbania in dieser Periode seine blühendste Zeit erlebte.

Vor allem durch die Herstellung von kunstvollen Majoliken ist die Stadt bekannt geworden.

Heute ist die mittelalterliche Bausubstanz im Stadtkern noch gut erhalten. Sehenswert in der etwas verschlafen wirkenden Kleinstadt ist der **Palazzo Ducale,** der malerisch zwischen Stadtkern und Fluß liegt. Francesco Maria II. Rovere, der letzte Herzog von Urbino, hielt sich hier häufig auf. Er starb 1631 in Urbania und wurde in der Kirche S. Crocifisso beigesetzt.

Im Palazzo Ducale befinden sich die Pinakothek mit Gemälden von Guerrieri, Ridolfi, Peruzzi und Zuccari, das Museum mit Majolika, die seit dem 16. Jahrhundert hier hergestellt wurde, und die Bibliothek. Diese wurde zwar zu Zeiten der Herzöge von Urbino erheblich geplündert, verfügt aber immer noch über zahlreiche alte geographische Karten, Globen und Handschriften.

Ein eher morbides Vergnügen verschafft ein Besuch in der Kirche **Chiesa dei Morti,** die an der Via Ugolini nicht weit vom Palazzo Ducale gelegen ist und ein wunderschönes gotisches Portal besitzt, denn in ihr sind mumifizierte Leichen aus dem 17. Jahrhundert ausgestellt. Die ausgetrockneten Leichen wurden 1833 aus ihren Gräbern im Kirchenraum exhumiert. Es wird berichtet, daß die Exhumierung auf eine Anordnung Napoleons erfolgte, die besagte, daß Bestattungen aus hygienischen Gründen nur auf Friedhöfen zulässig seien.

Verläßt man Urbania in Richtung S. Angelo in Vado, stößt man nach einem Kilometer auf das Jagdschloß Barco, das ebenfalls besichtigt werden kann.

URBINO

»Die Stadt liegt ohne besondere Schönheit oben auf einer mäßigen Höhe, folgt aber sehr getreu jeder Falte, so daß alles ungleichmäßig ist und man überall hinauf und hinunter muß.« So beschreibt 1580 der von Urbino wenig beeindruckte Franzose Michel de Montaigne auf seiner Italienreise die Stadt, die heute als die interessanteste und schönste in den nördlichen Marken gilt.

Urbino ist eine sehr alte Ortschaft, der Platz war schon sehr früh besiedelt. Es heißt, daß sich ihr Name von der Lage auf zwei Hügeln herleitet: urbs – bino.

Ca. 185 v. Chr. übernahmen die Römer in »Urbinum Metaurense«, wie es damals genannt wurde, die Herrschaft. Aus dieser Zeit stammen noch einige Mauerreste, wie z. B. die Reste des Teatro Romanico, des römischen Theaters.

Nach dem Untergang des Römischen Reiches fiel die Stadt an die Langobarden, geriet zwischenzeitlich unter byzantinischen Einfluß, und unterlag dann erneut den Langobarden. Später wurde die Stadt Teil der Pentapolis, die von Karl dem

Gilt als eine der schönsten Städte der Marken: Urbino.

Großen gegründet worden war und die der Kirche übereignet wurde.

Seine Blütezeit und seine Bedeutung erlangte der Ort jedoch erst durch die Familie Montefeltro, deren Einfluß eng mit der Entwicklung von Urbino im Mittelalter verknüpft war und die seit Mitte des 12. Jahrhunderts bis Anfang des 16. Jahrhunderts die Stadt und das Umland regierte (siehe auch »Einflußreiche Familien der Marken«).

Vor allem Frederico Montefeltro (1422–1482) hat in Urbino bleibende Spuren hinterlassen: Frederico, der Sohn von Guidantonio und einer Zofe, trat nach dem Tod seines Halbbruders Oddantonio die Herrschaft über Urbino an.

Er war ein sehr begehrter und geschätzter Heerführer. Die Einkünfte aus seinen im Auftrag durchgeführten militärischen Aktionen erlaubten es ihm, die Steuern in Urbino niedrig zu halten, was ihm die Zuneigung der Bürger sicherte. Er erweiterte seinen Machtbereich auf Kosten der in den nördlichen Marken ebenso einflußreichen Familie Malatesta, indem er Fossombrone und Pergola erwarb. Gubbio, Cagli und Cantiano gehörten ebenfalls zu seinem Herzogtum. Als Kunstliebhaber und Förderer sammelte Frederico in seinem ab 1465 unter Einbeziehung der Gebäude des alten Herzogssitzes prachtvoll errichteten Palazzo Ducale wertvolle Gemälde, Statuen und Gobelins. Der Palast verfügte zudem über eine eindrucksvolle und umfangreiche Bibliothek. Der Palazzo wurde von Luciano Laurana und Francesco di Giorgio Martini im klassischen Renaissancestil erbaut und verkörperte die Musterresidenz eines humanistisch gebildeten Herrschers. Die Bereitschaft Fredericos, in Kunst und Architektur zu investieren, zog namhafte Künstler nach Urbino. Unter anderem hielt sich Piero della Francesco längere Zeit in Urbino auf. Auch wurde Raffael 1483 hier geboren. Unter Frederico wurde Urbino zu einem bedeutenden Zentrum der italienischen Renaissance. Nach Fredericos Tod wurde sein erst spät geborener und im Vergleich zu seinem Vater eher weicher und schwächlicher Sohn Guidobaldo sein Nachfolger.

Dieser blieb aber kinderlos, und mit seinen militärischen Vorhaben hatte er wenig Glück. Es gelang ihm jedoch noch einige Zeit, den Stil eines gebildeten und den Künsten zugeneigten Hofes zu halten. Aus dieser Zeit stammt das interessante Buch Baldesar Castigliones, »Der Hofmann«. Castiglione, der bei Guidobaldo und seiner Frau Elisabetta Gonzaga zu Gast war, beschreibt das Leben und vor allem die Gespräche am Urbiner Hof. Nicht zuletzt aufgrund der schwindenden Macht Guidobaldos nahm der Einfluß der päpstlichen Verwandten della Rovere zu. Der auf Wunsch von Papst Julian II. von Guidobaldo adoptierte Neffe Francesco Maria della Rovere übernahm 1508 nach dem Tod Guidobaldos die Herrschaft. Nachdem es keinen männlichen Erben in dieser Familie mehr gab, fiel Urbino 1631 an die Kirche und damit endgültig in Provinzialität und Bedeutungslosigkeit zurück. Die Kunstschätze wurden zum großen Teil verschleppt, einige der bedeutsameren befinden sich heute in Florenz und Rom.

Der Reiz des heutigen Urbino liegt in der – innerhalb der Stadtmauern umfassend erhalten gebliebenen – mittelalterlichen Struktur der Stadt, in der keine sichtbar plazierten Neubauten Anblick und Eindruck der schönen alten Fassaden, der engen Gassen und der belebten Plätze stören. Heute ist Urbino wesentlich von der **Universität** mit ihren über 20.000 Studenten geprägt, von denen jedoch nur ein Teil in Urbino wohnt. Die einzelnen Institute der Universität sind in historischen Gebäuden der Stadt untergebracht. Urbino ist die wohl am meisten besuchte Stadt des marchegianischen Hinterlands, da vor allem der gut restaurierte und vollständig erhaltene Palazzo Ducale, der Dom und nicht zuletzt auch das **Geburtshaus Raffaels** einen lebhaften Einblick in das Leben des 15. Jahrhunderts vermitteln. Trotz der Großartigkeit des riesigen Palazzo Ducale werden Urbino und seine Umgebung sowohl damals wie auch heute vorwiegend von der unspektakulären Lebensweise seiner überwiegend ländlichen Bewohner geprägt, denn das Umland ist seit jeher Agrarland.

Kommt man mit dem Auto nach Urbino, so empfiehlt es sich, auf einem der großen Parkplätze unterhalb der Stadtmauer zu parken. Vom Parkplatz Nr. 1 aus, am Borgo Mercatale gelegen, haben weniger sportliche Besucher die Möglichkeit, anstatt die ebenso steilen wie malerischen Treppen zu erklimmen, mit dem sich daneben befindlichen Aufzug (Ascensore) am Theater (Teatro Sanzio) zur zentralen Ebene der Stadt zu fahren. Sportlichere Naturen nehmen den Weg über die Via G. Mazzini, die sie zum Herzen der Stadt, der Piazza della Repubblica führt, auf der zu allen Tages- und Nachtzeiten Leben herrscht und wo die Cafés, die mit ihren Tischen den halben Platz belegen, dazu einladen, dem Treiben bei Café oder Campari zuzusehen.

Von der Piazza della Repubblica folgt man der Via Vittorio Veneto und gelangt nach einigen Schritten zur langgestreckten Piazza Rinascimento, auf der rechterhand der **Dom** mit dem angrenzenden Dommuseum (Museo Albani) sowie der Palazzo Ducale liegen.

Mit dem Bau des Domes wurde Francesco di Giorgio Martini 1474 von Frederico Montefeltro beauftragt. An dieser Stelle befand sich bereits seit dem frühen Mittelalter eine Kirche, von der jedoch nichts erhalten blieb. 1534 wurde der Dom fertiggestellt, der durch das Erdbeben von 1789 stark beschädigt und daraufhin im neoklassizistischen Stil erneuert wurde. Der Dom enthält eine Reihe von interessanten Gemälden, unter anderem von Ridolfi, Barocci und Viviani. Im Dommuseum sind neben sakralen Gegenständen auch einige Gemälde sehenswert. Unter anderem ist hier im vierten Saal eine Madonna del Latte von Andrea da Bologna zu sehen, eine der Madonnen, die mit einer seltsam leblos aus dem geschlossenen Kleid ragenden, zum Stillen entblößten Brust dargestellt sind. Auch Werke von Giovanni Santi, dem Vater von Raffael, und von Barocci sind hier ausgestellt.

Der **Palazzo Ducale,** dessen Eingang neben dem Dom zu finden ist, wurde unter Frederico Montefeltro zunächst Mitte des 15. Jahrhunderts von

Urbino, die »città ideale«, erlebte seine Blütezeit durch die kunstsinnige Familie Montefeltro.

Maso di Bartolomeo, einem aus Florenz stammenden Baumeister, begonnen. Seine Aufgabe war es, die bereits bestehenden Bauten in die Planung des Neubaus einzubeziehen. Danach wurde Luciano Laureano mit der Weiterführung der Arbeit beauftragt. Er schuf unter anderem die Westfassade mit den beiden hohen Türmen, den Ehrenhof und den Treppenaufgang. Als Laureano 1472 Urbino verließ, übernahm Francesco di Giorgio Martini die Arbeit, die zum Zeitpunkt des Todes von Frederico noch nicht ganz abgeschlossen war. Der obere Teil des Palastes wurde dann Anfang des 16. Jahrhunderts von Girolamo Genga fertiggestellt. Heute ist der Palast nicht mehr möbliert; der größte Teil der Kunstschätze, die in den Tagen der Montefeltro und della Rovere hier gesammelt worden waren, ist in alle Winde zerstreut. Dennoch vermittelt der Besuch des Palastes einen umfassenden Eindruck des damaligen Lebensstils, da neben den eindrucksvollen Räumen der herzöglichen Familie auch die Wirtschaftsräume, die Keller, die Bäder der Familie und die Ställe besichtigt werden können. Interessant ist auch die Dokumentation der Wasserversorgung und des Heizsystems, deren Technik zum damaligen Zeitpunkt vorbildlich war und den Palazzo mit fließend warmem Wasser versorgte. Unter den noch immer zahlreichen Gemälden in den Sälen sind Werke von Raffael (Die Stumme und S. Catarina von Alexandrien), von Piero della Francesco (Die Geißelung, Die Madonna von Senigallia), sowie Werke von Paolo Uccello, Santi, Barocci, Ridolfi, Tiziano, Crivelli und Salvi. Die nach Entwürfen von Martini und auch Botticelli angefertigten, reich mit Schnitzereien und Intarsien verzierten Türen sind ebenfalls erhalten geblieben. Herzstück des Palastes ist das Studiolo, das Studierzimmer Fredericos: ein ganz in Holz gefertigtes Zimmer mit wunderschönen Intarsien und mit Porträts der bedeutendsten Humanisten jener Zeit. Im Untergeschoß kann man anhand einer umfangreichen Ausstellung die Entstehungsgeschichte des Palastes verfolgen.

Neben dem Palazzo Ducale, ebenfalls an der Piazza Rinascimento gelegen, steht der Palazzo Bonaventura, der frühere Wohnsitz der Montefeltro, in dem Antonio Montefeltro (1348–1404) lebte. Heute ist hier ein Teil der Universität untergebracht.

Um den imposanten Turm des Palazzo Ducale zu besichtigen, empfiehlt es sich, den Palast vom – ebenfalls zentralen Platz aus – abzweigenden Corso Garibaldi aus zu betrachten, wo man bei gutem Wetter den Blick auf den Palast und in entgegengesetzter Richtung über das weite Land von einem kleinen Café aus genießen kann, das seine Tische unmittelbar an der Stadtmauer plaziert hat. Unterhalb der Stadtmauer befinden sich die ehemals herzöglichen Pferdeställe, die Platz für 300 Pferde boten. Zu den Ställen gelangt man über die von Martini gestaltete Wendeltreppe beim Theater Sanzio. Steigt man die schmalen Treppen rechts neben dem Theater Sanzio hinab, stößt man rechterhand zwischen der Via Sotto le Stallace und der Via Stretta auf das Gebiet des ehemaligen jüdischen Ghettos mit der Synagoge.

Auf dem zentralen Platz (Piazza della Repubblica) steht außerdem die **Chiesa di S. Francesco.** Hier befinden sich die Gräber von Antonio und Oddantonio Montefeltro, von den Eltern Raffaels sowie von Barocci und Viti. Die Kirche stammt aus dem 14. Jahrhundert und wurde im 18. Jahrhundert nach Plänen von Vanvitelli erweitert und modernisiert.

Verläßt man die Piazza della Repubblica bergan auf der Via Raffaello, gelangt man zu dem linkerhand liegenden **Geburtshaus Raffaels.** Raffael hat im Gegensatz zu seinem Vater Giovanni Santi in seiner Heimatstadt nur wenige Spuren hinterlassen, da er bereits sehr früh nach Perugia, Florenz und schließlich nach Rom ging, wo er auch begraben wurde. Das Haus der Familie Santi vermittelt eine lebendige Vorstellung davon, wie ein typisches Bürgerhaus aus dem 15. Jahrhundert ausgesehen hat.

Steigt man die Straße weiter bergauf, erreicht man auf dem höchsten Punkt eine Statue, die Raffael darstellt. Wendet man sich nach links, betritt man den öffentlichen Park mit der Befestigungsanlage Albani aus dem 14. Jahrhundert, von wo man einen schönen Blick auf Urbino und den Palazzo Ducale hat.

In der Via Bramante befindet sich der Botanische Garten, der 1806 angelegt wurde und eine interessante Sammlung von seltenen Pflanzen, insbesondere auch Arzneipflanzen, beherbergt.

Folgt man wiederum von der Piazza della Repubblica aus bergab der Via Barocci, nähert man sich dem ältesten und malerischsten Teil Urbinos. Hier stößt man auf ein interessantes Gebäude, auf das **Oratorio di San Giovanni Battista.** Die Kapelle wurde von den Brüdern Jacopo und Lorenzo Salimbeni Anfang des 15. Jahrhunderts mit Fresken versehen, die das Leben des heiligen Johannes darstellen. Die Darstellungen beeindrucken durch ihre Lebendigkeit und ihren Detailreichtum.

Ancona: Der Dom San Ciriaco am höchsten Punkt der Stadt.

Provinz Ancona

ANCONA

Mit über 100.000 Einwohnern ist Ancona der »Riese« der Marken. Und tatsächlich spürt man einen Hauch von Großstadtflair, wenn der Verkehr brausend an einem vorbeirauscht und die riesigen Fährschiffe aus dem Hafen laufen. Trotzdem wäre es falsch, diese Stadt als das Zentrum der Region zu bezeichnen. Um Ancona kennen und schätzen zu lernen, ist es unbedingt erforderlich, bis ins antike Zentrum vorzustoßen. Hier befindet sich der einzige Hafen der mittleren Adria, der Fährverbindungen nach Griechenland, Kroatien, Zypern und der Türkei anbietet. Die Wirtschaft basiert auf diesen Verkehrsverbindungen, der breit gefächerten Industrie sowie auf dem Handel. Die Stadt liegt malerisch auf einigen Hügeln nördlich des Monte Conero verteilt und wirkt bereits recht südländisch. Die Lage der Hafenstadt am nördlichen Rand des Naturparks »Monte Conero« mit all seinen Reizen und die günstige Verkehrslage mit vielen Freizeitangeboten machen den Reiz dieses Zentrums aus. Leider wurde die Stadt im Zweiten Weltkrieg und beim letzten Erdbeben 1972 stark beschädigt. Unterirdische Infiltrationen von Meerwasser sollen Ancona angeblich unterspülen und so für immer wiederkehrende seismische Aktivitäten sorgen.

Die Stadt wurde im 4. Jahrhundert v. Chr. von den Griechen gegründet. Die damals hier ansässigen Picener hatten keine einheitliche Verwaltung. Die Griechen dagegen errichteten ein lebhaftes Zentrum und brachten neue Technologien, Architektur, Geldprägung und natürlich die Kunst. Der Name Ancona kommt aus dem Griechischen: »Ancon« bedeutet Ellbogen und deutet auf die Form der Landzunge hin, die sich ideal als Hafen anbietet.

Im Jahr 295 v. Chr. übernahmen die Römer den strategisch wichtigen Hafen. Der Imperator Traiano baute ihn im 2. Jahrhundert n. Chr. wesentlich aus, um die Verbindung zum Orient zu verbessern, so daß die militärische und kommerzielle Bedeutung des Hafens enorm zunahm.

In der Folgezeit litt der Ort, wie das gesamte Umland, unter den Invasionen der Goten, der Langobarden und nicht zuletzt unter der Kirche.

Im Jahr 839 zerstörten die Sarazenen große Teile und erst um die Jahrtausendwende erholte sich die Stadt von diesem Schlag. Nach und nach fand sie zu ihrem alten Glanz zurück und wurde »Repubblica Marinara«. Dies wurde der Höhepunkt in ihrer Geschichte. Der Handel florierte bis ins 16. Jahrhundert, und der Reichtum hinterließ seine Spuren in Form von zahlreichen Monumenten, Palästen und Werken großer Künstler wie Tiziano, Lotto, Crivelli, Andrea Lilli u. v. a.

Im 17. und 18. Jahrhundert sorgten eine Krise im Seehandel, ein Erdbeben (1690) und Kriege mit den Österreichern für eine Periode des Zerfalls. Als 1732 die Bevölkerung auf nur 7.000 Personen gesunken war, ernannte Papst Clemente XII. die Stadt zum freien Seehafen. Damit begann ein neuer Aufschwung. Anfang des 19. Jahrhunderts, nach dem Fall Napoleons, kehrte die Stadt unter die Herrschaft der Kirche zurück, und während des Risorgimentos war sie stark an allen patriotischen Bewegungen beteiligt.

Auch das 20. Jahrhundert brachte den Anconetanern nicht viel Gutes: Im Ersten Weltkrieg bombardierte und zerstörte die österreichische Flotte massiv die Stadt. 1930 wurde sie von einem schweren Erdbeben heimgesucht. Während des Zweiten Weltkriegs wurde Ancona 160mal bombardiert, und zum wiederholten Male wurden unzählige Gebäude zerstört. Der Wiederaufbau ging nur langsam voran. 1972 kam es dann wiederum zu einem schweren Erdbeben mit großen Schäden. 1982 war es ein gewaltiger Erdrutsch, der einem Teil der Stadt einen schweren Schlag versetzte.

Das Herz der Stadt ist der Hafen, um den sich die wichtigsten Sehenswürdigkeiten befinden. Dazu gehört sicher auch die »**Mole Vanvitelliana**« (1733), auch Lazarett genannt. Das fünfeckige multifunktionale Gebäude wurde mitten in den südlichen Hafen gebaut. Der aus Neapel kommende Architekt Vanvitelli war schon zu Lebzeiten für seinen Pragmatismus bekannt und hat in der Folgezeit großen Einfluß auf viele seiner Kollegen gehabt. Die Mole wurde auf Befehl des bereits erwähnten Papstes Clemente XII. zu überwiegend militärischen Zwecken erbaut, hat sich jedoch durch seine eigenartige multifunktionelle architektonische Bauweise auch als Lager, Quarantäneinsel und Treffpunkt des bürgerlichen Lebens bewährt. Nach einer umfassenden Restaurierung beherbergt die »Insel« heute große Ausstellungen und kulturelle Veranstaltungen.

Im Hafenbereich findet man mehrere antike Tore, die aus verschiedenen Epochen stammen. Kommt man von Süd nach Nord, erreicht man zuerst die »Porta Pia«, die Ende des 18. Jahrhunderts von Fillippo Marchionni il Giovane zu Ehren des Papstes Pio VI. erbaut wurde. Weiter Richtung Norden, vorbei an der Kirche Sant'Agostino mit ihrem schönen Portal, das 1460 von Giorgio Orsini angefertigt wurde, erreicht man nach der Hafenverwaltung den **»Arco di Traiano«,** aus dem Jahr 115 v. Chr., mit einem Stück Stadtmauer. Der Trajansbogen wurde im Auftrag des römischen Senats zu Ehren des Imperators Trajan vom Architekten Apollodoro di Damasco aus eigens herbeigebrachtem Marmor erbaut. Es handelt sich hierbei um eines der wichtigsten Bauwerke aus der römischen Epoche, die in den Marken erhalten geblieben sind. Leider fielen die Bronzefigur Trajans und andere für solche Denkmäler üblichen Verzierungen den Raubzügen der Sarazenen im Jahr 848 zum Opfer.

Ca. 100 m weiter hat der Architekt Vanvitelli 1735 (etwa zeitgleich mit der Erbauung der nördlichen Mole) ein weiteres Mal seine Spuren in Ancona hinterlassen. In Anlehnung an das Tor Trajans wurde der »**Arco Clementino«** zu Ehren von Papst Clemente XII. in istrischem Naturstein erbaut.

Bewegt man sich nun vom Touristenhafen auf das darüberliegende Altstadtzentrum zu, kommt man zuerst auf die Piazza Repubblica, dem eigentlichen »Tor« zur Stadt. Die Kirche **S.S. Sacramento** (16. Jh.) wurde im Laufe der Zeit wiederholt verän-

dert und restauriert. Im 18. Jahrhundert bereicherte der Architekt Ciarrafoni die Fassade durch den Glockenturm, der sich regelrecht in den Himmel zu bohren scheint. Im Inneren befinden sich Fresken von Francesco Podesti, die er im Alter von 80 Jahren schuf. Auf der gleichen Piazza wird momentan das neoklassizistische Theater der Musen (1827 von Ghinelli gebaut) restauriert.

Biegt man nun in die Via della Loggia ein, sieht man zur Linken den **Palazzo Giovanelli Benincasa** aus dem 15. Jahrhundert, erbaut von Dionigi Benincasa. Die eindrucksvolle Fassade in gotischem Stil kommt in der engen Gasse leider nicht zur Geltung. Einige Meter weiter trifft man auf die **»Loggia dei Mercanti«** (14. Jh.), die 1444 von Giovanni Sodo restauriert und deren reiche gotisch-venezianische Fassade von Giorgio Orsini 1451–1459 fertiggestellt wurde. Der Palast war und ist noch heute Symbol für den Handel. Über dem Portal ist ein stürmender Reiter dargestellt, das Emblem der Kommune, außerdem vier große Figuren: die Stärke, die Vorsicht, die Mäßigkeit und die Barmherzigkeit. Im Inneren befindet sich ein großer Saal, der von den Händlern zu verschiedenen Zwecken benutzt wurde. Pelegrino hat sowohl die Decke dieses Raumes als auch die interessante Fassade auf der dem Hafen zugewandten Seite des Gebäudes gestaltet.

Die Via della Loggia erscheint im modernen Ancona wie eine kleine Nebenstraße, aber ihre Paläste lassen keinen Zweifel daran, daß sich hier einst das Handelszentrum der Stadt befand.

Die Gasse endet auf einem kleinen Platz, und zur Rechten treffen wir auf die nicht sehr große, aber eindrucksvolle **Kirche Santa Maria della Piazza** (13. Jh.), einem Kleinod unter den Gotteshäusern der Gegend. Ihre heutige Form geht auf das Jahr 1000 zurück. Die wunderschöne Marmorfassade wurde 1210 von Baumeister Filippo erbaut. Im Inneren besticht das Gebäude durch seine Einfachheit. Als die Kirche 1980 restauriert wurde, kam eine Reihe interessanter Funde ans Licht: Durch Glasböden sind Reste griechischer Mauern (4. Jh. v. Chr.) und Bruchstücke eines frühchristlichen Altars zu betrachten. Auch einige Mosaikböden aus dem 4. Jahrhundert wurden rekonstruiert.

Geht man die Via Vanvitelli in Richtung Hafen, erreicht man die Piazza Dante Alighieri, die vom Anblick des **Palazzo dei Anziani** dominiert wird. Der ursprüngliche Bau geht wahrscheinlich auf den Beginn des 5. Jahrhunderts zurück, während 1270 der Architekt Margheritone di Arezzo das bestehende Gebäude restaurierte und erweiterte. Von ihm stammen auch die hübschen Fassaden mit den romanisch-gotischen Arkaden auf der Hafenseite und den biblischen Szenen auf der Bergseite. Im Laufe seiner Geschichte hat der Palast verschiedenste Funktionen übernommen: Zuerst Sitz der Kommune, dann Pinakothek, beherbergt er heute die Universität (Volkswirtschaftslehre). Gegenüber dem Palazzo, auf der gleichen Piazza Stracca, finden wir die Kirche Gesu' (1743), ein weiteres architektonisches Meisterwerk in neoklassizistischem Stil von Luigi Vanvitelli. Sie wurde auf einem älteren Gebäude, das wahrscheinlich 1665 erbaut wurde, errichtet.

Geht man nun ein paar Meter weiter hinauf, kommt man auf die Piazza del Senato. Auf der rechten Seite befindet sich der **Palazzo Ferretti** (16. Jh.), dessen Portal und Balkon von Vanvitelli stammen (18. Jh.). Der Bauherr Angelo Ferretti war Kapitän des französischen Königs Karl IX. Im Inneren ist das sehr wichtige **archäologische Museum** untergebracht. Die ausgestellten Funde verschiedenster Epochen kommen aus dem gesamten Gebiet der Marken. Wer sich für die Geschichte der Region interessiert, kann hier viele Informationen erhalten und sollte sich einen Besuch nicht entgehen lassen (Öffnungszeiten: 8.30–13.30 Uhr).

Auf dem gleichen Platz befinden sich noch der elegante **Palazzo del Senato** (13. Jh.), der nach dem Zweiten Weltkrieg fast komplett wiederaufgebaut werden mußte und die **Kirche »dei Santi Pellegrino e Filippo Neri«** (18. Jh.), auch »degli Scalzi« genannt.

Geht man von hier nordwärts den Hang hinauf, der Treppe »Scalone Neppi« folgend, hat man auf dem höchsten Punkt den »Colle Cuasco« mit seinem **Dom S. Ciriaco** erreicht, dem antiken Zentrum Anconas. Die Aussicht von hier oben ist vor allem an klaren Tagen traumhaft schön. Der Dom wird immer wieder als eines der schönsten romanischen Bauwerke der Marken erwähnt. Bereits im 3. Jahrhundert v. Chr. stand hier ein griechischer Tempel, welcher später durch eine frühchristliche Kirche ersetzt wurde. Letztere wurde, wie viele andere Bauwerke der Region, durch die Raubzüge der Sarazenen zerstört. Seine heutige Form erhielt der Dom überwiegend im 12. und 13. Jahrhundert. Das bemerkenswerte Portal besteht aus weißem Stein vom naheliegenden Monte Conero gemischt mit rotem Marmor aus Verona. Die zwei hinteren Säulen, die den Überbau tragen, wurden im 18. Jahrhundert von Vanvitelli hinzugefügt. Die schon von weitem sichtbare Kuppel (1270) wird dagegen dem Architekten Margheritone d'Arezzo zugeschrieben. Auch das dreischiffige Innere mit den romanischen Säulen und den byzantinischen Kapitellen ist beeindruckend. In den unterirdischen Krypten sind Reste eines griechischen Tempels zu sehen, der höchstwahrscheinlich Aphrodite, auch Göttin der Seefahrer, gewidmet war. Der Dom wurde im Ersten und Zweiten Weltkrieg und infolge eines Erdbebens von 1972 stark beschädigt und bis 1977 restauriert. Links daneben ist ein Kloster angebaut. Einst Bischofssitz, beherbergt es heute das Diözesanmuseum mit vielen interessanten kirchlichen Kunstschätzen.

Verläßt man den Hügel in nordöstlicher Richtung (Via d. Guasco), erreicht man nach ca. 200 m die Überreste eines **römischen Amphitheaters.** Die Ruinen kamen nach einem Erdbeben zufällig zum Vorschein und lassen noch gut die Größe und Form der Anlage erkennen. Leider ist das Amphitheater im Inneren momentan nicht zu besichtigen.

Folgt man der Via Giuseppe Birarelli und hält sich am Ende rechts, kommt man auf die **Piazza**

San Francesco mit der gleichnamigen Kirche aus dem 13. Jahrhundert, deren Fassade unlängst renoviert wurde. Das Portal im gotisch-venezianischen Stil wurde 1452–1459 von Giorgio Orsini gefertigt und weist zahlreiche Basreliefs mit Darstellungen Heiliger auf. Das Innere der Kirche stammt aus dem 18. Jahrhundert. Hier wurden bis vor kurzem wertvolle Arbeiten von Lotto, Tibaldi und Lilli aufbewahrt, die sich nun in der Pinakothek befinden. Geht man von hier die Via Cririaco Pizzecolli hinunter, trifft man nach ein paar Metern auf den Palazzo Bosdari, welcher heute die **Pinakothek** und die **Galerie für Moderne Kunst** mit marchegianischen Kunstwerken von 1400 bis heute beherbergt. Vor allem drei Werke stechen aus der Menge hervor und sind vielleicht auch für den Kunstlaien interessant: »Madonna mit Kind«, eine Miniatur von Carlo Crivelli, »Die Jungfrau und die Heiligen« von Lorenzo Lotto und »Pala Gozzi« von Tiziano. Von Künstlern wie Andrea Lilli, Guercino, Francesco Podesti, Carlo Maratta, Sebastiano del Piombo, Arcangelo di Cola oder Carlo di Camerino sind noch weitere Originale zu sehen, die ebenfalls zu den bedeutendsten Arbeiten ihrer Zeit gehörten. Die Pinakothek ist täglich außer Montag von 10.00 bis 19.00 Uhr geöffnet (Sonntag von 9.00 bis 13.00 Uhr). Weiter der Via Pizzecolli bergab folgend, erreicht man den großen Platz des Papstes. Gleich zur Rechten erhebt sich der **Palast des Gouverneurs** aus dem 14. Jahrhundert, der im 16. Jahrhundert Sitz der Vertreter des Heiligen Stuhls war und seit den Anfängen des Vereinigten Italiens die Präfektur beherbergt. Der Palast hat im Laufe der Jahrhunderte viele Restaurierungen und Veränderungen erfahren, und berühmte Architekten wie Francesco di Giorgio Martini haben daran mitgewirkt. Daneben steht der Uhrenturm aus dem 16. Jahrhundert mit einem Zifferblatt aus Marmor. Ebenfalls an diesem Platz befindet sich die **Bibliothek Benincasa** im Palazzo Mengoni Ferretti. Hier werden über 100.000 alte Bücher, Dokumente und Handschriften aufbewahrt. Dominiert wird der Platz aber von der Kirche San Domenico (18. Jh.), die

San Ginesio liegt auf einem knapp 700 m hohen Hügel und wird wegen seines Panoramas auch der Balkon der Monti Sibillini genannt.

nach Plänen von Marchioni erbaut wurde. Im Inneren befinden sich verschiedene Marmor- und Stuckfiguren, u.a. von Gioacchino Verlè.

Auf dem südlich des Hafens gelegenen Hügel finden sich die Reste der von Antonio Sangallo für Papst Clemente VII. erbauten, sternförmigen Festung »**Cittadella**« (16. Jh.). Die Anlage prägt den Anblick des Hafens und diente seinem Schutz. Heute wird ein Teil der Burg als Park für Kinder sowie für öffentliche Veranstaltungen genutzt und lädt zum Ausruhen unter schattigen Bäumen ein.

Am anderen Ende der Stadt, im östlichen neuen Viertel, findet man das Mahnmal der Gefallenen des Ersten Weltkriegs. Die angrenzende Steilküste besitzt viele Wege und Treppen, die nach unten zum Meer führen. Die Anconetaner verbringen hier gerne ihre Mittagspause auf einem Felsen liegend oder mit Freunden schwatzend. Ganz in der Nähe ist das Büro der APT (örtliches Tourismusbüro, V. Paolo Thaon de Ravel 4), wo man freundliche Auskünfte und Informationsmaterial – die gesamten Marken betreffend – auch in deutscher Sprache erhalten kann.

ARCEVIA

Östlich des Monte Catria, am Fluß Misa, befindet sich der Ort in einer strategisch wie auch landschaftlich einzigartigen Lage. Während auf der westlichen Seite hohe bewaldete Hügel mit Steinbrüchen zu sehen sind, scheint östlich der Rest der Marken tief unterhalb zu Füßen des Ortes zu liegen. An klaren Tagen kann man von hier aus bis zum Meer schauen. Arcevia weist viele wichtige Zeugnisse der Gallier auf. Im 13. Jahrhundert wurde es ausgebaut und behielt während des gesamten Mittelalters seine Bedeutung bei: Lag es doch zentral zwischen Umbrien, den Marken und dem Hoheitsgebiet von Urbino. Anfang des 14. Jahrhunderts gehörten zu Arcevia immerhin ca. zwei Dutzend Burgen und Dörfer der Umgebung. In dieser Zeit hieß die freie Kommune Roccacontrada. Um 1500 nahm sich der Kirchenstaat seiner an, und 1816 erhielt es seinen heutigen Namen sowie die Ernen-

Corinaldo mit der besterhaltenen Stadtmauer in den Marken (oben); darunter: San Leo.

nung zur freien Stadt. In Arcevia wurde der Maler Ercole Ramazzani (1530–1598) geboren, der ein Schüler von Lorenzo Lotto in Ancona war.

Die Stadtmauer mit ihren vier Toren ist größtenteils erhalten bzw. restauriert und lädt zu einem Spaziergang mit spektakulärem Panorama ein.

Der Backsteinbau der **Kirche San Medardo** (Anfang des 17. Jh.) ist im Laufe der Zeit einer Pinakothek immer ähnlicher geworden: Hier werden viele bedeutende Arbeiten aufbewahrt, Werke von Luca Signorelli, Andrea und Giovanni della Robbia, Claudio Ridolfi und Ercole Ramazzani, von denen die meisten auch in Arcevia geschaffen wurden. Die Kirche selbst kommt in den kleinen Gassen leider nicht wirklich zur Geltung.

Der Bau der **Franziskuskirche** geht auf das Jahr 1275 zurück. Für sie schuf Signorelli einst seine »Jungfrau im Thron«, die sich heute in der Pinakothek von Brera befindet. Beachtenswert sind das Portal und ein Fresko im Inneren aus dem 14. Jahrhundert. Im Kreuzgang befindet sich außerdem ein **archäologisches Museum** mit Funden aus der Neustein- und der Bronzezeit sowie Überresten gallischer Grabstätten aus dem 2. Jahrhundert v. Chr. Die meisten der Gegenstände kommen aus dem 4–5 km entfernten Conelle, wo weitere Ausgrabungen zu sehen sind.

Der **Palazzo Comunale** ist wohl das wichtigste Zeugnis weltlicher Architektur in Arcevia. Das Gebäude stammt aus dem 13. und 14. Jahrhundert und hat im Laufe der Zeit zahlreiche Änderungen erfahren.

Die bereits erwähnten »**Burgen von Roccacontrada«** liegen in den umliegenden Tälern verstreut, meist in dominanten Lagen. Sie alle gehen auf das 12. und 13. Jahrhundert zurück; die meisten sind sehr gut erhalten. Sie bilden sowohl wegen ihrer Geschichte als auch wegen der meist sehr schönen landschaftlichen Lage eine große touristische Attraktion. Wer sich dafür interessiert, findet auf der Piazza einen großen Lageplan mit allen bedeutenden Orten. Wer allerdings am 1. Mai in Arcevia ist, sollte sich das Spargelfest im Castello di Avacelli nicht entgehen lassen.

CAMERANO

Camerano ist ein Städtchen (ca. 6400 Einwohner), das vor allem für seine kleinen und mittleren Handwerksbetriebe bekannt ist. Noch heute werden hier Musikinstrumente, vor allem aber Akkordeons und Kleidungsstücke hergestellt. Außerdem liegt die Ortschaft mitten im Zentrum des Weinanbaugebietes des »Rosso Conero«. Für die Zukunft ist eine Verbesserung der städtischen und touristischen Infrastrukturen geplant, und man spricht davon, die seit der Antike bekannten Thermen von Aspio wieder zu öffnen.

Unterschiedlichste Funde belegen, daß die Gegend seit dem 3. Jahrtausend v. Chr. bewohnt war. Um das Jahr 1000 besaßen die Mönche hier zwei Kirchen, ein Krankenhaus und landwirtschaftlichen Grund, so daß ein kleines Zentrum entstand. Camerano war in der Folgezeit immer sehr eng mit Ancona verbunden. Im 15. Jahrhundert nahm der Ort Flüchtlinge aus Dalmatien auf, die versuchten, den Invasionen der Türken zu entgehen. Die Völkermischung ist noch heute wahrzunehmen; der in Camerano gesprochene Dialekt unterscheidet sich gänzlich von den Dialekten der Umgebung. Im Jahr 1625 wurde hier der schon zu seinen Lebzeiten berühmte Maler Carlo Maratta geboren. Einige seiner Arbeiten sind in der Kirche San Francesco (13. Jh.) zu sehen, die angeblich von ihrem Namensgeber gegründet wurde. Auch im Oratorium Santi Nicolò e Faustina findet man Spuren des Malers und auch seiner Tochter, einer bekannten Poetin.

CASTELEONE DI SUASA

Am Fuße des gleichnamigen winzigen Dorfes wurden vor einigen Jahren die Überreste einer römischen Gemeinde gefunden, und nach Erhalt der erforderlichen Zuschüsse wurden auf einem Bereich von ca. 500 x 300 m erstaunliche Funde gemacht. So kam z. B. die **Villa eines römischen Konsuls** zum Vorschein, in der tatsächlich noch Wandfresken aus dem 2.–1. Jahrhundert v. Chr. erhalten waren. Im Jahr 2000 soll der Archäo-Park erstmals dem Publikum geöffnet werden. Suasa bildet mit den beiden anderen archäologischen Gebieten Sentinum (Sassoferrato) und Ostra ein Dreieck von entscheidender Bedeutung. Vergleichbare römische Stadtstrukturen sind in Mittelitalien nur in Rom zu finden.

CORINALDO

Corinaldo besitzt die besterhaltene Stadtmauer (mit ihrem Bau wurde Mitte des 14. Jahrhunderts begonnen) der Marken und stellt mit seinen stimmungsvoll verwinkelten Gassen und Türmen ein eindrucksvolles Beispiel an mittelalterlicher Stadtbaukunst dar. Die Stadtmauer ist über eine Strecke von fast einem Kilometer begehbar.

Weiterhin ist Corinaldo die Geburtsstadt von **Santa Maria Goretti.** Das 16jährige Mädchen dürfte wohl die jüngste Heilige aller Zeiten gewesen sein. Das Mädchen zog früh nach Lazium, wo sie von einem Burschen wegen etwas Essen erstochen wurde. Noch auf dem Todesbett bat sie darum, ihrem Mörder zu verzeihen. Die nach ihr benannte Wallfahrtskirche zieht Jahr für Jahr viele Menschen aus dem In- und Ausland an.

Alljährlich wird ein Fest abgehalten, der »Pozzo della Polenta«. Der Sage nach mußte einst eine Polenta für die ganze Gemeinde gekocht werden, und es standen nicht genügend Gefäße zur Verfügung. Also wurde die Polenta kurzerhand direkt im gleichnamigen Brunnen zubereitet.

FABRIANO

Die knapp 30.000 Einwohner zählende Stadt liegt in einer Mulde am östlichen Fuße des Apennins am Fluß Giano. Erstmals wird die Stadt im Jahr 1065 in einem Dokument erwähnt, in dem von zwei Gehöften berichtet wird, durch deren Zusammenschluß und Erweiterung später Fabriano entstand. Mitte des 12. Jahrhunderts kamen die Chiavelli, eine Familie deutscher Abstammung, in den Ort und bestimmten bis zu ihrer völligen Ausrottung durch Francesco Sforza im Jahr 1435 weitgehend und positiv die Entwicklung Fabrianos. Unter den Chiavelli entwickelte sich sowohl die seinerzeit wichtigste Papierindustrie Europas als auch eine der bedeutendsten Malerschulen Italiens, die u. a. **Gentile da Fabriano** hervorbrachte. Sforza dagegen mußte die Stadt bereits nach einem knappen Jahrzehnt an den Kirchenstaat abtreten, und damit war ihr langsamer kultureller und wirtschaftlicher Untergang besiegelt.

Um Fabriano kennenzulernen, muß man sich durch die umliegenden Industrie- und Wohnblockgebiete zum Herzen der Stadt, dem historischen Altstadtzentrum, vorkämpfen. Auf der **Piazza del Comune** angekommen, kann man hier schon einige der wichtigsten Gebäude betrachten. Sehr auffallend ist der Arkadengang »**Loggiato di San Francesco«** (17. Jh.) mit seinen 19 Bögen, der anstelle eines vorherigen aus dem 15. Jahrhundert erbaut wurde. Hier kann man ein gotisch-romanisches Portal erkennen, das einst als Eingang zur Kirche des San Francesco diente, die heute nicht mehr existiert. Hier ganz in der Nähe befindet sich das »Große Museum«, mit einer Sammlung skurriler und historischer Objekte, u. a. bekannte Horrorfiguren aus Hollywood. Das Museum ist am Wochenende von 17.00 bis 19.30 Uhr (oder nach Vereinbarung mit dem Tourismusbüro) geöffnet. Dem Museumseingang schräg gegenüber steht der **Palazzo Municipale** (Rathaus, 14.–15. Jh.) mit dem **Theater »Gentile da Fabriano«.** Im Vorhof, der von den beiden Gebäuden gebildet wird, sind römische Gedenktafeln aus verschiedenen archäologischen Fundstätten, u. a. dem nahegelegenen Sentinum, in die Wand eingemauert. Auf der Außenseite des gleichen Gebäudes ist ein steinernes Flachrelief aus dem 15. Jahrhundert zu sehen. Das Theater (Mitte des 19. Jh.) verfügt über eine gute Akustik und ist Ort zahlreicher kultureller Veranstaltungen. Beachtenswert ist hier der von Luigi Serra bemalte Vorhang.

Gekrönt wird der Platz vom **Palazzo del Podestà** (1255), in dem sich heute Verwaltungsbüros sowie die Tourismusinformation befinden. Der ungewöhnliche Grundriß des gotisch-romanischen Gebäudes und seine Fassade mit dem spitzbogigen Tor heben es deutlich von den anderen Gebäuden der Piazza hervor. Die aufgesetzten Zinnen waren bei der ursprünglichen Planung nicht vorgesehen. Der Palast wurde in den 20er Jahren restauriert.

Direkt davor befindet sich ein runder Brunnen, **»Fontana Rotonda«** oder **»Sturinalto«** (1285 erbaut und vor kurzem restauriert), der sehr an die »Fontana Maggiore« in Perugia erinnert.

Ein weiteres interessantes Gebäude auf der Piazza ist der **Palazzo Vescovile** bzw. Bischofspalast. Er wurde 1545 erbaut und dann des öfteren baulichen Änderungen unterzogen, seit 1729 ist er Bischofssitz. Auf seiner linken Seite schließt sich der Uhrenturm an, der an einer Ecke Zeichen der vorherigen Konstruktion aufweist.

Wenn man nun den Platz durch die Gasse zwischen dem Bischofspalast und dem Palazzo del Podestà verläßt, erreicht man nach ein paar Dutzend Metern einen kleineren Platz, genannt Piazza Umberto di Savoia. Zur Rechten erhebt sich der imposante Backsteinbau des **Domes San Venanzio.** Das große Gebäude geht ursprünglich auf das Jahr 1046 zurück, wurde 1260 erweitert, 1365 fertiggestellt und in der ersten Hälfte des 17. Jahrhundert nach Plänen von Muzio Oddi teilweise wiederaufgebaut. Im zentralen Inneren ist die Kirche barock und prunkvoll, während die äußeren, älteren Kirchenschiffe aus dem 14. Jahrhundert schlicht und einfach sind. Man erreicht sie durch eine Geheimtür in der Holzvertäfelung des Chors, und hier befindet sich dann der eigentliche Schatz der Kirche: Das Leben des Märtyrers San Lorenzo in **Fresken von Allegretto Nuzi** aus dem Jahr 1365.

Dem Dom gegenüber befindet sich ein Gebäude mit Bogengang und spätgotischer Fassade, das ehemalige Hospital **S. Maria del Buon Gesù** (1456), in dem mittlerweile die **Pinakothek** ihren Platz gefun-

den hat. Unter den fünf Bögen des Eingangs sind Fresken vom »Maestro di Staffolo« zu sehen; im Inneren befindet sich ein Kreuzgang. Dort steht ein Brunnen aus dem Jahr 1485. In der Pinakothek wurde mit Erfolg versucht, die Entwicklung der örtlichen Malerschule nachzuvollziehen. So sind Fresken aus dem 13. Jahrhundert zu sehen; das 14. und 15. Jahrhundert sind durch Werke von Allegretto Nuzi, dem eigentlichen Begründer der Schule, sowie von seinen Schülern und Nachfolgern vertreten. Zu diesen zählen Künstler wie Antonio da Fabriano, Gentile da Matelica und Venanzio da Camerino. Von Gentile da Fabriano, einem Schüler Nuzis und dem wohl bekanntesten Vertreter der Schule, sind hier leider keine Arbeiten verblieben. Das späte 16. Jahrhundert ist u. a. durch Simone de Magistris und Filippo da Verona vertreten. Sehr wertvoll sind die ausgestellten Holzskulpturen aus dem 14. Jahrhundert. Der Pinakothek ist eine Sammlung wertvoller flämischer Wandteppiche aus dem 17. Jahrhundert angeschlossen.

Folgt man der Via Leopardi, kommt man auf die Piazza Altini. Die große **Kirche San Benedetto** aus dem 13. Jahrhundert wurde im 16. Jahrhundert wiederaufgebaut. In ihrem Inneren befinden sich u. a. Arbeiten von Francesco Vanni, Pasqualino Rossi, dei Gentileschi und Simone de Magistris. Die Kirche bewahrt das prachtvolle Holzchorgestühl des Domes S. Venanzio auf, in dem am 26. Mai 1435 die männlichen Mitglieder der Familie Chiavelli ermordet wurden. An einer der Außenwände befinden sich romanische Dekorationselemente des Originalbaus. Auf dem gleichen Platz befindet sich auch das Oratorio di S. Maria Annunziata del Gonfalone (1636), das vor allem wegen der prächtigen geschnitzten Holzdecke (1643) des Franzosen Leonard einen Besuch wert ist.

Von hier aus in Richtung Westen erreicht man nach ein paar Dutzend Metern den Kirchenkomplex **S. Domenico,** in dessen Inneren sich gotische Fresken von Francescuccio Ghissi und Allegretto Nuzi befinden. Hinter der Kirche schließt sich der ehemalige Klosterkomplex an, in dem sich heute das **Papier- und Wasserzeichenmuseum** befindet, dessen Eingang am Piazza F.lli Spacca liegt. Im ehemaligen Speisesaal des Klosters kann man ein Fresko von Antonio da Fabriano sehen. Das Museum ist eines der meistbesuchten und interessantesten der Marken, da es sehr genau auf die Geschichte des Papiers eingeht. Im frühen Mittelalter kam das Wissen über die Papierfabrikation von China auf dem Landweg nach Afrika, von dort über das Meer nach Italien und von hier aus nach ganz Europa. Ein Dokument des Kommunalarchivs von Matelica belegt die Papierfabrikation in Fabriano schon im Jahr 1264. Gleichzeitig entwickelten die Fabrianer die Technik deutlich weiter. Die Lage der Stadt am Fluß begünstigte diese Entwicklung. Hydraulisch angetriebene Maschinen wurden entwickelt, eine Verbesserung der Papierqualität durch Behandlung mit Knochenleim und die Erfindung der Wasserzeichen schreiben sich die Bewohner Fabrianos ebenfalls zu. Viele Staaten der Welt lassen bis heute in Fabriano das Papier für ihre Banknoten herstellen. Daher gibt es in den Gebäuden der Papierindustrie regelrechte Hochsicherheitstrakte. Im Museum wird ein anschaulicher Überblick über die Papierherstellung gegeben, und es ist eine Reihe von wunderschönen Wasserzeichen zu bewundern. Die Führungen im nahezu ganzjährig geöffneten Museum (nur montags geschlossen) werden auch in deutscher Sprache abgehalten.

Es gibt in der Stadt noch einige weitere Kirchen, die einen Besuch wert sind und in denen Kunstfreunde fündig werden, u. a. die Kirchen del Sacro Cuore, San Nicolò SS. Biagio e Romualdo, Sant'Onofrio, Santa Caterina, San Luca und Sant'Agostino.

In der Umgebung von Fabriano findet man eine Reihe lohnender Ausflugsziele: San Silvestro, Poggio San Romualdo mit der bezaubernden Abtei Val di Castro (Anfang 11. Jh.), Valleremita oder S. Cassiano (Quellwasser und romanische Kirche aus dem 12. Jh.).

Außerdem lassen sich sehr interessante Touren für Wanderer, Mountainbiker und Reiter zusammenstellen. Diese können je nach Interessenlage nach verschiedenen Themen wie Natur, Archäologie oder Klosterbauten geplant werden. Entsprechende Vorschläge macht das Tourismusinformationsbüro im Palazzo del Podestà.

GENGA UND DIE TROPFSTEINHÖHLEN »GROTTE DI FRASASSI«

Die kleine Ortschaft Genga, von hohen Bergen umgeben, hat seit Mitte der 70er Jahre nach der Entdeckung der Höhlen von Frasassi eine rasante touristische Entwicklung durchgemacht, aber auch die Umgebung lädt zu Ausflügen, Wanderungen und Höhlenbesuchen ein.

Zahlreiche Funde aus der Schlucht Sentino belegen die sehr frühe Besiedelung. Die Burg Genga erlebte ihre Blütezeit im Mittelalter, lag jedoch in ständigem Streit mit Fabriano. Der Ort wurde mehrmals unterworfen, bevor die Herzogsfamilie della Genga die Macht übernahm. Hier wurde Hannibal della Genga geboren, der spätere Papst Leo XII. In den Kirchen San Clemente und dell'Assunta werden einige interessante Kunstwerke, u.a. von Antonio da Fabriano, aufbewahrt.

Die Tropfsteinhöhlen wurden 1971 zufällig von einer Gruppe des Alpinistenvereins von Ancona entdeckt und 1974 dem Publikum zugänglich gemacht. Sie sind ca. 1,4 Millionen Jahre alt und entstanden durch Ausspülungen, basierend auf einer chemischen Reaktion mit dem Wasser des damals ca. 200 Meter höher liegenden Flusses. Die **Höhle »del Vento«,** eine der größten, ist ca. 25 km lang. Es dürfte sich hierbei um eine der schönsten Tropfsteinhöhlen der Welt handeln. Besonders beeindruckend dabei ist, wie sehr man in den riesigen Hallen den Sinn für Dimensionen verliert. Das Innere wurde übrigens von dem Bühnenbildner Cessarini aus Senigallia ausgeleuchtet.

Bis auf zwei Wochen im Januar sind die Höhlen durchgehend geöffnet, im Sommer sogar bis Mitternacht. Führungen werden auch auf Deutsch veranstaltet und es ist empfehlenswert, sich einer solchen anzuschließen. Die Touren dauern etwa 1 Stunde 15 Minuten, und man sollte im Sommer eine warme Jacke mitbringen, da die Temperatur gleichmäßig bei 14 Grad liegt.

In den umliegenden Canyons werden bei entsprechenden Wasserständen Rafting-Touren organisiert. Auskünfte bekommt man bei der Eintrittskasse der Höhlen. Nur ca. 200 Meter von letzterer entfernt steht ein weiteres romanisches Monument, das **Kloster San Vittore delle Chiuse,** in dessem Inneren sich heute ein Museum befindet. Es wurde im 11. Jahrhundert erbaut und in den 20er Jahren renoviert. Der sehr schöne Bau wirkt heute inmitten der umliegenden neuen Gebäude etwas fehl am Platz.

Weiterhin ist in der Umgebung der **Tempel »del Valadier«** sehenswert, eine 1828 auf Anordnung von Papst Leo XII. in einer Höhle erbaute Kirche.

Die Therme San Vittore mit ihren Schwefelquellen – die auch für die Entstehung der Höhlen verantwortlich sind – ist ein in den Sommermonaten gut besuchter Kurort.

Neben Rafting, Wandern und Höhlenbesuchen läßt sich in den umliegenden Schluchten auch sehr gut klettern.

JESI

Die Stadt Jesi (ca. 40.000 Einwohner) liegt nördlich des Flusses Esino auf einem kleinen Hügel in einem Tal. Die Umgebung ist stark vom Weinanbau geprägt, und so ist auch der Name Jesi eng mit dem Verdicchio verbunden, dem meistangebauten DOC-Wein der Marken.

Die Wurzeln der heutigen Stadt gehen wahrscheinlich auf eine umbrische Siedlung zurück. Später lebten hier die Etrusker, die senonischen Gallier und die Römer (seit 247 v. Chr.). Letztere gaben dem Ort den Namen Aesis, aus dem der Name des Flusses Esino herauszuhören ist. Die Ortschaft lag damals unterhalb der heutigen Piazza Federico II.

Mehrmals wurde die Stadt nach Zerstörungen durch Westgoten, Ostgoten und Langobarden wiederaufgebaut. Den Franken in die Hände gefallen, gehörte Jesi 756 zur Pippinischen Schenkung an die Kirche. In der Folgezeit lenkten hauptsächlich Benediktinermönche die Geschicke von Jesi und den umliegenden Tälern. Sie stellten den alten Glanz wieder her, und noch heute sind überall Reste ihrer Kirchen und Abteien zu finden. Im Jahr 1194 wurde in Jesi Friedrich II. geboren, und die Stadt blieb lange Zeit ghibellinisch. Anfang des 14. Jahrhunderts übernahm der Heilige Stuhl die Macht und hatte abwechselnd mit den Familien Balignani und Simonetti bis zum Anfang des nächsten Jahrhunderts die Macht inne. Der Wiedereintritt Jesis in den Kirchenstaat erfolgte durch das spektakuläre Eingreifen des spanischen Kardinals d'Albornoz. Danach wurde die Stadt von Galeotto Malatesta, Bracio da Montone und schließlich von Francesco Sforza unterworfen. 1477 fiel sie ein weiteres Mal an die Kirche zurück, und 1517 wurde sie von den mit der Kirche im Krieg befindlichen Truppen von Urbino geplündert. 1831 versuchte Jesi, sich mit eigener Verfassung, Regierung und Nationalgarde unabhängig zu machen, was jedoch nicht von langer Dauer war.

Jesi ist eine der Städte Italiens, deren mittelalterliche **Stadtmauer** nahezu völlig erhalten geblieben ist. Dieses Wehrbauwerk wurde im 14. Jahrhundert auf den damaligen Resten der römischen Stadtmauern aufgebaut. Am Ende des folgenden Jahrhunderts nahm der aus Florenz stammende Architekt Baccio Pontelli einen weiteren Ausbau vor, zeitgleich mit dem ebenfalls von ihm geplanten Ausbau von Senigallia. Betritt man die Altstadt durch die Porta Garibaldi (im Westen), kommt man in das Zentrum des Ortes. Hier befand sich einst die römische Siedlung, und auf der Piazza Federico II. wurde der für seine Zeit sehr fortschrittliche Kaiser Friedrich II. geboren. Die Überlieferung besagt, daß die bereits über 40 Jahre alte Frau des Hohenstaufenkaisers Heinrichs VI. auf der Durchreise von den Wehen überrascht wurde. Aus Angst, es könnten

Gerüchte entstehen, daß das Neugeborene unmöglich von einer so alten Frau sein könne, lud der Kaiser den Klerus und die verheirateten Frauen der Stadt ein, der Geburt in einem Zelt beizuwohnen.

Auf dem gleichen Platz finden wir den ehemaligen Konvent **San Floriano,** der entheiligt wurde und heute für Ausstellungen und Veranstaltungen genutzt wird. Das Gebäude wurde Mitte des 18. Jahrhunderts von Andrea Vici erbaut. Besonders bemerkenswert sind die originellen Malereien im Inneren und die Kuppel.

Rechts daneben befindet sich der barocke **Palast Maleani.** Neben diesem steht der Dom aus dem 13.–14. Jahrhundert mit einer neoklassizistischen Fassade, die Ende des 19. Jahrhundert zugefügt wurde. Der Bau ist **S. Settimo** gewidmet, der der erste Bischof und Schutzpatron von Jesi war. Im Eingangsbereich befinden sich zwei Weihwasserbehälter in Form von Löwen, die Giorgio da Como zugesprochen werden.

Folgt man der Via Posterma, kommt man am nördlichsten Punkt der Stadtmauer an einen winzigen Park, von dem aus man die Stadtmauer begehen und den Ausblick auf einen Teil der Stadt genießen kann. Wieder zurück, die Piazza Federico II. überquerend, erreicht man die Via Pergolesi. Hier steht zur Linken der sehr schöne **Palazzo della Signoria,** der zwischen 1486 und 1498 von Francesco di Giorgio Martini erbaut wurde. Über einem Portal befindet sich das Symbol der Stadt, ein gekrönter Löwe. Der malerische Innenhof mit Doppelloggiengang sowie der angebaute Turm wurden wahrscheinlich Mitte des 16. Jahrhunderts von Andrea Sansovino erbaut. Der Turm wurde 1661 zerstört und anschließend wiederaufgebaut. Das Gebäude beherbergt heute das städtische Museum, die Bibliothek und das historische Archiv. Im Museum befinden sich interessante Funde und Statuen aus dem römischen Aesis und der weiteren Umgebung; in der Bibliothek nahezu 100.000 Bücher. Die im Archiv befindlichen Dokumente belegen die Geschichte der Stadt und gehen bis ins 12. Jahrhundert zurück.

Die Tropfstein-
höhlen von
Frasassi sind ca.
1,4 Millionen
Jahre alt (links).
Im »Palazzo della
Signoria« in Jesi
(rechts).

Südlich von Ancona liegt der bekannteste Wallfahrtsort der Marken: Loreto mit seiner imposanten Basilika.

Ähnlich wie bei der Wallfahrtsstätte Lourdes erhoffen sich Besucher der Madonna von Loreto noch heute Heilung ihrer Nöte und Krankheiten.

Gegenüber hat eine private Sammlung von Waffen und archäologischen Funden ihren Platz im **Palazzo Colocci.** In der gleichen Straße befindet sich ein weiterer Bau, der Giorgio Martini zugeordnet wird: das Haus Verroni.

In der Nähe des antiken Stadteingangs mit seinem Arco del Magistrato befindet sich der Palazzo Ricci. Hat man den alten Stadtkern verlassen, steht man auf der Piazza della Repubblica, auf der sich das von Francesco Maria Ciaraffoni Ende des 18. Jahrhunderts erbaute **Theater Pergolesi** befindet. Das elegante und im neoklassischen Stil gehaltene Innere beherbergt jährlich im Oktober eine überregional anerkannte Lyrikveranstaltung. Der Theatervorhang stellt den Einzug von Friedrich II. in Jesi dar.

Die bekannte **Pinakothek** von Jesi dagegen hat ihren Platz nicht weit entfernt im **Palazzo Pianetti Tesei** gefunden. Es handelt sich um einen eindrucksvollen Rokokopalast, der in der ersten Hälfte des 18. Jahrhunderts erbaut wurde. Ausgestellt sind u.a. Gemälde von Guercino, Sassoferrato, Pomarancio und Agabati; aber vor allem die Bilder des Venezianers Lorenzo Lotto, die zu den großen Meisterwerken gezählt werden, ziehen viele Besucher an.

LORETO

Unter den vielen Wallfahrtsorten der Marken ist Loreto der bekannteste. Wallfahrer aus vielen Ländern besuchen den Ort, der einzig von diesem Religionstourismus zu leben scheint. Loreto liegt unweit der Adria auf einer Anhöhe wenige Kilometer südlich von Ancona. Der kleine weithin sichtbare Ort wird von der imposanten **Basilika** dominiert, die die **Casa Santa,** das Elternhaus Jesus, beherbergt.

Die Legende besagt, daß angesichts der Vereinnahmung Palästinas durch die Mohammedaner das Haus, in dem Jesus mit seinen Eltern lebte, in Gefahr geriet, entweiht zu werden. Engel trugen daraufhin das Gebäude 1291 zunächst auf den Balkan. 1294 wurde es wiederum von Engeln in die Nähe von

Recanati transportiert. In der Nacht vom 9. auf den 10. Mai 1294 waren die geheimnisvollen Kräfte erneut tätig und flogen es zu seinem derzeitigen Platz. Ein neuerlicher Flug wurde alsbald durch die Ummantelung des heiligen Hauses mit einer Kirche verhindert. Die heutige Basilika begann man im Jahr 1468 zu bauen. Sie ersetzte das vorherige einfachere Gebäude. Die den himmlischen Umzug bezweifelnden Skeptiker, die es damals wie heute gab und gibt, ziehen vermutlich die Version vor, nach der das Haus von den Kreuzfahrern auf dem Seeweg herbeigeschafft worden ist. Dokumenten zufolge wurden im Jahre 1294 tatsächlich Steine des heiligen Hauses aus Nazareth als Hochzeitsgeschenk von Ithamar Angeli an ihren zukünftigen Gatten, Philip II. von Anjou, den Sohn des Königs von Neapel, geschickt.

Johann Gottfried Seume, der 1801 zur Zeit der Besetzung Italiens durch Napoleon durch Loreto reiste, schrieb:

»Die Gegend von Loreto ist ein Paradies von Fruchtbarkeit, und die Engel müssen ganz gescheite Leute gewesen sein, da sie nun einmal das Häuschen im gelobten Land nicht behaupten konnten, daß sie es durch die Luft aus Dalmatien hierher bugsiert haben. Es steht hier doch wohl etwas besser, als es dort gestanden haben würde, wo es auch den Ungläubigen sozusagen noch in den Klauen war. Zwar hat es den Anschein, daß der Unglaube auch hier etwas überhand nehmen wollte und einen dritten Transport nötig machen würde, denn die entsetzlichen Franzosen ... hatten sich nicht entblödet, der heiligen Jungfrau Gewalt anzutun.« In der Tat wurde zur Zeit der französischen Besetzung ein Großteil der von hoffnungsvollen Wallfahrern der Madonna gestifteten und hier gehorteten Wertgegenstände und Kunstwerke geplündert und gestohlen – das übliche Schicksal marchegianischer Kunstschätze in jener Zeit.

Man betritt den kleinen historischen Teil der Stadt, der von einer gewaltigen Stadtmauer umgeben ist, wenige Schritte vom Parkplatz aus durch ein Stadttor, die Porta Romana, und folgt der mit An-

denkenläden gesäumten Straße zum großen Platz, der **Piazza Madonna,** wo sich die Basilika befindet. Sie gilt als einer der wichtigsten heiligen Orte der (christlichen) Welt. Der Bau der Basilika wurde immer wieder verändert bzw. erweitert. Die exponierte Lage und der kostbare Inhalt der Anlage führten dazu, daß die Basilika zum Schutz gegen etwaige Räuber des Heiligtums mit einem Wehrgang umgeben wurde, der eher an eine Festungsanlage als an ein Gotteshaus erinnert. Der heutige Glockenturm aus dem Jahr 1751 stammt von Vanvitelli. Eine Reihe weiterer bedeutender Architekten der damaligen Zeit war an der Entwicklung des Baus beteiligt, unter anderem Bramante und Francesco di Giorgio Martini.

Die Beschreibung des heiligen Hauses im Inneren der Basilika durch den 1581 auf seiner Italienreise auch in Loreto weilenden Michel de Montaigne hat noch heute Gültigkeit: »Der Ort der Anbetung ist ein kleines, sehr altes, baufälliges Ziegelsteinhäuschen, das mehr lang als breit ist. Vorn hat man eine Scheidewand angebracht, die auf jeder Seite eine eiserne Türe hat mit einem eisernen Gitter dazwischen; das alles ist plump, alt und ohne jeden Schmuck. Das Gitter nimmt die Breite zwischen den Türen ein, und durch seine Stäbe sieht man in den hintersten Teil des abgeschlossenen Raumes; dieser hinterste Teil aber, der etwa ein Fünftel des Ganzen einnimmt, das ist der Raum der allergrößten Verehrung. Hier erblickt man oben an der Mauer das Bild unserer Lieben Frau, wie man uns sagte aus Holz gefertigt ...«

Sehr viel hat sich in der Zwischenzeit nicht geändert, das Madonnenbild ist jedoch durch eine Statue ersetzt worden, die Gesichter Marias und des Kindes sind dunkel, wie sie es stets auch in den früheren Darstellungen waren. Die kirchliche Erklärung für diese Hautfarbe erschöpft sich in der lapidaren Feststellung, die Bilder seien vom Rauch der vielen Kerzen geschwärzt. Bei dem in dieser Gegend vor der Römerzeit ansässigen Stamm der Picener galt – wie bei anderen Stämmen im Mittelmeerraum – Schwarz als die Farbe des Urseins, der Fruchtbarkeit.

Die schwarze Madonna steht so in der Tradition der Mondgöttin Cupra, möglicherweise identisch mit Aphrodite, die Schutz- und Muttergöttin der Gegend war. Die heidnische Funktion der Cupra wurde so vermutlich auf die Madonna übertragen, die schwarze Gesichtsfarbe versinnbildlicht die enge Verwandtschaft der Madonna zur Urmutter.

Nicht sehr weit von Loreto befinden sich in Cupra Marittima und etwas weiter in Cupra Montana Reste heidnischer Tempel zur Verehrung der alten Muttergöttin Cupra (Quelle: Magisch Reisen v. Stefanie Risse).

Ähnlich wie bei der Wallfahrtsstätte Lourdes erhoffen sich Besucher der Madonna von Loreto noch heute Heilung ihrer Nöte und Krankheiten. Die unzähligen Kriechgänge auf den Knien um den Marmorvorsprung der Santa Casa, die durch ständigen Gebrauch im Verlauf der Jahrhunderte inzwischen zwei parallel verlaufende Rinnen im Stein bildeten, belegen, mit welcher Heftigkeit und Inbrunst die Mutter Gottes um Hilfe angebetet wurde und wird. Die begüterten Wallfahrer zu Zeiten Montaignes ließen jedoch, um Schonung der eigenen Knie bemüht, in der Regel arme Kinder für ein Entgelt in ihrem Auftrag rutschen.

In der geräumigen Basilika befinden sich einige interessante Fresken. In einer der **13 Kapellen** im Inneren, der Kapelle der Herzöge von Urbino, finden sich Fresken von dem aus S. Angelo in Vado stammenden Frederico Zuccari aus dem Jahr 1585, die die Geschichte Marias darstellen. In der Sakristei des hl. Johannes in der zweiten rechten Kapelle sind Fresken von Luca Signorelli aus dem Jahr 1479, während eine andere Kapelle von dem bekannten Melozzo da Forli ausgestattet wurde.

Die eigentlichen Kunstschätze Loretos befinden sich jedoch im neben der Kirche befindlichen **Palazzo Apostolico,** dem Bischofssitz, und in der Unterkunft für Wallfahrer. Im apostolischen Palast sind die **Pinakothek** und das **Museum** untergebracht.

Der Monte Conero
bei Ancona: Einer
der reizvollsten
Küstenabschnitte
an der italieni-
schen Adria.

Hier kann man unter anderem einige Gemälde von Lorenzo Lotto (1480–1556) betrachten, der aus Venedig stammte, aber lange Zeit in den Marken gearbeitet hat.

MONTE CONERO UND SEINE UMGEBUNG, NUMANA, SIROLO, PORTONOVO

Von Ancona aus auf der Provinzstraße in Richtung Süden passiert man einen der schönsten und abwechslungsreichsten Küstenstriche der gesamten Adria. Man durchfährt den Nationalpark »Monte Conero« (572 m ü. d. M.) mit seinen Pinienwäldern, schroffen Steilküsten, sanften grünen Abhängen sowie (außer im August) einsamen Buchten und Sandstränden. In den ausgedehnten Wäldern um den Conero gibt es eine urwüchsige Bepflanzung mit Steineichen, Zypressen, Ginster, aber auch Höhlen und antike Bauwerke. Eine große Anzahl Wanderwege lädt dazu ein, sich diese Welt zu Fuß zu erobern, während die beiden südlich gelegenen Ortschaften Numana und Sirolo zum Ausruhen, Essen und Trinken geeignet sind.

Wegen seiner Vielfalt an sportlichen Möglichkeiten wird der Park auch »Sporthalle unter freiem Himmel« genannt. Hier kommen Segler, Surfer, Taucher, Wanderer, Beachvolleyballspieler, Mountainbikefahrer, Freeclimber, Bogenschützen, Höhlenbesucher, Reiter, Golfer, Tennisspieler oder Schwimmer gleichermaßen zum Zuge. Bei nördlichen und südlichen Winden verstärkt sich der Wind durch den Venturieffekt vor den steil ansteigenden Küstenteilen und favorisiert so die windabhängigen Sportarten. Vom Sporthafen in Numana kann man sich mit einem Motorboot zu den sonst unzugänglichen Teilen der Küste bringen lassen. In einem großen Steinbruch einige Kilometer nördlich von Sirolo liegt das **Theater »alle Cave«** mit ca. 1800 Plätzen, wo alljährlich im Sommer bekannte italienische Schauspieler bei den Festspielen mitwirken.

Diese Mischung von Freizeitangeboten, antiker Architektur und schöner Landschaft ist sicher einzigartig. Tatsächlich hat der Tourismus in diesem

Gebiet in den vergangenen 20 Jahren zugenommen, ohne jedoch – wie im überwiegend restlichen Teil der Küste – seinen die Umgebung verschandelnden Tribut gefordert zu haben.

Kommt man mit dem Auto von Norden bzw. von Ancona in den Park, fährt man hoch über dem Meer an vielen Stränden entlang, die sich nur zu Fuß erreichen lassen und die überwiegend von jüngeren Italienern des Umlands besucht werden. Folgt man der Straße, kommt man nach **Portonovo,** das im Sommer vorwiegend von Badegästen bevölkert ist. Hier befindet sich das einzigartige Benediktinerkloster **Santa Maria di Portonovo.** Der sehr gut erhaltene romanische Bau wurde Mitte des 11. Jahrhunderts fertiggestellt. Die dort lebenden Mönche besaßen eine eigene Handelsflotte. Anfang des 14. Jahrhunderts wurde die Anlage unter mysteriösen Umständen verlassen, wahrscheinlich jedoch wegen der das Conero-Gebiet erschütternden Erdbeben. Erst gegen Ende des 19. Jahrhunderts – noch immer überwiegend unversehrt und im Originalzustand erhalten – wurde der Bau von dem Architekten Sacconi restauriert. Die Schönheit des Klosters und seine einmalige Lage wurden bereits von Dante im XXI. Gesang des Paradieses besungen. Nicht weit entfernt befindet sich der Aussichtsturm »**Torre di Guardia«,** der von Papst Clemens XI. im Jahr 1716 zum frühzeitigen Sichten feindlicher Schiffe erbaut wurde. Im 19. Jahrhundert wurde der Turm vom anconetanischen Poeten De Bosis gekauft. Er schuf hier viele seiner Werke, und noch heute ist der Turm im Besitz seiner Erben.

Ein paar hundert Meter weiter nördlich hat Eugene Beauharnais 1808 eine Festung für Napoleon erbaut, die das Anlegen feindlicher Schiffe verhindern sollte. Heute befindet sich in ihrem Inneren ein Restaurant.

Fährt man von Portonovo zurück auf die Landstraße nach Sirolo, kommt man an einigen eindrucksvollen Aussichtspunkten vorbei.

Folgt man der Straße dann weiter nach Südosten, trifft man auf eine Reihe von Wegen, die

rechts und vor allem links abzweigen und es ermöglichen, den Park zu Fuß, mit dem Mountainbike oder dem Pferd zu erforschen.

Einige Kilometer vor Sirolo führt eine befahrbare Straße hinauf zum Conero. Man fährt direkt bis hoch über die beiden Felsnasen »**Le due Sorelle**« (Die Zwei Schwestern, übrigens wegen des klaren Wassers eines der beliebtesten Ziele für Taucher) und zur Höhle »**Grotta degli Schiavi**« (Die Sklavenhöhle). Auch hier findet man einige traumhafte Aussichtspunkte. In der Nähe des Parkplatzes befindet sich in sehr schöner Lage die **Badia di San Pietro,** die ebenfalls auf die Benediktiner des 13. Jahrhunderts zurückgeht. Die Kirche wurde im Laufe der Zeit oft verändert und unlängst restauriert. Im angrenzenden Kloster hat man ein Hotel mit Restaurant eingerichtet. Hier ist der Ausgangspunkt für drei der interessantesten Wanderwege.

Wieder zurück auf der Landstraße ist das nächste Ziel Sirolo, kurz davor liegt links das Theater Le Cave.

Sirolo und **Numana** sind zwei Städtchen, die heute überwiegend vom Badetourismus leben. Numana, ein ehemaliges Fischerdorf, hat normalerweise ca. 2.600 Einwohner, im Sommer wächst die Zahl der Anwesenden jedoch auf 40.000. 24 Hotels, Hunderte von vermieteten Häusern, ein Sporthafen mit 800 Liegeplätzen und Tausende von Plätzen an den Stränden vermitteln keinen Eindruck mehr vom einstigen Glanz dieser Ortschaften. Da beide Zentren nahezu nahtlos ineinander übergehen und eine ähnliche Geschichte haben, werden sie hier zusammengefaßt beschrieben. Sirolo liegt etwas nördlicher als Numana auf einem erhöhten Plateau, zu den dazugehörigen sehr schönen Stränden muß man den Hang hinuntersteigen. Numana mit seinem kleinen Hafen und den Stränden liegt südlicher und tiefer.

Archäologische Funde belegen, daß die gesamte Gegend bereits sehr früh besiedelt war. Die Picener hatten sich auch bei Numana niedergelassen, und vom 7. bis 4. Jahrhundert v. Chr. besetzten die Griechen das Gebiet. In dieser Zeit erhob sich Numana zur freien Republik; im 6. und 5. Jahrhundert war es eine wichtige griechische Handelsstätte. Später wurde Numana römische Ortschaft, versank jedoch bei einem Erdbeben im Jahr 558 teilweise im Meer. Nach Kämpfen mit den Goten wurde dem Heerführer Siro hier ein Lehnsgut zugesprochen; Sirolo entstand. Um das Jahr 1000 wurde Sirolo von der germanischen Familie Cortesi regiert. In den folgenden Jahrhunderten verteidigten sich beide Ortschaften mehr oder weniger erfolgreich gegen feindliche Eroberungsversuche, um am Ende dem Kirchenstaat eingegliedert zu werden.

Von den picenischen, griechischen und römischen Kulturen sind nach Kriegen und Naturkatastrophen heute nur ein paar Steine an der Erdoberfläche übriggeblieben. Wenn man sich ein Bild von diesem antiken Zentrum machen möchte, das zeitweise selbst Ancona an Wichtigkeit übertraf, muß man in das »**Antiquarium**« gehen. Hier sind aus allen Epochen Funde ausgestellt, die in den beiden letzten Jahrhunderten in der Umgebung gefunden wurden und die die Wichtigkeit des Handelszentrums und dessen Reichtum belegen. Einige der interessantesten Gegenstände wurden dem nationalen archäologischen Museum in Ancona zur Verfügung gestellt.

Ein sehr wichtiges kirchliches Kunstwerk und Ziel unzähliger Pilger stellt das »**Santissimo Crocifisso**« im gleichnamigen Santuario dar. Die Holzskulptur wurde irgendwann zwischen dem 7. und 12. Jahrhundert hergestellt und ist von allerlei Sagen umwoben. Man vermutet, daß sie von zwei Heiligen geschaffen und dann um das 12. Jahrhundert herum nach Numana gebracht wurde.

In Sirolo gehören die barocke »Kirche del Santissimo Rosario« (17. Jahrhundert) und die »Kirche del Santissimo Sacramento« (16. Jahrhundert) zu den sehenswertesten Monumenten.

Um sich im Gebiet des Conero zurechtzufinden, sollte man sich eine spezielle Wanderkarte besorgen. Bei der APT Ancona bekommt man sie kostenlos, versehen mit allen wichtigen Adressen, Telefon-

Schaufenster in Castelfidardo, der Stadt der »fisarmònica«

nummern und Wanderwegen. Das Informationsbüro liegt direkt am Anfang der hier beschriebenen Straße bzw. am Ausgang von Ancona (Via Thaon de Ravel 4). Nur mit einer detaillierten Karte lassen sich in dem großen Gebiet entsprechende Ziele, wie z. B. eine der fünf Höhlen, finden.

OSIMO

Osimo, ein Städtchen mit knapp 30.000 Einwohnern, liegt langgestreckt und sehr malerisch auf einem Bergrücken; die Altstadt wird teilweise von einer mächtigen Stadtmauer begrenzt. Von hier hat man einen weitreichenden Blick bis hin zum Monte Catria und den Monti Sibillini, östlich auf die Adria mit dem Monte Conero. Bei guten Sichtverhältnissen kann man sogar im Norden San Marino und im Süden den Gran Sasso der Abruzzen sehen.

Erstmals wurde der Platz von den Picenern im 9. Jahrhundert v. Chr. besiedelt. Etwa 500 Jahre später vereinnahmten die Römer die Gegend und der Ort hieß fortan Auximum.

Im Mittelalter wurde auf den Resten der römischen Befestigung die noch heute erhaltene Stadtmauer gebaut. Hier befindet sich auch ein römisches Brunnenbecken aus dem 1. Jahrhundert v. Chr., der Fonte Magna.

Man betritt die Altstadt durch eines der Stadttore, Porta Vaccaro oder S. Marco, und steigt hinauf auf die Piazza Campo. Schon ein Streifzug durch die schöne, in ihrer mittelalterlichen Struktur gut erhaltene Stadt ist ein sinnliches Vergnügen. Die vielen eindrucksvollen Palazzi mit ihren Fassaden aus Terrakotta und Marmor zeugen von einstigem Reichtum.

Der auf der höchsten Stelle der Stadt errichtete **Dom San Leopardo** stammt ursprünglich aus dem 8. Jahrhundert, wurde jedoch vom 12. bis 14. Jahrhundert im romanisch-gotischen Stil, dann im 15. und noch einmal im 19. Jahrhundert umgebaut. Sehr interessant ist die **Krypta** mit ihren römischen Säulen und frühchristlichen sowie römischen Sarkophagen. Auf dem Platz vor dem Dom findet jeden Sommer ein Ballettfestival statt.

Im **Palazzo Municipale** (Rathaus), der aus dem 16. Jahrhundert stammt, befindet sich eine eindrucksvolle Sammlung von Relikten aus römischer Zeit. Insbesondere ist im Eingangsbereich eine Reihe von kopflosen römischen Statuen zu beachten, von denen berichtet wird, daß sie von aufrechten Christen enthauptet wurden.

In der Kirche S. Marco, dem Dom entgegengesetzt am Ende der Stadt, hängt ein Madonnenfresko, das Arcangelo di Cola da Camerino zugeschrieben wird, sowie ein Gemälde der Madonna von Guercino. Ebenfalls lohnend ist ein Besuch der **Kirche San Giuseppe da Copertino,** auch San Francesco genannt, die aus der ersten Hälfte des 12. Jahrhunderts stammt. Die Kirche ist im Gegensatz zum Dom weitgehend in ihrer ursprünglichen Form erhalten. Die sterblichen Überreste des heiliggesprochenen Giuseppe werden in der Krypta der Kirche aufbewahrt. Von dem Mönch Giuseppe wird berichtet, daß er fliegen konnte, eine Kunst, die ihm vermutlich die Heiligsprechung eintrug.

SASSOFERRATO

Die ca. 7000 Einwohner zählende Stadt ist sowohl unter landschaftlichen, als auch historischen und künstlerischen Gesichtspunkten interessant. Ihre Lage zwischen ausgedehnten, bewaldeten Hügeln im Schatten des Apenninenkammes ist außergewöhnlich schön. Sie besteht aus zwei getrennten Bezirken, dem sogenannten **Borgo,** dem tieferliegenden und neueren Teil, und dem darüberliegenden **Castello,** dem mittelalterlichen Ort. Dieser entwickelte sich aus dem nahegelegenen Sentino, wo im Jahre 295 v. Chr. die römischen Legionen alle anderen Stämme der Umgebung entscheidend schlugen und sich damit die Herrschaft Mittelitaliens sicherten. Nachdem das römische **Sentinum** im Jahre 41 v. Chr. völlig zerstört wurde, ließ es Cäsar Augustus wiederaufbauen. Nach einer desolaten Periode, in der die Gegend nahezu unbewohnt war, wurde der Ort ca. 1150 neu besiedelt und das heutige Sassoferrato gegründet. Bis Mitte des 15. Jahrhunderts unterlag es der ständig wechselnden Herrschaft der Malatesta, des Braccio da Montone sowie des Francesco Sforza und wurde im Jahre 1460 freie Kommune.

In Sassoferrato wurde der Maler Giovan Battista Salvi (1609–1685) geboren, der sich selbst »Sassoferrato« nannte, um seinen Geburtsort zu ehren. Seine Bedeutung ist in unserem Jahrhundert leider etwas in Vergessenheit geraten.

Das Zentrum des Städtchens bildet ein von Loggien umgebener Platz, wo auch das Büro der Touristeninformation zu finden ist. Hier befindet sich weiters der **Palazzo dei Priori** (14. Jahrhundert) mit der **Pinakothek** und dem **Archäologischen Museum,** in dem viele Funde aus dem »Archäo-Park« vom nahen Sentino verwahrt werden. So sind u. a. zwei herrliche Mosaikböden zu bewundern. In der Galerie sind einige interessante Gemälde aus der Zeit zwischen dem 14. bis 16. Jahrhundert ausgestellt, unter denen sich auch eine Kreuzigung von Salvi befindet, gemalt im Alter von 18 Jahren. Am gleichen Platz steht der **Palazzo Oliva** (15. Jahrhundert) mit seiner Bibliothek.

Der **Palazzo Montanari** beherbergt die Galerie für zeitgenössische Kunst (eine der wichtigsten der Marken), in der viele Werke der jährlich hier stattfindenden Kunstausstellung »G. B. Salvi« gesammelt werden. Im gleichen Gebäude ist auch das Museum für Volkstradition untergebracht, in dem Gegenstände aus dem früheren bäuerlichen Alltag zusammengetragen wurden.

Über dem Platz stehen die Reste der »**Rocca Albornoz«,** die 1365 im Auftrag des gleichnamigen spanischen Kardinals erbaut wurde. Jener kam seinerzeit nach Italien, um den Papst in seinen Kämpfen gegen die weltlichen Herrscher zu unterstützen. Rings um die Ruinen, die heute als kommunaler Wasserbehälter verwendet werden, lädt ein Park zum Ausruhen und Entspannen ein.

Die romanisch-gotische **Chiesa di San Francesco** (1245–1275) liegt nordöstlich der Burgruine. Es heißt, daß Franz von Assisi auf einem seiner Besu-

Straßenszene
in Sassoferrato

che in Sassoferrato den Wunsch geäußert haben soll, die bereits existierende Kirche S. Marco zu erweitern. Wie auch immer, der hiesige Konvent war sicher einer der ersten der Franziskaner, und jene hatten auch in der Folgezeit einen großen Einfluß auf die Ortschaft. 1989 wurde das Gebäude dann umfassend restauriert. Interessant sind vor allem Reste von Fresken aus der Schule Giottos und ein wertvolles **hölzernes Kreuz** der Schule Riminis. Im Clarissenkloster (13. Jahrhundert) befinden sich zwei weitere Werke Salvis, aber auch in den anderen Kirchen wird der Liebhaber mittelalterlicher Kunst fündig.

Im naheliegenden archäologischen Gebiet Sentinum sind Überreste der gleichnamigen römischen Stadt zu besichtigen.

Einige Kilometer entfernt (Montelago, an den Hängen des 1279 m hohen Monte Strega) gibt es einen ausgedehnten Rehpark, dessen landschaftlich schöne Umgebung zu Spaziergängen oder Mountainbiketouren einlädt, und in Cabernardi befindet sich ein **Schwefelminenmuseum**.

In der Umgebung findet sich eine Reihe von Klöstern, die teilweise schon in der Zeit vor der ersten Jahrtausendwende gegründet wurden, z. B. Santuario della Madonna del Cerro bei Castello di Rotondo, Abbazia di Sitria und Monastero di Fonte Avellana am Fuße des Monte Catria, Abbazia S. Emiliano in Congiuntoli (an der Grenze zu Umbrien). Viele der Benediktinerklöster (dazu gehören auch Val di Castro in Fabriano, S. Croce und San Vittore delle Chiuse bei Genga) wurden von den Benediktinern so gebaut, daß die Mönche von einem zum anderen mit einem Tagesfußmarsch gehen konnten.

SENIGALLIA

Die ca. 40.000 Einwohner zählende Stadt liegt an der Mündung des Flusses Misa am Meer. Die Stadt geht auf eine Siedlung der Seneser Gallier aus dem 4. Jahrhundert v. Chr. zurück. Für die Römer war sie ein wichtiger Stützpunkt, und später gehörte sie der Pentapolis Marittima an. Bereits im 12. Jahrhun-

Sirolo liegt auf einem erhöhten Plateau, zu den dazugehörigen sehr schönen Stränden muss man den Hang hinuntersteigen.

dert wurde sie zur freien Gemeinde erklärt. In der Folge erfährt sie bei den Kriegen zwischen Ghibellinen und Guelfen so schwere Niederlagen, daß Dante bereits ihren Untergang besang. Erst in der zweiten Hälfte des 15. Jahrhunderts ging es wieder aufwärts – vor allem unter Sigismondo Malatesta und dann Giovanni della Rovere, die den Aufschwung bewirkten. In jener Zeit wurde auch die Rocca Roveresca wiederaufgebaut, und die Bevölkerung nahm erneut zu. Senigallia wurde zum Seehandelszentrum des Herzogtums Urbino. Vor allem durch die berühmte Handelsmesse »Fiera della Maddalena« erlebte die Stadt im 17. und 18. Jahrhundert dann eine Blütezeit. Bis zu 500 Schiffe und 50.000 Händler hielten sich während einer Messe in der Stadt auf. So viele konnten nicht mehr beherbergt werden, so daß Papst Benedetto XIV. Mitte des 18. Jahrhunderts die Vergrößerung der Stadt veranlaßte. Nach dem Niedergang der Messe stellt sich Senigallia Mitte des 19. Jahrhunderts auf den Tourismus um. 1854 wurde ein Sommerbad eröffnet, und die Besucher wurden mit Veranstaltungen berühmter Künstler wie Verdi gelockt. Die großen Hotels entlang des Strandes entstanden dann allerdings erst in den 60er Jahren des 20. Jahrhunderts.

Senigallia bietet nicht nur Strandurlaubern Vergnügen, sondern verfügt auch über einen interessanten künstlerischen und kulturellen Hintergrund. Durch die Trennung des alten von dem neuen Stadtteil blieb das antike Senigallia überwiegend erhalten. Das wichtigste Gebäude ist ganz sicher die Burg »**Rocca Roveresca**«, deren Geschichte das

Schicksal der Stadt widerspiegelt. Ihr heutiges Aussehen geht auf das Jahr 1480 und den Architekten Baccio Pontelli zurück. Dieser baute auf einen bereits bestehenden Wehrbau des Kardinals Albornoz auf, und jener wiederum stand auf vorher existierenden römischen Bauten. Die Burg ist in einem erstaunlich guten Zustand, und alle Bauabschnitte haben ihre Spuren hinterlassen. Einst war sie Bestandteil der Stadtmauer, die nur noch teilweise sichtbar ist, und ihre Lage zwischen dem Stadtzentrum und dem Meer, von wo aus man die meisten Gefahren erwartete, hat etwas Heroisches. Obwohl die Konstruktion sehr durchdacht war – große Vorratslager, Wasser etc. sollten eine absolute Autonomie bei Belagerungen garantieren – wurde die Rocca doch einige Male eingenommen. Sie beherbergt seit einigen Jahren eine dauerhafte Ausstellung über ihre Geschichte. Wem sich die Gelegenheit bietet, der sollte sich eine Besichtigung nicht entgehen lassen.

Am gleichen Platz, gegenüber der Burg, steht der sich heute in Privatbesitz befindliche **Palazzo Ducale,** der Herzogspalast, der im 16. Jahrhundert auf Veranlassung von Guidobaldo della Rovere erbaut wurde. 1602 ließ Francesco Maria II. della Rovere anläßlich des Baus der ersten Wasserleitung von dem Venezianer Stefano di Tommaso einen Marmorbrunnen vor den Palast setzen. Die vier Bronzeenten symbolisieren die Urbarmachung der nahegelegenen Sumpfgebiete durch den Herzog.

Nördlich des Brunnens steht am gleichen Platz der **Palazetto Baviera,** der Ende des 15. Jahrhunderts von Giangiacomo Baviera, Kapitän von Giovanni della Rovere, errichtet wurde und dessen Zustand bis heute unverändert blieb. Im ersten Stock hat der Maler Frederico Brandani 1560–1575 eine Reihe eindrucksvoller Deckenmalereien geschaffen. Der Palast kann nach telefonischer Vereinbarung besichtigt werden; Tel. +39/071/6629266.

Geht man rechterhand am Palazetto Baviera vorbei, erreicht man nach ein paar Metern den kolossalen neoklassizistischen Bau »**Foro Annona-**

rio«. Der Komplex wurde Anfang des 19. Jahrhunderts von Pietro Ghinelli zu Marktzwecken erbaut. Einst wurden hier Seidenprodukte aus der Umgebung gegen englische Stoffe getauscht, und auch ein Fischmarkt fand hier statt. Nach einer umfassenden Restaurierung wurde hier die kommunale Bibliothek untergebracht. In der Nähe, am Fluß Misa gelegen, befindet sich der Torbogengang **»Portici Ercolani«** (17. Jahrhundert), der dem gleichnamigen Kardinal gewidmet wurde, der den Ausbau der Stadt leitete. Er ist aus weißem istrischen Stein gebaut und war ebenfalls für die Messe bestimmt, in einem der Bögen befindet sich die Stadtbibliothek mit über 50.000 Bänden.

Wieder zurück zum Ausgangspunkt und über den Platz hinweg gelangt man in das Zentrum der Stadt. Zuerst erreicht man die Piazza Roma mit dem Rathaus **»Palazzo Municipale«,** einem Bauwerk aus dem 17. Jahrhundert. Erbaut von Muzio Oddi, bestehen die Fassade und die Loggia aus Backstein und Travertin. Bemerkenswert ist auch der Uhrenturm und der auf dem Platz gelegene Brunnen des Neptun, dessen Figur möglicherweise noch aus römischer Zeit stammt.

Geht man durch den Torbogen des Palastes, stößt man auf den **Palazzo Mastai.** Hier wurde Graf Giovanni Maria Mastai geboren, der 1846 unter dem Namen Pius IX. zum Papst gewählt wurde. Im Inneren befindet sich ein kleines Museum, das dem Papst gewidmet ist. Geht man von hier aus in Richtung des Flusses Misa, stößt man auf die kleine Kreuzkirche »Chiesa della Croce«. Über dem Altar hängt ein Gemälde von Federico Barocci aus der zweiten Hälfte des 16. Jahrhunderts.

Wendet man sich an der Ponte Garibaldi nach links, erreicht man den gleichnamigen großen Platz, auf dem sich der Dom befindet. Dieser wurde von den Jesuiten Mitte des 18. Jahrhunderts erbaut, die Fassade entstand jedoch erst 1877.

Direkt neben dem Dom befindet sich die **Diözesangemäldegalerie.** Hier werden Werke ab dem 16. Jahrhundert aufbewahrt, die mit Senigallia in Verbin-

dung stehen. U. a. sind hier Gemälde von Barocci, Ercole Ramazzani, Torelli und Andrea Lilli zu sehen.

Weitere berühmte Malereien findet man in der **Chiesa di San Martino** (von Guercino und Palma il Giovane) sowie in der Chiesa delle Grazie (von Perugino). Die Chiesa delle Grazie wurde vom Herzog della Rovere zur Feier der Geburt seines ersten Sohnes erbaut. Durch den anschließenden Kreuzgang mit Fresken des heiligen Franziskus kommt man in das **Landwirtschaftsmuseum.** Hier werden allerlei Gegenstände aus dem täglichen Leben der Bauern früherer Jahrhunderte aufbewahrt.

In der Via Chiostergi befindet sich ein weiteres **Museum** mit einer Sammlung von **Gravierungen,** die die Entwicklung im Druckverfahren verdeutlichen.

SERRA S. QUIRICO

Interessant an der kleinen Stadt ist, daß sie eine gut erhaltene doppelte Befestigungsmauer mit vielen Loggien besitzt, den sogenannten »**Copertellen«,** die einst den Händlern und Handwerkern dienten.

Die Kirche S. Lucia gilt als schönste Barockkirche der Provinz. Sie wurde ca. 1650 nach einem Erdbeben wiederaufgebaut und beherbergt Arbeiten von Pascolino Rossi.

Dieser romanisch-gotische Bau zeugt noch immer von der Macht und dem Einfluß der Camaldoleser-Benediktiner auf das umliegende Gebiet. Beachtenswert sind auch die Rundbögen, von denen keiner dem anderen gleicht.

In der Peripherie befindet sich das von 1005 bis 1009 errichtete **Kloster S. Elena.**

Provinz Macerata

CALDAROLA

Das kleine Städtchen liegt ca. zwei Kilometer südlich des Flusses Chienti. Der Name rührt von den ehemaligen warmen Quellen her, die jedoch mittlerweile verschwunden sind. Schon zu römischen Zeiten bewohnt, war es bis zum 9. Jahrhundert im Besitz der in den Abruzzen gelegenen Abtei Casauria. Ab 1240 unterlag Caldarola dem Einfluß der Familie Varano, später gehörte es zu San Severino und fiel im 15. Jahrhundert an den Kirchenstaat. Das mittelalterliche Ortsbild ist vor allem um die **Burg Palotta** herum sehr gut erhalten und besitzt viel Charme.

Caldarola war Geburtsort des berühmten Malers Simone de Magistris (1540–1612) und vom 15. bis 17. Jahrhundert Sitz einer Malerschule. So findet man hier auch einige von de Magistris Arbeiten, wie z. B. die Fresken im Paradieszimmer des Palazzo Comunale, der im 16. Jahrhundert von Kardinal Palotta erbaut wurde und das **Museum** sowie die **»Pinakothek della Resistenza«** beherbergt (Do., Sa. u. So. geöffnet). Nebenan, im Kollegium San Martino aus dem 16. Jahrhundert sind ebenfalls einige Gemälde de Magistris zu besichtigen. Gegenüber des **Palazzo Comunale** findet man in der Kirche Madonna del Monte eine bemalte Tafel von Lorenzo di Alessandro.

Am berühmtesten dürfte jedoch die märchenhaft das Stadtbild beherrschende Festung **Castello dei Conti Pallotta** sein. Die Burganlage ist eines der schönsten Bauwerke der Umgebung und hat ihren Ursprung im 9. Jahrhundert. Später wurde sie immer wieder restauriert und ist heute in einem ausgezeichneten Zustand. Leider sind die Besichtigungszeiten etwas uneinheitlich, weswegen man sich vorher unbedingt erkundigen sollte.

Die Umgebung von Caldarola ist reich an Burgen, Türmen und Schlössern aus verschiedenen Epochen. Teils wurden sie um die Jahrtausendwende vom abruzzesischen Kloster Casauria erbaut, teils aber auch erst später. Es lohnt sich, hier einige Ausflüge zu machen und folgende Orte selbst zu er-

Beim »Corsa della Spada e Palio« in Camerino.

kunden: **Pievefavera** (nördlich von Caldarola, direkt über dem Lago di Caccamo, einst römische Station, strategisch wichtiger Punkt im Mittelalter, später Burg der Varano), **Vestignano** (südlich, 10. Jahrhundert, im 14. Jahrhundert von den Varano restauriert, Reste der Festungsmauer, in der Nähe die Kirche San Martino mit vielen interessanten Fresken), **Croce** (westlich, auch hier interessante Malereien).

CAMERINO

Die mittelgroße Universitätsstadt (ca. 7500 Einwohner und 8000 Studenten) nimmt eine Sonderstellung in den Marken ein. Die Kommune verzichtet vollständig auf die Förderung von Tourismus und Industrie und verläßt sich statt dessen auf die im 13. Jahrhundert gegründete **Universität,** das teilweise an die Universität Rom angeschlossene Kreiskrankenhaus und die bürokratische Verwaltung des Umlandes. Die Gegend von Camerino blieb somit weitgehend frei von industriellen Bauten.

Der hohe Anteil an Studenten verleiht dem Stadtbild zu Vorlesungszeiten Flair und Lebhaftigkeit, während es sich in den Sommerferien eher ruhig präsentiert. Camerino wird als Hauptstadt des Hinterlands bezeichnet und bietet für seine bescheidene Größe einiges. Ein eigener Verkehrsverbund verbindet die Stadt mit dem Rest der Welt und es gibt sogar ein Hallenschwimmbad; ein Luxus für italienische Verhältnisse.

Der festungsartig angelegte Altstadtkern liegt malerisch auf einer Erhebung zwischen dem Potenza- und dem Chientital. Die Landschaft mit ihren Hügeln und Bergketten ist sehr abwechslungsreich. In

Linsenfelder in
den Monti Sibellini

Strandidylle bei Fano

der Ferne sieht man das Massiv der Monti Sibillini mit seinen oft bis in den Frühsommer schneebedeckten Gipfeln. Das Umland besteht aus vielen winzigen, aber durchwegs intakten Ortschaften ohne größere Zentren oder störende Industrieanlagen. Lediglich einige Stauseen haben das Landschaftsbild in diesem Jahrhundert verändert; ein Tribut für Italiens Absage an die Nuklearenergie.

Die westlich Camerinos gelegene Bergkette lädt besonders zu Spaziergängen mit Blick auf traumhafte Panoramen ein.

Bereits lange vor der Römerzeit existent, war die Geschichte der Siedlung im frühen Mittelalter sehr bewegt. Camerinos Blütezeit begann, als Gentile da Varano 1262 den Wiederaufbau der drei Jahre zuvor durch die Ghibellinen zerstörten Stadt in seine Hände nahm. Die Familie Varano regierte den autonomen Stadtstaat ununterbrochen drei Jahrhunderte lang. Ihr Herrschaftsgebiet reichte bis vor die Tore Ascolis, beinhaltete Visso, Macerata und Senigallia und machte Camerino zeitweise zu einer der wichtigsten Städte Mittelitaliens. Auch kulturell war diese Epoche sehr fruchtbar. Es wurde der Grundstein für die Universität gelegt, und eine seinerzeit bedeutende **Malerschule** brachte einige wichtige Künstler hervor, deren namhafteste Vertreter Carlo da Camerino, Giovanni Boccati, Giovanni Angelo di Antonio und Arcangelo di Cola waren. Diese Künstler gehörten seinerzeit zu den bedeutendsten in ganz Italien. Nach dem Untergang der Familie Varano wurde die Stadt zum Zankapfel zwischen der Kirche und lokalen Fürsten. Vom 16. bis Anfang des 19. Jahrhunderts gehörte es zu Umbrien. 1809 wurde Camerino, nachdem es 1799 durch ein Erdbeben schwer beschädigt worden war, endgültig den Marken zugeteilt.

Heute hier ansässige Künstler dürften mit Giuseppe Gentili, der durch seinen »Mann von Sarajewo« bekannt wurde, ihren wohl bekanntesten Vertreter haben.

Große Teile der Festungsanlagen der Stadt sind im Umfeld von 20 km erhalten. Die bekannteste dieser Wehrbauten ist die **Rocca da Varano,** ca. 5 km von der Ortschaft entfernt. Der imposante Bau wurde kürzlich restauriert bzw. konserviert und ist zu schwer feststellbaren Öffnungszeiten dem Interessierten frei zugänglich.

Das Stadtzentrum selbst ist langgezogen und besteht aus einer ganzen Reihe von Plätzen, deren wichtigster die Piazza Cavour, das Herz der Stadt, darstellt. Hier findet man auch einige sehr interessante Gebäude, darunter den **Erzbischöflichen Palast,** den **Dom** und den **Palazzo Ducale.** Letzterer entstand im 15. Jahrhundert und wurde im Laufe der Zeit der **Universität** einverleibt. Neben Hörsälen des juristischen Zweigs befindet sich in diesem Gebäude die Bibliothek Valentinaia der gleichen Fachrichtung mit über 70.000 Büchern, Pergamenten und Handschriften. Vom Balkon des Palazzo Ducale aus hat man einen schwindelerregenden Blick auf den darunterliegenden **botanischen Garten,** welcher 1828 angelegt wurde und z. T. noch aus dieser Zeit stammende Pflanzen vorzuweisen hat. Im Innenhof findet man einige Wappen der Familie Varano, deren Name für die Verbindung von Macht und Bildung stand.

Der imposante Dom wurde beim Erdbeben von 1799 schwer beschädigt und von 1802 bis 1832 wieder aufgebaut. Der Erzbischöfliche Palast geht auf das Jahr 1572 zurück und beherbergt das diözesane Museum mit einer beachtenswerten Sammlung an mittelalterlichen Kunstwerken.

Über die gesamte Stadt verteilt befindet sich rund ein Dutzend weiterer Kirchen, deren interessanteste **San Venanzio** ist, die ebenfalls beim Erdbeben 1799 beschädigt und 1875 wieder aufgebaut wurde. Das aus dem 15. Jahrhundert stammende gotische Portal blieb unbeschädigt erhalten. Beachtenswert ist im Inneren die grandiose Kuppel. Die Kirche des **San Francesco** wurde Anfang 13. Jahrhundert in gotisch-romanischem Stil aus Sandsteinquadern erbaut. In ihr befinden sich das städtische Museum sowie eine Gemäldesammlung mit eindrucksvollen Zeugnissen der einstigen ortsansässigen Malerschule. Die ehemalige **Kirche dell'An-**

nunziata wurde zu Ehren der Familie Varano im 16. Jahrhundert erbaut. Das romanische Portal gehörte möglicherweise zu einer anderen Kirche und weist das Wappen des Herzogs auf.

Nicht entgehen lassen sollte man sich die Burg »**Rocca dei Borgia«,** die 1503 von Valentino erbaut und später von den Varano restauriert wurde. Unter Papst Clemente VII. wurde die Festung als Schatzkammer für Loreto genutzt, um zu verhindern, daß die Reichtümer in die Hände von Piraten fielen. Die jahrhundertealten Bäume der Parkanlage sind spektakulär.

Im Umfeld von Camerino sind vor allem die bereits erwähnten antiken Festungsanlagen sehenswert, die man zahlreich und teils gut erhalten vorfindet.

Weiters befindet sich am Fuße des Apennin eine Mineralquelle mit dem Namen Figareto, die vor allem für Italiener ein beliebtes Wochenend-Ausflugsziel ist. Wer das Glück hat, im Mai hier zu sein, darf sich auf gar keinen Fall die »**Corsa della Spada e Palio«** entgehen lassen. Im Herbst findet hier die Trüffelmesse statt, und über das Jahr verteilt werden im kommunalen Theater klassische Musik und mittelalterliches Theater angeboten.

In Pontelatrave befindet sich ein ehemaliges **Franziskanerkloster** mit einer Kreuzigungskirche aus dem 8. Jahrhundert.

San Maroto beherbergt die romanisch-marchegianische Kirche San Giusto.

Interessant ist in der südlich gelegenen Gemeinde Pievebovigliana die romanische Kirche San Maria Assunta mit ihrer **Krypta** aus dem 8.–9. Jahrhundert, sowie das Museum »R. Campelli«.

CASTELRAIMONDO

Der kleine Ort am Fuße des Apennin besaß einst eine wichtige strategische Lage, da sich hier zwei Verkehrswege kreuzten. Seinen Namen hat der Ort von Raimondo di Attone, einem Legat von Papst Clemente V., welcher 1311 dem nahegelegenen Camerino erlaubte, eine Festung in den damals bereits besiedelten Ortskern zu bauen. Dieses Schloß wurde lange Zeit von Matelica und San Severino umkämpft.

Heute ist von der Festung nur der 36 m hohe Turm »**Il Cassero«,** Wahrzeichen von Castelraimondo, übrig geblieben (für Besichtigungen muß man sich an die Gemeindeverwaltung nebenan wenden). Das heutige Rathaus wurde im 19. Jahrhundert auf den ehemaligen Wehrmauern des Schlosses erbaut.

In der näheren Umgebung ist vor allem Crispiero von geschichtlichem und landschaftlichem Interesse. Die malerische kleine Gemeinde, einige Kilometer östlich gelegen, verfügt über ein Schloß und eine Reihe wichtiger antiker Bauten und Kunstwerke.

In Brondoleto befindet sich die von einem Park umgebene Villa des Grafen Barboni, interessant ist hier auch die kleine nahegelegene Kirche.

Das Schloß von **Lanciano** liegt linkerhand an der Straße nach Pioraco (nach ca. 2–3 Kilometern) in einem ausgedehnten Park, welcher zu Spaziergängen einlädt. Im Inneren der 1350–1418 erbauten Anlage befinden sich bemerkenswerte Gemäldesammlungen, darunter die berühmten Frauenportraits der Familie Varano. Besichtigungen muß man telefonisch unter +39/0737/630400 oder 640062 anmelden.

In **Castel Santa Maria,** in majestätischer Lage am Fuße des Monte Gemmo westlich von Castelraimondo gelegen, ist der mittelalterliche Charakter erhalten geblieben.

CHIARAVALLE DI FIASTRA

Nur einige Kilometer südlich von Macerata trifft man an einer Biegung des Flusses Fiastra auf die Zisterzienserabtei Chiaravalle di Fiastra. Der riesige Komplex lockt viele Besucher an, da er einen lebendigen Einblick in das mittelalterliche Leben bietet.

Wo einst im 9. Jahrhundert eine kleine Benediktinerkirche stand, errichtete die ursprünglich aus Frankreich gekommene Brüderschaft der Zisterzienser 1142 eine enorme Abtei, die in den folgenden Jahrhunderten eine beispielhafte Entwicklung erlebte. Nahezu die gesamte Hälfte des 12. Jahrhunderts wurde für den Bau der Anlage benötigt – in ganz Italien findet man nur drei vergleichbare Bauten. Für die Anlage wurden zum Teil Steine der nahegelegenen Römersiedlung »**Urbs Salvia**« verwendet.

Die Inspiration durch den heiligen Benedikt spiegelte sich in der Einfachheit und Ruhe der Lebensweise der Mönche und der Architektur der Gebäude wider. Dem benediktinischen Geist folgend, machte sich die Brüderschaft an die Urbarmachung und Bestellung der umliegenden Landflächen. So war die Burg »**Castello della Rancia**« nahe Tolentino ursprünglich ein befestigtes landwirtschaftliches Lager, das zur Abtei gehörte. Im Tal des Fiastra errichteten die Zisterzienser ein religiöses, soziales und kulturelles Zentrum. Ackerbau, Viehzucht und Handwerk wurden von ihnen vorbildlich weiterentwickelt.

Die Blütezeit war 1422 erreicht, als in Chiaravalle mehr als 200 Mönche lebten. In der zweiten Hälfte des 16. Jahrhunderts sank der Stern der Brüderschaft, und der Besitz des Komplexes wechselte zwischen der Kirche, den Jesuiten und der Familie Bandini.

In der **Abteibibliothek** zeugen heute ca. 3.200 Pergamente, Handschriften und Bücher von der Geschichte der romanisch-gotischen Anlage.

An das zentral gelegene Kloster ist die **Kirche Santa Maria Annunziata** angebaut. Ihre Größe von 20 x 70 m wird durch ihre Einfachheit noch unterstrichen. In einigen der Kapellen kann man bei einem Rundgang Fresken der Malerschule Camerinos bewundern. Es ist ratsam, an einer der Führungen durch den Komplex teilzunehmen.

Außerdem lohnt es sich, das **Museum der bäuerlichen Bevölkerung,** den Wintergarten und den jahrhundertealten Park anzuschauen. Die umliegende 100 Hektar große »**Selva**«, ein Waldstück, das zum Naturreservat erklärt wurde, ist auch sehr interessant. Das Waldstück ist exemplarisch für die ursprüngliche Vegtation der Marken, die hier nur dank der Protektion der Abtei erhalten geblieben ist. Die Umgebung lädt mit vielen für Autos verbotenen

Wegen zu Spaziergängen oder Fahrradtouren ein. Mit einem Besuch der Abbadia di Fiastra läßt sich sehr gut ein Abstecher in das archäologische Zentrum Urbs Salvia und die Stadt Urbisaglia verbinden.

CINGOLI

Dieses 631 m über dem Meeresspiegel liegende Städtchen wird der »**Balkon der Marken**« genannt. Man kann bei schönem Wetter von hier aus tatsächlich die gesamte Region überblicken: Pesaro und Ancona, den Apennin, Ascoli vor dem Hintergrund des Gran Sasso und die Adria. Die vielen Wälder und Pinienhaine, Quellen, römische Ruinen und vor allem der gleichnamige Stausee, der größte der Marken, bieten eine Reihe interessanter touristischer Ziele und Möglichkeiten für sportliche Aktivitäten.

Das Panorama und das trockene Klima führten dazu, daß Cingoli bereits von den alten Römern lobend erwähnt wurde. Die Stadt wurde bereits im 3. Jahrhundert v. Chr. zu militärischen Zwecken gegründet. Nachdem Cingoli im 13. Jahrhundert freie Kommune wurde, verblieb es, mit wenigen kurzen Ausnahmen, auf der Seite der Guelfen und der Kirche. In der Renaissance erlebte es eine weitere Blütezeit, was sich im heutigen, einheitlich gut erhaltenen Stadtbild widerspiegelt.

Sehenswert ist das **archäologische Museum im Palazzo Comunale,** auf der Piazza. Es sind Funde aus der Bronze- bis zur Römerzeit ausgestellt. In der **Pinakothek** dagegen sind zwei Gemälde Lottos zu sehen.

In der näheren Umgebung ist es besonders reizvoll, einen Spaziergang entlang des Flüßchens hinter der Staumauer des nahegelegenen Sees zu machen.

FIASTRA

Die Ortschaft Fiastra (732 m ü. d. M.) liegt über dem gleichnamigen See und am nördlichen Rand der Monti Sibillini. Die nahegelegenen Skigebiete wie z. B. Bolognola haben aus dem Örtchen ein beliebtes Urlaubsziel gemacht. Der See hat im Sommer eine

Strandleben nahe
Pesaro (unten)

türkisgrüne Farbe und ist angeblich der sauberste Italiens. Kleine Strände laden zum Baden, Surfen oder Angeln ein. Die dem Stausee folgende Schlucht des »**Fiastrone**« ist bizarr, wild und einzigartig im Nationalpark der Monti Sibillini. Die ausgedehnten Wälder in südlicher Richtung laden zu langen und einsamen Spaziergängen ein.

Bereits in der Neusteinzeit besiedelt, nahm die Bevölkerung durch die Umbrer und später durch die Römer zu. Mit der Intensivierung der Schafzucht im Apennin erlebte die Siedlung im Mittelalter ihre Blütezeit. Bis Mitte des 13. Jahrhunderts hieß die herrschende Familie Magalotti, in der Folgezeit unterstand Fiastra der Familie Varano von Camerino, bis es dem Kirchenstaat zufiel.

Die folgenden Kirchen sind von architektonischem und künstlerischem Interesse: die romanische Kirche San Lorenzo al Lago aus dem 12. Jahrhundert mit Fresken aus dem 16. Jahrhundert, einige aus der Malerschule von Camerino; die romanische Kirche San Paolo, San Marco di Colpolina mit fünfschiffigem Gewölbe und einem Portal aus dem 11.–12. Jahrhundert, sowie in Fiegni die kleine Kirche des seligen Ugolino.

Fährt man von Fiastra aus östlich am gleichnamigen Fluß entlang, gelangt man nach einigen Kilometern zum Dörfchen Monastero. Folgt man den Wegweisern zuerst mit dem Auto, später zu Fuß (etwa 20 Minuten), kann man hier die Eremitenhöhle »**Grotta dei Fraticelli**« bewundern. Im Inneren des natürlich entstandenen Raumes wurde im 13. Jahrhundert von Benediktinern eine winzige Kirche errichtet. Ab dem 15. Jahrhundert bis ins Jahr 1652 wurde der Ort von Franziskanern bewohnt.

An den steilen Wänden der Schlucht befindet sich zu beiden Seiten des Flusses noch eine ganze Reihe weiterer Höhlen, hier haben sich u. a. im Zweiten Weltkrieg Partisanen versteckt. Aber Vorsicht: Es ist wichtig, genau auf die teilweise unscheinbaren Wegzeichen zu achten, sonst kann man sich hier schnell verirren.

Nach einem
Badetag lockt
ein Opernabend
unter freiem
Himmel in
Macerata.

Die gesamte Umgebung des Lago di Fiastra ist reich an Fossilien. Ein Besuch in der nahegelegenen Klosteranlage (siehe auch) **Macereto** bietet sich an.

MACERATA

Macerata ist mit 42.000 Einwohnern eines der wichtigsten Zentren der Marken und Hauptstadt der gleichnamigen Provinz. Es liegt auf einem langgezogenen Hügel nicht weit vom Meer, umgeben von einer sanften Landschaft, die landwirtschaftlich geprägt ist.

Gemessen an seiner heutigen Größe hatte Macerata in der Vergangenheit wenig Einfluß. Erst in der Renaissance wurde es zu dem, was es heute noch ist, nämlich ein Zentrum für Bildung, Verwaltung und Wirtschaft. Die Universität ist von großer Bedeutung für die Stadt und versteht sich als Wiege für innovative Politik und Kunst. Man findet sie dezentral in allen Teilen der Stadt wieder.

Außerdem sind viele der zur Verwaltung der Provinz nötigen (oder unnötigen) Büros im Stadtzentrum verteilt.

Folgt man der gut erhaltenen Stadtmauer aus dem 14. Jahrhundert, die hier gleichzeitig eines der ältesten Baudenkmäler ist, hat man an vielen Stellen einen herrlichen Ausblick über die liebliche Landschaft, und bei schönem Wetter kann man das Meer sehen. In die Altstadt sollte man möglichst nicht mit dem Auto fahren, man würde sowieso keinen Parkplatz bekommen. Es ist besser, in einem der Parkhäuser außerhalb der Stadtmauern zu parken.

Die Stadt entwickelte sich aus dem 402 n. Chr. zerstörten römischen »Helvia Recina«, deren Ruinen man in der Nähe der Stadt besichtigen kann. Hier ist ein wichtiges und noch nicht ausgeschöpftes archäologisches Zentrum entstanden, das einen Besuch lohnt. Genauere Aufzeichnungen über »Terra de Maceratinis« und »Podium Sancti Juliani«, die zwei eigenständige Siedlungen waren, stammen aus der Zeit ab der zweiten Hälfte des 10. Jahrhunderts. Später, im Jahre 1138, wurden die beiden Zentren durch den Bischof von Fermo vereinigt. Mit der

Zeit wuchs die Kommune, und 1290 wurde erstmals ein »Studium Legum« erwähnt, der Grundstein für die Universität. Als dann 1320 Papst Johannes XXII. Macerata einen Bischofssitz gewährte, wurde die Gemeinde zur Stadt erklärt. Sie wurde in dieser Zeit abwechselnd von verschiedenen Familien regiert, unter anderem von den Mulucci (1326–1355), den Varano von Camerino und später, ab 1433, von Francesco Sforza. Erst 1445 gelangte Macerata wieder in die Hände der Kirche und wurde Sitz der Legatkardinäle. Im 16. Jahrhundert erlebte es in jeder Beziehung einen deutlichen Aufschwung, was sich in den vielen Palazzi und Kirchen, die man heute noch findet, widerspiegelt.

Die Regierung Murat, die in der Schlacht »Battaglia della Rancia« eine Niederlage erlitt, hatte vorher genug Zeit, den Wunsch nach Unabhängigkeit zu wecken. Dies führte zur ersten revolutionären Bewegung des italienischen Risorgimento im Juli 1817. Viele Einwohner Maceratas ließen ihr Leben in den folgenden Freiheitskämpfen. Garibaldi formierte die berühmte »Legione Maceratese«, die an vielen der wichtigsten Kämpfe teilnahm.

Matteo Ricci (1552–1610, Missionar in China), Lauro Rossi (1810–1885, Komponist) und Giuseppe Tucci (1894–1984, Archäologe und Orientexperte) sind einige der berühmten Personen, die hier das Licht der Welt erblickten.

Das imposanteste Gebäude Maceratas dürfte die »**Arena Sferisterio**« sein, eine Art Amphitheater, das von 1823 bis 1829 im neoklassizistischen Stil erbaut wurde. Hundert der reichsten Bürger taten sich zusammen und Ireneo Aleandri aus dem nahegelegenen San Severino führte das Projekt aus. Ursprünglich diente die Arena einem Ballspiel, das seinerzeit in der Umgebung sehr verbreitet war. Wegen der überaus guten Akustik finden hier heute vor allem **Theater- und Opernveranstaltungen** statt. Im Juli und August werden besonders die Opernvorstellungen von internationalem Publikum besucht. Das Sferisterio faßt ca. 7000 Menschen und ist ein bemerkenswertes architektonisches Kunstwerk. Auf der Piazza Mazzini befindet sich die Kasse (Biglietteria), an der man sich für 1000 Lire Eintritt durch einen Seiteneingang verschaffen kann, an einem Opernabend sind die Preise allerdings etwas höher.

Von den vielen Kirchen und Palästen seien hier nur einige ausgewählt. Wer mehr erfahren möchte, kann sich im Büro der APT, in der Nähe der Porta Romana, ausführliche Lektüre, auch in deutscher Sprache, besorgen.

Die Piazza della Libertà bildet das eigentliche Zentrum, und hier stehen auch einige der interessantesten Gebäude. Im Hof des »Palazzo del Comune« (17. Jahrhundert) befinden sich einige Fragmente von Skulpturen, Statuen und Tafeln, die aus den naheliegenden Ruinen von »Helvia Recina« und »Urbs Salvia« stammen. Im »Corso Matteoni« hat Cassiano da Fabriano 1504 die »Loggia dei Mercanti« gebaut, leider wurde das prachtvolle Gebäude im 19. Jahrhundert stark restauriert.

Der ein paar Meter östlich gelegene »**Palazzo della Prefettura**« besitzt ein sehr schönes Marmorportal aus dem frühen 16. Jahrhundert. Noch etwas weiter östlich liegt die entweihte Kirche »San Paolo« (17. Jahrhundert), die während des Zweiten Weltkrieges als Vorratslager diente. Die Fassade mag auf den ersten Blick etwas seltsam wirken, was daran liegt, daß hier eine Marmorverkleidung vorgesehen war, welche niemals fertiggestellt wurde. Das ehemalige Gotteshaus wurde unlängst restauriert und soll in Zukunft von der benachbarten Universität genutzt werden, von der im »**Palazzo dell'Università**« (1540) vor allem die Aula Magna (1893) sehenswert ist. Für eine Besichtigung meldet man sich kurz im Universitätsbüro an. Gegenüber vom »Palazzo della Prefettura« hat das »**Theater Lauro Rossi**« im 18. Jahrhundert seinen Platz gefunden. Nach seiner Restaurierung wurde es 1990 in altem Glanz wieder eröffnet. Seitdem finden hier, ausgenommen in den Sommermonaten, regelmäßig Schauspiele statt (September–April). Über dem Theater wurde bereits 1663 von Galasso Alghisi da Carpi ein Glockenturm erbaut. In ihm befindet sich eine kleine Ausstellung über alte Mechanik. Von seiner Spitze aus kann man einen grandiosen Rundblick genießen (zur Besichtigung Tel. +39/0733/230735 oder 233508 anrufen).

Von den verbleibenden Kirchen der Stadt sind vor allem die »**Madonna della Misericordia«** und der **Dom** nennenswert.

Im ehemaligen Jesuitenkollegium auf der »Piazza Vittorio Veneto« befinden sich heute das **Stadtmuseum, die Pinakothek, das Kutschenmuseum, das Museum des Risorgimentos** der Marken und die sehr umfangreiche **Bibliothek »Mozzi-Borgetti«** (250.000 Bände, 10.000 Manuskripte, 256 Inkunabeln, 4644 Cinquecentine).

Mittwochs ist in Macerata Wochenmarkt, und in Villa Potenza findet am gleichen Tag ein großer Tier- und Agrarmarkt statt.

Für die Gestaltung des Nachtlebens sorgen mehrere Diskotheken in und um Macerata.

Für weitere Informationen wenden Sie sich bitte an eines der APT-Büros.

MACERETO

Die Wallfahrtskirche von Macereto ist eines der interessantesten Bauwerke dieser Art in den Marken. Sie liegt im Nationalpark der Monti Sibillini an einer kleinen Nebenstraße von Fiastra nach Visso. Die gesamte Anlage wurde erst kürzlich restauriert und ist Ziel vieler Ausflügler. Die einsame Lage hoch oben in der sanften Berglandschaft hat etwas Unwirkliches. Im Stil des berühmtesten marchegianischen Architekten Bramante wurde der Bau der Kirche in den Jahren 1528–1538 von Giovan Battista da Lugano, also einem Luganer Architekten, begonnen. Battista kam jedoch bei einem Unfall während der Bauzeit um, und so wurde der Bau von Luganer Kollegen Battistas bis 1558 fertiggestellt. Der nebenan befindliche Palazzo delle Guaite stammt aus dem Jahre 1583. Um die Gebäude herum verläuft eine Art Begrenzung aus Bogengängen, die den Wallfahrern als Schutz diente. Außerdem wurde in Macereto den Schäfern in der Umgebung regelmäßig die Möglichkeit geboten, ihre Waren anzubieten oder zu tauschen. Im Gegenzug gaben jene einige ihrer Schafe an die Priester ab. Macereto hatte, nebenbei bemerkt, sein eigenes Brandzeichen.

MATELICA

Einst war Matelica eine römische Ortschaft, wovon heute nichts mehr zu sehen ist, da das heutige Matelica über dem römischen Mathilica entstand. Dessen Ruinen kommen nur gelegentlich bei Grabungen wie z. B. der Verlegung von Gasleitungen oder der Restaurierung des Theaters zum Vorschein. Im 12. Jahrhundert wurde es zerstört und hatte im Mittelalter eine sehr bewegte Geschichte. Hin- und hergerissen zwischen inländischen, ausländischen, weltlichen und kirchlichen Machthabern blieb in der Gemeinde bis in dieses Jahrhundert neben der Landwirtschaft vor allem eine ansehnliche Gerber- und Wollindustrie erhalten. Inzwischen ist Matelica in Italien fast ausschließlich für seinen Wein, den »**Verdicchio di Matelica«,** bekannt.

Sehenswert ist die von Palästen und Loggien gesäumte Piazza E. Mattei. Verläßt man den Platz in nördlicher Richtung, trifft man auf die Kathedrale Santa Maria mit einem zentral errichteten Glockenturm aus dem 15. Jahrhundert.

Interessante Werke berühmter Künstler finden sich in den zahlreichen Kirchen der Stadt. Die nennenswertesten sind Fresken und Gemälde in der Kirche San Francesco mit ihrem romanischen Portal; **Kloster und Kirche della Beata Mattia** mit einer der ältesten bemalten Holztafeln Mittelitaliens; die Gemälde von Guercino und das romanische Portal aus dem 13. Jahrhundert in der Kirche Sant'Agostino; die Holzskulptur in der Kirche del Suffragio.

Die wichtigste Kunstsammlung befindet sich im **Museum Piersanti,** im gleichnamigen Palast in der Via Umberto II., 11. Signor Filippo Venanzio Piersanti (1688–1761, geb. in Matelica) sammelte zu Lebzeiten in seinem Palast unterschiedlichste Kunstobjekte und schuf so ein interessantes und bedeutendes Museum. Hier sind Werke vieler namhafter Künstler

Die frisch restaurierte Klosteranlage von Macereto (unten).

der Marken vertreten wie z. B. von Guercino, del Barocci, Arcangelo di Cola da Camerino, Giovanni und Gentile Bellini, Antonio da Fabriano, Francesco di Gentile da Fabriano, Lorenzo d'Alessandro, Carlo Maratta u. a.

Ganz in der Nähe des Museums steht das kürzlich restaurierte **Theater Piermarini** (1810), in welchem u. a. Reste einer **römischen Therme** zu besichtigen sind.

In der unmittelbaren Umgebung von Matelica ist der knapp 1500 m hohe **Monte San Vicino** ein lohnendes Ausflugsziel. Dieser Berg überragt alle anderen deutlich, so daß er ein herrliches Panorama bietet. Eine asphaltierte Straße führt fast bis auf den Gipfel. In der Nähe befindet sich auch das Dorf Poggeto mit den Überresten der Burg der Ottoni, der einstigen Herren von Matelica, sowie in Roti die ehemalige Benediktinerabtei Santa Maria Rotis aus dem 11. Jahrhundert. Letztere erreicht man vom Ortsteil Braccano auf einem Feldweg die sehr schöne »Gola di Jana« durchquerend, was sich vor allem im Juni und Juli während der Blütezeit des Ginsters empfiehlt.

MONTE CAVALLO

Das winzige Dorf mit ca. 250 Einwohnern liegt an der Grenze zu Umbrien und daher bereits mitten im Apennin. Sein größter Reiz besteht in der eigenartigen Berglandschaft mit ihren vielen kleinen Kirchen. Es gibt unzählige Straßen und Wanderwege, von denen einige in Colfiorito enden, einer riesigen, landwirtschaftlich genutzten Hochebene. Das Gebiet ist wegen des angenehmen Klimas bei Italienern besonders im Sommer beliebt.

PIEVE TORINA

Auf den ersten Blick scheint dieser kleine Ort dem Vorbeifahrenden nicht viel zu bieten, doch der Schein trügt. Funde aus der Neusteinzeit lassen auf eine sehr frühe Besiedelung schließen, und im Mittelalter gehörte er zum Stadtstaat Camerino, der von der Familie Varano beherrscht wurde. Später wurde das Dorf dem Kirchenstaat einverleibt.

Das zur Gemeinde Pieve Torina gehörende Areal ist weitläufig und mit seinen Wiesen, Wäldern, sanften Hügeln und steilen Schluchten landschaftlich sehr abwechslungsreich. Beim Passieren der Ortschaft in Richtung Visso hat man den Eindruck, durch das Tor zum Gebirge zu kommen.

In den zur Gemeinde gehörenden Dörfern stehen 26 alte Kirchen und »Canonicas«, die nahezu alle sehenswert sind. In der Ortschaft selbst sollte man sich auf keinen Fall das an der Hauptstraße in einem mittelalterlichen Kloster gelegene **»Museo della nostra Terra«** entgehen lassen. Es ist unglaublich, was hier in 20 Jahren durch Privatinitiativen an Alltagsgegenständen aus früheren Zeiten zusammengetragen wurde. Zwar sind es keine unbezahlbaren Kunstschätze, die hier von Freiwilligen mit viel Liebe präsentiert werden, aber vielleicht ist es gerade das, was diese Sammlung zu etwas Besonderem macht. Und wenn man sich in angemessener Weise danach erkundigt, kann man sogar noch eine kleine, inoffizielle Pinakothek mit Fresken aus der Camerineser Schule bewundern.

An das Kloster ist ein Theater angebaut, in dem im Sommer einige Vorführungen gegeben werden.

Verläßt man das Dorf in Richtung Westen, kommt man in das Tal »Valle Sant Angelo«. Nach ca. 2 km findet man links oberhalb der Straße die **Einsiedelei »Romitorio dei Santi«,** die 1148 n. Chr. vor dem Eingang einer Höhle errichtet wurde, in der der Sage nach Petrus und Paulus Schutz gefunden haben. Im Inneren befindet sich ein vermutlich römischer Opferstein umgeben von vier Säulen. Wer die Einsiedelei »Eremo« besichtigen will, sollte sich im »Museo della nostra Terra« anmelden.

Fährt man auf der Straße weiter in Richtung Colfiorito, kommt man nach nur einigen hundert Metern an eine Kurve, in der rechterhand in einer Schlucht eine steile und unerklimmbare Felsnase emporragt. Wer die Kletterei nach unten auf sich nimmt, wird mit Winnetou-Romantik und dem Blick auf einen kleinen Wasserfall belohnt.

Ein wenig weiter die Straße entlang erreicht man

den Ortsteil Fiume mit einer restaurierten und voll funktionsfähigen Wassermühle aus dem 18. Jahrhundert. Die Mühle gehört zum »Museo della nostra Terra« und ist wirklich sehenswert, deshalb sollte man sich auch hier unbedingt vorher anmelden.

Blickt man von Fiume aus zurück in Richtung Osten, sieht man oberhalb der Straße Reste von mehreren Wachtürmen, die zu den Festungsanlagen Camerinos gehörten und aus denen später eine Kirche gebaut wurde.

Fährt man von Fiume aus weiter in Richtung Muccia, trifft man auf eine römische Brücke; sie ist Zeuge aus der Zeit, als die Römer dieses Tal durchquerten, um an die Adria zu gelangen.

Südlich von Pieve Torina hat man um die Gegend vom Monte Torricchio vor einigen Jahren ein Naturreservat angelegt. 317 Hektar bieten Zuflucht für viele Tierarten wie Wiesel, Marder und Dachs, außerdem laden die dortigen Berge zu Wandertouren ein.

Ebenfalls im Süden, nahe der Straße nach Visso, kommt man am malerischen, mittelalterlichen Dorf Apennino vorbei, das einen kleinen Abstecher lohnt, denn das Dorfportal ist aus dem 14. Jahrhundert und äußerst sehenswert.

Hier noch einige der interessantesten Kirchen:

Auf der Piazza findet man die Kirche Santa Maria mit einem Glockenturm aus dem 13. Jahrhundert und Fresken. Südlich an der Straßengabelung Visso – Monte Cavallo liegt die **Kirche Santa Maria Craspriano** mit angebauten Klosteranlagen. Der oktagonale Bau aus dem Jahre 1577 ähnelt dem Kloster von Macereto und wurde wahrscheinlich auch von den gleichen Bauherren errichtet.

In Richtung Visso trifft man in Casavecchia auf die Kirche San Oreste, im Dörfchen Tazza auf die »Chiesa San Michele di Torricchio«.

RECANATI

Die ca. 20.000 Einwohner zählende Stadt liegt in Panoramalage auf einem langgestreckten Hügel zwischen den Flüssen Musone und Potenza. Recanati

ist, obwohl nicht sehr groß, in Italien bekannt, da hier zwei auf nationaler Ebene sehr bekannte Künstler geboren wurden: der Poet Giacomo Leopardi (1798–1837) und der Opernsänger Beniamino Gigli (1890–1957). Jährlich findet zudem ein Festival für neue Tendenzen in der **»Autorenmusik«** (April–Mai) statt.

Leopardi ist ein in Italien sehr berühmter Schriftsteller. Die in seinen Erzählungen und Dichtungen beschriebenen Orte und Personen haben ihren Ursprung häufig in seinen Erinnerungen an seine Heimatstadt, obwohl er diese nicht gerade liebte. Die Gemeinde läßt sich durch diese erklärte Abneigung jedoch keineswegs davon abbringen, ihren berühmten Bürger in allen Ecken und Winkeln zu feiern.

Die zahlreichen Museen der Stadt verwalten eine Reihe nicht unbedeutender Kunstschätze.

Mit Porto Recanati hatte es einst seinen eigenen Hafen, und trotz der heute getrennten Verwaltung wirbt man aufgrund der Namensverwandtschaft touristisch gemeinsam. Das gut erhaltene Kastell in Porto Recanati diente der Verteidigung gegen Piraten, die ins Landesinnere vordringen wollten.

Bereits im 4. Jahrhundert v. Chr. durch die Picener besiedelt, bauten die Römer den Ort erst relativ spät aus. Nach der Besetzung durch die Langobarden gehörte er danach zur Pippinischen Schenkung an die Kirche. Im frühen Mittelalter hatte die Gemeinde langwierige Auseinandersetzungen mit dem nahen Osimo. Immer auf kirchlicher Seite wurde es von Papst Gregorio IX. als Dank zum Bischofssitz ernannt. 1592 wurden die Diözesen von Recanati und Loreto vereint, womit Recanati an Einfluß gewann. Napoleon schließlich nahm die Stadt gleich mehrmals ein.

Der sehr schöne Platz im Zentrum der Stadt ist mit seinem steinernen Denkmal natürlich Leopardi gewidmet und trägt daher auch seinen Namen. Besonders eindrucksvoll wirkt er wegen seiner raffinierten Beleuchtung am Abend. Hier befindet sich auch das enorme Rathaus, das 1898 zur Feier des 100. Geburtstags Leopardis fertiggestellt wurde. Die Säle im Inneren beeindrucken durch ihre Größe. In den oberen Stockwerken befinden sich das **Museum Gigli** mit Gegenständen und Theaterkleidung, die mit dem Tenor in Verbindung gebracht werden, und die **Pinakothek.** Letztere bewahrt unter anderem berühmte Werke von Lorenzo Lotto auf.

Ebenfalls auf der Piazza steht unübersehbar der 36 Meter hohe Turm »**Torre del Borgo**« aus dem 12. Jahrhundert, der nach dem Abbruch des alten Rathauses im 19. Jahrhundert isoliert stehen blieb. Wenige Schritte entfernt befindet sich die romanische **Kirche San Domenico,** die 1272 von den Domenikanern erbaut und in den folgenden Jahrhunderten immer wieder verändert wurde. So stammt das sehr schöne Marmorportal von Giuliano da Majano aus dem Jahr 1481. In ihrem Inneren hat Lorenzo Lotto 1513 ein Fresko am ersten Altar links gemalt.

Folgt man der Via Cavour, anschließend der Via Calcagni und biegt dann rechts ab, erreicht man die gotische Kirche San Agostino, die etwa um 1270 erbaut und im folgenden Jahrhundert nach ihrer Zerstörung erneut aufgebaut wurde. Beachtenswert ist das sehr schöne Portal in istrischem Stein. Der alleinstehende Glockenturm der Kirche wird »**Torre del Passero Solitario**« genannt, der »Turm des einsamen Spatzes«. Er hat Leopardi zu einem seiner berühmtesten Gedichte inspiriert.

Weiter der Via Calcagni und dann der Via XX Settembre folgend, findet man nach einigen Metern auf der rechten Seite die »**Chiesa di S. Vito**«.

SAN GINESIO

Der ca. 4000 Einwohner zählende Ort liegt auf einem knapp 700 m hohen Hügel und wird wegen seines Panoramas auch der Balkon der Monti Sibillini genannt. Tatsächlich hat man einen phantastischen Blick auf das gesamte Umland bis hin zum Meer. San Ginesio ist mittelalterlich geprägt und bietet sich nicht zuletzt wegen seines vielfältigen Sportangebots (Golf, Schwimmbad, Tennis, Reiten, Drachen- und Gleitschirmfliegen etc.) als Urlaubsort an.

Die Ortschaft ist im Mittelalter um eine Burg herum entstanden und war aus guten Gründen

San Ginesio:
Ospedale dei
Pellegrini

San Ginesio: die Kirche della Collegiata aus dem 11. Jh.

stark befestigt. Vor allem mit dem nahen Fermo gab es vom 13. bis 16. Jahrhundert viele Kämpfe. Von 1200 bis 1434 unterstand der Ort der Familie Varano aus Camerino, dann Francesco Sforza. Danach fiel San Ginesio an den Kirchenstaat.

Beeindruckendes Zeugnis seiner Vergangenheit ist der teils gut erhaltene **Verteidigungswall** mit seinen ehemals acht Toren, von denen noch vier erhalten sind. Kommt man von Osten, betritt man das Städtchen durch die Porta Picena, deren Turm zu besichtigen ist und von dem man einen sehr schönen Ausblick hat. Auf der rechten Seite schließt sich das »**Ospedale dei Pellegrini**« an, ein Gebäude mit Doppelloggia, das aus dem 14. Jahrhundert stammt. Es gewährte Pilgern auf ihrer langen und anstrengenden Reise nach Rom Unterkunft.

Begibt man sich auf die zentrale Piazza, fällt der Blick auf die den Platz dominierende **Kirche della Collegiata** aus dem 11. Jahrhundert. Der obere Teil der Fassade aus dem Jahre 1421 ist einzigartig in den Marken, was vermutlich auf die Herkunft ihres Erbauers, dem Deutschen Enrico Alemanno, zurückzuführen ist. Interessant ist auch das reich verzierte Portal aus dem 12. Jahrhundert mit den zugehörigen Glockentürmen. Im schlichteren Inneren der Kirche ist eine Reihe von Fresken und Gemälden zu sehen, u. a. von de Magistris, Salimbeni und Pietro Alemanno. Hinter der »Collegiata« schließt sich die Kirche San Gregorio an, in der die wirklich sehenswerte **Pinakothek** »Alberico Gentili« untergebracht ist. Hier sind neben Gemälden auch archäologische Funde und historische Dokumente ausgestellt. Der aus San Ginesio stammende Alberico Gentili war an der Entwicklung des italienischen Rechtswesens beteiligt.

Weitere sehenswerte Kirchen sind **San Francesco** aus dem 13. Jahrhundert mit Fresken aus den Schulen von Giotto und Rimini, **San Michele Arcangelo** ebenfalls aus dem 13. Jahrhundert und **San Tomaso** (1377), beide mit prächtigen Portalen.

Etwa 10 km östlich liegt direkt neben der Landstraße SS 78 die kleine **Kirche »delle Macchie«,** die zu der heute verschwundenen gleichnamigen Abtei gehörte, die um das Jahr 1000 entstand. Die darunterliegende **Krypta** mit ihren verzierten Kapitelen ist äußerst sehenswert.

SAN SEVERINO

Der Ort, der sich nicht zu unrecht »Stadt der Kunst« nennt, zählt etwa 13.500 Einwohner und liegt malerisch im Tal des Flusses Potenza, noch bevor sich die ersten Berge des Apeninnenkamms erheben. Ausgrabungen belegen, daß die Gegend schon zur Zeit der Picener (ca. 900 v. Chr.) bewohnt war. Die Stadt ging aus der nahegelegenen römischen Siedlung **Septempeda** hervor, die genau in der Mitte der damals zweitägigen Reise von Norcera Umbra zur Adria lag. Diese »Autobahnraststätte« der Römer wurde im 5. Jahrhundert n. Chr. durch die Barbaren unter Toitila zerstört. Die Einwohner suchten Schutz auf dem Berg Montenero, wo während des Mittelalters der Stadtkern »**Castello«** entstand. Später im 15. und 16. Jahrhundert verlagerte sich die Stadt wieder weiter nach unten ins Tal, dem sogenannten Borgo.

San Severino ist, was historische Monumente betrifft, eine der reichsten Städte der Marken. Die heutige Innenstadt ist voller sehenswerter Kirchen, Türme und Paläste, im Umland finden sich zahlreiche Burgen und Wehranlagen. Vor allem im 14. Jahrhundert unter der Regierung der Familie **Smeducci** leistete San Severino erfolgreich Widerstand gegen die Varano von Camerino. Viele der für militärische Zwecke errichteten Türme sind noch heute erhalten. 1426 ging die »freie Gemeinde« an den Kirchenstaat, und 1586 wurde sie zum Bischofssitz ernannt, wodurch eine besonders wohlhabende Ära eingeleitet wurde.

In der heutigen Altstadt hat nahezu jedes Gebäude eine eigene erwähnenswerte Geschichte, leider können hier nur die wichtigsten Sehenswürdigkeiten aufgeführt werden.

Im oberen Stadtteil, auf dem Monte Nero, befindet sich das Wahrzeichen San Severinos, der Turm »**Torre degli Smeducci**« aus dem 13. Jahrhundert, der einst zu militärischen Zwecken errichtet und später zum Stadtturm wurde. Weiterhin befinden sich hier der Dom aus dem 10. bis 12. Jahrhundert, das Clarissenkloster aus dem 13. Jahrhundert sowie Überreste der alten Stadtmauer und des Schlosses von San Severino, ebenfalls aus dem 13. Jahrhundert.

Im unteren Teil, dem Borgo, liegt die eigentümliche »**Piazza del Popolo«,** elliptisch umrundet von zahlreichen Bogengängen, Palästen und dem sehr schönen neoklassizistischen **Theater Feronia** (Schauspiel von Oktober bis März). Möchte man mehr Informationen über die Stadt, kann man sich hier an das Büro der Pro Loco wenden.

Verläßt man den Platz westlich auf der »Via Salimbeni«, trifft man auf die **Pinakothek** und das **archäologische Museum,** die man sich auf keinen Fall entgehen lassen sollte. Erstere beherbergt zahlreiche Schätze mittelalterlicher Kirchenkunst, während das Museum Funde aus der Steinzeit, aus der Zeit der Picener und der der Römer ausstellt. Einige Meter weiter hat man die Möglichkeit, die »**Basilika di S. Lorenzo«** zu besichtigen. Die Kirche aus dem 14. Jahrhundert ist in einem selten guten Originalzustand.

In der näheren Umgebung von San Severino wird man ebenfalls fündig. Verläßt man hier beispielsweise die Stadt in Richtung Castelraimondo und biegt bei km 61 der SS 361 (nach ca. 2 km) links ab, erreicht man eine kleine Brücke (vom Verbotsschild nicht abhalten lassen). Ist diese überquert, stößt man nach ein paar hundert Metern auf eine

verschlossene Schranke (entweder öffnen oder daran vorbeigehen). Nach weiteren ca. 700 m erreicht man die **Grotte di Sant'Eustachio.** Diese beeindruckende benediktinische Kirchenanlage, halb Höhle, halb Gebäude, geht auf das 11. Jahrhundert zurück. Sie sollte den Brüdern die Möglichkeit bieten, zurückgezogen zu leben, wozu die enge Schlucht sicher geeignet gewesen wäre, hätte sie sich nicht im Laufe der Zeit zu einer Abkürzung des Weges von Camerino nach San Severino entwickelt. Wegen des Schattens, der kleinen Wasserfälle und der interessanten Botanik bietet sich dieser Ausflug vor allem an einem heißen Sommernachmittag an. Die steilen Felswände sind besonders für Kletterer bzw. Freeclimber interessant.

Folgt man der SS 361 in entgegengesetzter Richtung, findet man am Ortsausgang scheinbar unbeachtet die Überreste der oben genannten römischen Stadt Septempeda mit einer Badeanlage. Schwimmbecken, Umkleideraum und Technik der Fußbodenheizung sind besonders gut erhalten, so daß das **römische Bad** vor den Augen des Betrachters wieder aufersteht und man einen beeindruckenden Einblick in den hohen Grad der Kultur des römischen Imperiums erhält.

Ca. 5–6 Kilometer weiter in Richtung Macerata thront links der Straße auf dem Gipfel eines Hügels **Pitino,** die im Mittelalter wichtigste Festungsanlage der näheren Umgebung. Die verbliebenen Gebäude und Ruinen wurden unlängst konserviert und lassen Glanz und Macht erahnen, die dieser Ort einst ausstrahlte. Bereits im 6. Jahrhundert v. Chr. besiedelt, entstand die Schloßanlage in der heute nachzuvollziehenden Form im 13. Jahrhundert. Bei klarer Sicht hat man von Pitino aus einen atemberaubenden Rundblick. Für geführte Besichtigungen (auf italienisch) sollte man sich an den Verkehrsverein oder das archäologische Museum wenden.

Ebenfalls einen Ausflug wert ist das in seiner mittelalterlichen Struktur vollständig erhaltene Dorf **Elcito,** nördlich von San Severino. Auf einer Felsnase am Fuße des Monte San Vicino erbaut, liegt es sehr malerisch. Doch leider ist es gerade dieser Umstand, der es zum langsamen Aussterben verurteilt. Die Infrastruktur läßt sich nicht in befriedigendem Maße verbessern, und so sind nur wenige alte Menschen übriggeblieben. Die Umgebung von Elcito bietet sich für Spaziergänge und Wanderungen an.

SARNANO

Die Gemeinde (ca. 3.500 Einwohner, 539 m ü. d. M.) liegt auf einem kleinen Hügel am Fuße des Apennin. Sowohl seine Thermen als auch eine Vielzahl von Skigebieten und Liften in der näheren Umgebung sind Grund für Sarnanos ganzjährige, touristische Attraktivität. Aber auch das mittelalterliche Stadtbild ist von außergewöhnlichem Reiz.

Die erste Ansiedlung ging wahrscheinlich auf Kriegsveteranen von Kaiser Augustus zurück. Später wurde das Territorium von den Langobarden besetzt, unterlag dann zeitweise der Familie Brunforte und wurde 1256 freie Gemeinde. In der Folgezeit wurde Sarnano von den Varano aus Camerino beherrscht und später vom Kirchenstaat übernommen. Ab 1861 gehörte es, wie der Rest der Marken, zum Königreich Italien.

Die Altstadt Sarnanos ist spiralförmig um den höchsten Punkt des Hügels angelegt und geht zum Großteil auf das 13. Jahrhundert zurück. Der mittelalterliche Charakter des Städtchens ist ungewöhnlich gut erhalten. Steigt man zum Zentrum auf, erreicht man die Piazza Alta.

In der gut restaurierten **Kirche Santa Maria Assunta** (13. Jahrhundert) haben bedeutende Künstler wie Pietro Alemanno, Lorenzo di Alessandro, Girolamo di Giovanni und Nicoló Alunno ihre Spuren hinterlassen. Das reich verzierte gotische Portal stellt den »Weg der Madonna« dar. Im darunterliegenden Gewölbe befinden sich Fresken von Alemanno (1494).

Auf der kleinen **Piazza Alta** befinden sich einige Gebäude, die zu Ausstellungszwecken benutzt werden (z. B. während der jährlichen Ausstellung für Antiquitäten und Kunsthandwerk mit Beginn am

Landschaft westlich von Sarnano

Romantische Gasse in San Agata

letzten Samstag im Mai). Zu ihnen gehört der Palazzo del Popolo mit seinem Uhrenturm, der ab 1831 als Theater genutzt wurde. Unlängst wurden unter dem Gebäude unterirdische Verbindungsgänge zur Kirche Santa Maria Assunta entdeckt. Des weiteren stehen hier der **Palazzo dei Priori** und der **Palazzo del Podestà**. Etwas weiter unten liegt die **Kirche San Francesco** und direkt daneben die **Pinakothek** mit vielen interessanten Kunstwerken u.a. von Vittore Crivelli. Im benachbarten Gebäude sind die kommunale Verwaltung, das Museum der antiken und modernen Waffen, das Hammermuseum und das Avifauna- und Floramuseum mit knapp 1000 ausgestopften Vogelarten des Apennin untergebracht.

Fährt man von Sarnano aus einige Kilometer westlich, kommt man unterhalb des Dörfchens Piobbico zu der wunderschönen **Kirche San Biagio** (10. Jahrhundert), deren Gewölbe sehr sehenswert sind. Zur Besichtigung sollte man im Dorf nach Don Alfredo fragen.

Richtung San Liberato, einem Franziskanerkloster und beliebten Ausflugsziel, liegt etwas versteckt die **Eremitenhöhle von Soffiano.** Der dortige Kirchenbau geht auf das Jahr 1101 zurück, von einem Felsen hat man ein phänomenales Echo. Einer Legende zufolge hat sich hier der heilige Franziskus zum Beten zurückgezogen. Der Ort wurde auch noch von Eremiten bewohnt, nachdem die Franziskaner bereits in das nahegelegene Kloster San Liberato umgezogen waren.

In den Bergen um Sarnano läßt sich eine Reihe sportlicher Aktivitäten betreiben: Trekking, Klettern,

Die Teufelsbrücke »Ponte del Diavolo« in Tolentino.

Drachen- und Gleitschirmfliegen, Mountainbiking, Reitausflüge. Außerdem gibt es ein Hallenschwimmbad.

Eine Vielzahl umliegender Quellen mit verschiedensten Wasserqualitäten sorgt dafür, daß man in den **Thermen** eine ganze Reihe von Krankheiten bekämpfen kann: Heilung und Vorsorge bei Erkrankungen der Harnwege, des Stoffwechsels, der Atemwege und Lungen, des Bewegungsapparates und der Haut.

TOLENTINO

Die knapp 20.000 Einwohner zählende Stadt liegt im Tal des Chienti, in der Nähe des »Lago delle Grazie«. Von der ehemaligen römischen Siedlung sind nahezu alle Spuren verschwunden. Bereits im Jahr 1099 wurde der Ort freie Gemeinde, und in den folgenden Jahrhunderten weitete er seinen Einfluß auf die umliegenden Burgen aus. Im späten Mittelalter gehörte Tolentino u. a. dem Herrschaftsbereich der Varano an, von 1435–1445 den Sforza und bis Ende des 17. Jahrhunderts dem Kirchenstaat. 1797 wurde hier der berühmte **Vertrag von Tolentino** geschlossen. 1799 wurde es von Rebellen gegen die französische Okkupation besetzt und 1815 zum Hauptquartier der Österreicher ernannt, welche Murat in der Schlacht beim »**Castello della Rancia**« schlugen. Die ehemalige Festungsmauer ist zum großen Teil noch erhalten, und man gelangt durch eines der vielen sehenswerten alten Stadttore ins Innere.

Obwohl Tolentino eine der wichtigsten Pilgerstädte Mittelitaliens ist und einige Kilometer nordöstlich über funktionierende Thermen verfügt, liegt der ökonomische Schwerpunkt eher auf der Industrie. Dies hat seinen Grund vermutlich in den guten Verkehrsverbindungen und in dem erklärten Verzicht Camerinos auf industrielle Ansiedlung. Dies macht Tolentino zur industriellen Hauptstadt des Umlandes.

Die **Basilika des San Nicola** ist einer der wichtigsten und schönsten Kirchenkomplexe Mittelitali-

ens. Die Anlage wurde zu Ehren des heiligen Nikolaus errichtet, der in Tolentino geboren wurde. An der Stelle, an der heute die Basilika steht, verbrachte er seine letzten 30 Jahre und starb dort im Jahre 1305. An der Wallfahrtskirche wurde von seinem Tod bis ins heutige Jahrhundert hinein gebaut. An den Gebäuden und Kunstwerken läßt sich der Einfluß großer mittelitalienischer Künstler wie Donatello aus Florenz und Giotto spüren. Die imposante gotische Fassade wurde von 1432 bis 1435 von dem Florentiner Nanni di Bartolo errichtet und weist viele interessante Details auf.

Das Herz der Anlage bildet die Kapelle »Capelone«, deren Wände ganz mit Fresken bedeckt sind, welche die Geschichte der Madonna, Christus' und San Nicolas erzählen und vergleichen. Ungewöhnlich ist, daß der gesamte Zyklus von nur einem Künstler und in einer Epoche geschaffen worden ist. Leider ist jener bis heute unbekannt geblieben und wird lediglich der »Meister von Tolentino« genannt. Sicher ist jedoch der Einfluß der Malerschule von Rimini.

Im Hauptschiff der Kirche befindet sich eine Holzdecke aus dem 17. Jahrhundert von Florentiner Künstlern.

Architektonisch beachtenswert ist u. a. der anschließende Kreuzgang.

In der Basilika befinden sich das **Keramikmuseum,** das **städtische Museum** »Ex Voto« sowie das **Kunstmuseum** mit Werken von de Magistris und Crivelli.

Das **archäologische Museum** wird zur Zeit in einen anderen Palast der Stadt verlegt.

Eine weitere Besonderheit Tolentinos ist das 1970 gegründete internationale **Karikaturenmuseum** im Palast »Sangallo« auf der Piazza della Libertà, über der Touristeninformation. Hier werden kleine Zeitungsausschnitte gesammelt, originelle Kunstwerke aus aller Welt eingeschickt und ausgestellt (derzeit bereits an die 3000). Das Gebäude, in dem sich das Museum befindet, wurde 1540 von Antonio Sangallo dem Jüngeren erbaut.

Auf dem gleichen Platz befindet sich der **Uhrenturm** aus dem Jahre 1822 von Antonio Podrini. Die Uhr zeigt italienische und astronomische Zeit, Monat, Wochentag und Mondphase an. Der Turm schließt an die Kirche San Francesco an, in der einige interessante Fresken aus dem 14. Jahrhundert zu sehen sind.

Im **Palazzo Bezzi-Parisani** befinden sich die Säle Napoleons, Kulisse der Unterzeichnung des Tolentiner Vertrags zwischen den Franzosen und dem Heiligen Stuhl (siehe »Geschichte der Marken«). Besichtigungszeiten sind Di.–Fr. 16.00–19.00 Uhr.

Ebenfalls sehenswert ist die **Kathedrale San Catervo,** in der sich der Sarkophag von Flavio Giulio Catervo aus dem 4. Jahrhundert, die Reste eines Mausoleums sowie Fresken aus dem 9.–10. Jahrhundert befinden. Auch die Kirchen della Carità, Santa Maria und S. Crocifisso sind für Kirchenliebhaber von einigem Interesse. Die 1268 erbaute Teufelsbrücke **Ponte del Diavolo,** deren Name auf eine Legende zurückzuführen ist, wurde im Zweiten Weltkrieg beim Rückzug der Deutschen von diesen gesprengt.

In der näheren Umgebung lohnt sich als Ausflugsziel vor allem die **Rocca della Rancia** (Öffnungszeiten: tägl. 10.00–18.00 Uhr). Sie wurde von den Varano 1357 auf einem bereits existierenden Gebäude aus dem 12. Jahrhundert erbaut und war Schauplatz vieler Schlachten, deren Hauptakteure u. a. Francesco Sforza, Niccoló Piccinini, Braccio da Montone und Giacchino Murat waren (siehe auch Abbazia di Fiastra). Interessant ist auch ein Besuch der Abbazia di Rambona, die ca. 7 Kilometer nordöstlich gelegen auf das 8.–9. Jahrhundert zurückgeht. Sie hat eine sehr schöne Krypta und gilt als eine der eindrucksvollsten Abteien der Marken. Einen Abstecher wert ist auch das Städtchen Belforte, auf einem Hügel über dem Chienti gelegen.

Jeden 4. Sonntag im Monat findet in Tolentino eine Antiquitätenmesse statt.

Mohnblumenfelder finden sich überall in den Marken – hier eines südlich von Urbino.

Landschaftliche Harmonie bei Camerino.

URBISAGLIA UND URBS SALVIA

Die kleine Gemeinde Urbisaglia befindet sich ca. ein Dutzend Kilometer südwestlich von Macerata, am Fluß Fiastra. Der heutige Ortskern liegt auf einem Hügel, von dem aus man einen herrlichen Rundblick hat.

Bekannt ist Urbisaglia vor allem wegen der nahegelegenen Überreste der römischen Stadt **Urbs Salvia** (1. Jh. v. Chr.), aus der die heutige Gemeinde nach der Zerstörung durch die Barbaren (wahrscheinlich im 2. Jh. n. Chr.) hervorging. Die Ruinen der gewaltigen Schutzmauern lassen noch heute den Glanz und die Größe der einstigen Stadt erahnen. Erkennen lassen sich ebenfalls Reste zweier Tempel, in die Außenmauer integrierte Stadttore, ein Aquädukt, das noch immer in Gebrauch ist, ein Theater und vor allem ein Amphitheater. Letzteres wird zu den wichtigsten Baudenkmälern der Marken gezählt. Es befindet sich in einem ausgesprochen guten Zustand, der alle Funktionen des Gebäudes noch erkennen läßt. Es nimmt 5.000 m^2 an Fläche ein, was immerhin ein Fünftel des Kolosseums darstellt. Jährlich werden hier vor diesem imposanten Hintergrund im Juli und August Festspiele mit antiken **Theaterstücken** abgehalten.

Im heutigen Stadtkern kann man eine sehr schöne kleine **Festung** bewundern. Sie wurde im 16. Jahrhundert auf einem um 400 Jahre älteren Turm errichtet. Sie diente scheinbar mehr zur Verteidigung gegen Gefahren, die von innerhalb der Gemeinde kamen, als gegen die von außen kommenden. Sie wurde in einer Epoche erbaut, in der das

Idyllische Ansichten aus den Sibillinischen Bergen.

Schießpulver entdeckt wurde und hatte deshalb lediglich Platz für 12 Personen.

Das **Waffen- und Uniformenmuseum,** das **staatliche Archäologische Museum** und das **Kommunalarchiv** geben ergänzende Auskünfte über die Geschichte der Stadt.

Zum Besuch der Anlagen oder der Museen sollte man sich bei der Gemeinde oder der »Pro Loco« melden.

Es bietet sich ferner ein Besuch der nahegelegenen »**Abbazia di Fiastra«** an.

VISSO

Mit nur ca. 1200 Einwohnern ist Visso ein kleines, aber in den Marken sehr bekanntes Zentrum. Der Ort liegt in einem Talgrund, in dem zwei Flüsse, Ussita und Nera, zusammenfließen. Der Umstand, daß sich hier schon in alter Zeit zwei Straßen kreuzten, führte dazu, daß Visso ein wichtiger Handelspunkt am nördlichen Rand der Sibillinischen Berge war.

Aufgrund der vielen Sportmöglichkeiten durch Skilifte, Schlittschuhhalle, Hallenbad und Kanustrecken in der weiteren Umgebung, aufgrund der idealen Ausgangslage zu einigen der schönsten Berge des Nationalparks und nicht zuletzt aufgrund seiner kulinarischen Spezialitäten wie Pilze, Wurstwaren und Forellen ist Visso touristisch sommers wie winters stark frequentiert. Außerdem ranken sich viele Sagen und Geschichten um diese Gegend, die teils mit denen über die Monti Sibillini zusammenhängen.

Die Geschichte Vissos liegt weitgehend im dunkeln. Man nimmt an, daß der Ort mit dem des antiken, in römischen Schriften erwähnten Vicus Elacensis identisch ist. Wenn dem so sein sollte, existierte der Ort bereits, bevor es Rom gab. Aus diesem Vicus Elacensis stammte der römische Konsul Vipse, dem Visso vermutlich seinen Namen verdankt. Nach einem Erdbeben Anfang des 12. Jahrhunderts wurde die bis dahin am Hügel gelegene und durch das Beben völlig zerstörte Siedlung im Talgrund wieder aufgebaut. Später wechselten sich die Kirche, der Herzog von Spoleto, der Herzog von Camerino und kurzzeitig Francesco Sforza als Machthaber ab. Mit den angrenzenden Ortschaften lag Visso die meiste Zeit im Streit. So auch mit dem nahen Norcia, welches von den Vissanern in der Schlacht von Val Perduto bei Castelluccio im Jahr 1522 besiegt wurde. 1538 wurde Visso dem Kirchenstaat unter umbrischer Verwaltung unterstellt, und im Jahre 1860 fiel es dann an die Marken.

Der Ort besitzt ein gut erhaltenes Altstadtzentrum. Zahlreiche private und öffentliche Häuser (viele aus dem 13. und 14. Jahrhundert) auf den Plätzen und in den Gassen bezeugen die urbane Entwicklung. Die Gebäude sind alle in Naturstein erbaut, wurden aber seit jeher verputzt. Im 1482 erbauten Palazzo dei Priori, auch Palazzo Comunale genannt, befindet sich ein Fresko von Paolo da Visso (1431–1480), der hier geboren wurde.

In der **Kirche Collegiata di S. Maria** aus dem 12. Jahrhundert ist eine ganze Reihe von Fresken der umbrischen Schule des 14. und 15. Jahrhunderts, u. a. auch von Paolo da Visso, zu sehen. Beachtenswert ist auch das seitliche Portal, das reich verziert und mit zwei Löwen versehen ist. Die Kirche wurde im 13. und 14. Jahrhundert baulich erweitert. Die naheliegende entweihte Kirche San Agostino beherbergt heute die Pinakothek mit vielen Kunstschätzen, die bis ins 12. Jahrhundert zurück die Werke der Künstler dieser Gegend belegen.

In der Umgebung sind vor allem die Gemeindekirchen von Mevale und Fematre interessant und sehenswert.

Ussita, Frontignano und Monte Prata verfügen über Skilifte und Pisten bis zu 2 km Länge. Gleichzeitig sind sie im Sommer Ausgangspunkte für Wanderungen in einer phantastischen Berglandschaft im Nationalpark. Von kulturellem Wert und landschaftlicher Schönheit ist weiterhin die gesamte Gegend um das nahe Castelsantangelo sul Nera, das an der Straße von Visso nach Castelluccio liegt.

Provinz Ascoli Piceno

AMANDOLA

Bereits 15 v. Chr. war die kleine Stadt östlich der Sibillini für das Römische Reich ein wichtiger Bezugspunkt, und auch in der Folgezeit war das Gebiet dicht besiedelt. 1248 entstand aus dem Zusammenschluß dreier umliegender Burgen eine freie Stadtgemeinde, aus der im Laufe der Jahrhunderte wieder eine aristokratische Regierung wurde. Dank der Schafzucht entstand im 16. und 17. Jahrhundert eine blühende Textilindustrie, die der Stadt eine Periode des Wohlstandes bescherte. Der spätere wirtschaftliche Niedergang war mit einer Abwanderung der Einwohner und einer Zunahme des Banditenwesens verbunden. Heute ist Amandola für die Herstellung und Restaurierung von Möbeln bekannt.

Außerdem findet jährlich in der ersten Septemberwoche ein internationales Theaterfestival mit der Altstadt als Kulisse statt.

In der näheren Umgebung werden vor allem die Schlucht und die »**Gola dell'Infernaccio**« von Touristen besucht. Zwischen seltsamen Pflanzen und faszinierenden Wasserfällen lassen sich hier sehr schöne Spaziergänge unternehmen.

Interessant ist der gotische Eingang der Stadt, die Porta San Giacomo aus dem 15. Jahrhundert, auf deren Rückseite sich eine Uhr aus dem 17. Jahrhundert befindet.

Auf der **Piazza Risorgimento** ist in einem Backsteinbau die Gemeindeverwaltung untergebracht, in der über 1000 Pergamentrollen aufbewahrt werden.

Auf dem gleichen Platz steht die Kirche Sant' Agostino aus dem 14. Jahrhundert. Der Glockenturm wurde 1464 von Pietro Lombardi fertiggestellt, während im Inneren einige Bilder des Tolentiners Francesco Ferranti und eine Terrakotta-Pietà des 15. Jahrhunderts aufbewahrt werden.

An der Kirche San Francesco (1265) fällt dem Betrachter ein Außenfresko aus dem 16. Jahrhundert auf. Im Kreuzgewölbe der Turmstube gibt es einen Freskenzyklus aus der umbrisch-märkischen Schule des 15. Jahrhunderts zu sehen. Neben der Kirche befindet sich der ehemalige Konvent, der im Laufe der Zeit häufig umgebaut wurde. Heute ist hier das **Museum für bäuerliche Kunst** untergebracht.

Im höchsten Teil der Altstadt ist der Turm »**Cassero«** Relikt einer 1368 erbauten Wehranlage.

Etwas außerhalb der Stadt steht die bäuerliche **Kirche Santa Maria a Piè d'Agello** mit einer ungewöhnlichen Vorhalle. Sowohl außen als auch innen gibt es eine Reihe weiterer umbrisch-märkischer Fresken.

Die ca. 8 km entfernte **Benediktinerabtei »dei Santi Ruffino e Vitale«** wurde im 6. Jahrhundert gegründet und im 13. Jahrhundert umgebaut. Besonders sehenswert sind die Krypta, der Glockenturm und einige Fresken aus dem 13. Jahrhundert.

ACQUASANTA TERME

Fährt man die Via Salaria von Ascoli in Richtung Rom, kommt man nach einigen Kilometern in diesen kleinen Ort im Trontotal. Die Umgebung ist geprägt von Bergen, Wäldern und engen, tiefen Schluchten.

Schon Titus Livius und Plinius der Ältere beschrieben die Ortschaft und ihre Thermalquellen, die Schwefel, Brom und Jod enthalten. Damals hieß der Ort noch »Vicus ad Aquas«. Für die Römer war es eine Rast- und Ruhestätte auf dem Weg von Rom zur Adria. Heute werden die Quellen im Rahmen eines modernen **Kurbetriebes** noch immer genutzt. In einer natürlichen Grotte wurde eine Sauna geschaffen und der Thermalbetrieb bietet saisonweise Inhalationen, Vaporisationen und Schlammbäder an. Hier werden verschiedenste Krankheiten behandelt wie z. B. Arthritis, Rheuma, gynäkologische Beschwerden, Erkrankungen der Atemwege und des Stoffwechsels.

Vom 16. bis zum 18. Jahrhundert hielt sich in den umliegenden, dichten Wäldern eine Reihe von mehr oder weniger berühmten bzw. berüchtigten Räubern auf. Hier vermischt sich eindeutig, zumindest in den um die Charaktere entstandenen Geschichten, die kriminelle mit der politischen Motivation der Volksfiguren.

Einige Kilometer östlich befindet sich **Castel di Luco,** eine sehr schöne Festung aus dem 14. und 15. Jahrhundert, die mit einem runden Grundriß auf den nackten Fels gebaut wurde. In der **Chiesa di San Lorenzo** im nahen Paggese wird ein Triptychon von Pietro Alemanno verwahrt. In der näheren Umgebung gibt es außerdem eine Reihe unerforschter Tropfsteinhöhlen. Wer sich hierfür interessiert, der sollte sich an den speläologischen Verband von Acquasanta wenden.

ARQUATA DEL TRONTO

Die kleine Ortschaft liegt im Trontotal, direkt oberhalb der alten Römerstraße Salaria. Hier treffen vier italienische Regionen, Latium, Umbrien, Abruzzen und die Marken zusammen. Außerdem gehört die Gemeinde sowohl zum Nationalpark der »Monti della Laga« als auch zum Park der Monti Sibillini. Deshalb dient der Ort oft als Basis für Ausflüge in das gesamte Umland. Der Paß nach Umbrien, Forca Canapine, lockt im Winter außerdem mit Skiliften und Langlaufmöglichkeiten.

Zur Zeit des römischen Imperiums hieß die Siedlung Surpicanum und war Rastplatz an der Via Salaria. Im Mittelalter wurde sie, nicht zuletzt aufgrund ihrer Grenzlage, immer wieder überfallen und unterlag verschiedensten Herrschaften. Napoleon errichtete hier, nach Spoleto und Perugia, sein drittes Fort, was wiederum auf die strategisch günstige Lage an der Verkehrsader zurückzuführen ist. Heute gehört Arquata zum Verwaltungsgebiet Ascolis.

Die **Burg Arquatas** liegt auf einem Felsvorsprung oberhalb der Ortschaft. Sie wurde um 1200 gebaut und anschließend erweitert. Zwischen 1414 und 1435 wurde die Festung von Giovanna II. d'Angiò, einer Prinzessin aus Neapel, die hier auch lebte, wiederaufgebaut. Der Bau wurde vor kurzem restauriert und historischen sowie kulturellen Ausstellungen zur Verfügung gestellt.

In der Chiesa dell'Annunziata kann man ein romanisches Holzkreuz aus dem 13. Jahrhundert bewundern, während in der **Chiesa San Francesco** ein Fresko Cola d'Amatrice zugesprochen wurde, dessen Geburtsort hier ganz in der Nähe liegt. In den zahlreichen winzigen Dörfern, die über die umliegenden Berge und Täler verstreut sind, findet man viele kirchliche und architektonische Schätze von teilweise berühmten Künstlern.

ASCOLI PICENO

Die mit 53.000 Einwohnern größte Stadt der Südmarken liegt 25 km vom Meer entfernt auf einem Plateau zwischen den Flüssen Tronto und Castellano. Man könnte sie als Tor zum Apennin bezeichnen: Erbaut an einer ehemaligen Hauptschlagader des Handels, der Via Salaria, der Salzstraße der Römer, südlich begrenzt vom Monte Piselli mit seinen zahlreichen Wintersportmöglichkeiten und nördlich dominiert vom markanten Monte Accensore. In Ascoli wird besonders deutlich, wie wenig Kompromisse die Marchegianer für den Tourismus einzugehen bereit sind.

Die Siedlungen in diesem Gebiet, die an Kreuzungen alter Wanderwege lagen und deren Bewohner verschiedenen Mittelmeervölkern entstammten, sind prähistorischen Ursprungs.

Die Geschichte Ascolis ist eng mit der des Volksstamms der Picener verbunden. Der Sage nach wurde die Stadt von Sabinern gegründet, die von Rom aus einem heiligen Spechtvogel (Picchio) folgten. Daraus entstand der Name des Volksstamms der Picener. In der Folgezeit entwickelten sich vor allem Handelsbeziehungen zu Rom, was sich im Ausbau der **Via Salaria** widerspiegelt. Erstmals prallten Römer und Picener 299 v. Chr. militärisch aufeinander. Unterworfen wurde Ascoli jedoch erst in zwei Schlachten 269 und 268 v. Chr. Immer wieder versuchte die Stadt erfolglos, sich aus den Klauen des Römischen Reiches zu entwinden. Gerade wegen dieser Unbeugsamkeit wurde Ascoli am Anfang des 5. Jahrhunderts von den Goten gemieden. Erst Toiti-

ANISETTA MELETTI

Im Dom von Ascoli Piceno finden sich zahlreiche Meisterwerke der Renaissance von Carlo Crivelli.

la unterwarf sie 544, wenn auch nur für acht Jahre. 578 übernahmen die Langobarden die Macht und legten hier eine von vier Siedlungen in Italien an. Wichtigstes Zeugnis dieser Periode ist die 1893 entdeckte Nekropole von **Castel Trosino,** 9 km von Ascoli entfernt. Die Funde gehören zu den interessantesten der gesamten Halbinsel und befinden sich zum größten Teil im Museum für Frühmittelalter in Rom.

Mitte des 13. Jahrhunderts wurde Ascoli von Friedrich II. erobert. Im Mittelalter herrschte hier im Gegensatz zu vielen anderen Städten der Marken nicht nur eine, sondern eine ganze Reihe Familien. In dieser Zeit entwickelte sich die Stadt kulturell weiter. Kunst, Handwerk und Architektur der damaligen Zeit hinterließen ihre heute noch sichtbaren Spuren. Während des gesamten Mittelalters beschäftigte Ascoli italienische Künstler, die zu den größten ihrer Zeit gehörten. 1815 wurde die Stadt dem Kirchenstaat einverleibt und 1824 zu einer der sechs Vertretungen des Heiligen Stuhls ernannt. Zum Ende des 19. Jahrhunderts ereilte die Stadt, wie die gesamte Region, das Schicksal der Besetzung durch Napoleon.

Einer der bekanntesten Ascolaner des Mittelalters war »**Cecco d'Ascoli**«, ein Astrologe und Arzt, über den es leider mehr Sagen als überlieferte Fakten gibt. Sicher ist, daß er viel in Europa reiste und studierte und sich mit der Sternenkonstellation sowie deren Deutung bei Christi Geburt beschäftigte, weswegen er letztlich 1327 verurteilt und verbrannt wurde.

Heute wie einst spielt sich das Leben der Ascolaner vor allem um den wunderschönen Platz **Piazza del Popolo** ab. In ganz Italien wird es schwierig sein, einen so markanten, schönen, gut erhaltenen, aber vor allem nach wie vor lebendigen Stadtmittelpunkt zu finden. Wie die meisten Gebäude ringsum wurde der Platz mit Travertin aus den nahen Steinbrüchen gepflastert. Auf der Piazza laden Cafés unter den Loggien zum Verweilen ein. Zu Zeiten des Römischen Reiches kreuzte sich hier die

Via Salaria mit einer Nord-Süd-Straße. Ende des 12. Jahrhunderts eröffneten an dieser Stelle Handwerker und Händler ihre Geschäfte. Sein heutiges Aussehen erhielt der Platz bereits in der Renaissance.

Auf seiner westlichen Seite befindet sich der grandiose **Palazzo dei Capitani del Popolo,** im 13. Jahrhundert erbaut und von einzigartiger architektonischer Schönheit. Im Laufe der Zeit wurden kleine Änderungen vorgenommen, so ist z. B. die rückseitige Fassade von Cola d'Amatrice entworfen worden. Die Figur über dem Hauptportal stellt Papst Paul III. dar, der einige der umliegenden Burgen an die Stadt zurückgab. In den achtziger Jahren fand man in den Kellergewölben Überreste von römischen Bauten. Im Erdgeschoß befindet sich das Informationsbüro für Touristen.

Nördlich wird der Platz von der monumentalen **Kirche San Francesco** begrenzt. Die gotisch-romanische Kirche wurde zu Ehren des Besuches des heiligen Franz von Assisi im Jahre 1215 auf Initiative der Franziskaner und nach Plänen des ascolanischen Architekten Antonio Vipera erbaut. Die Bauzeit dauerte von 1258 bis 1549 und dürfte dem für seine Schlichtheit bekannten Franz wohl nicht ganz gerecht werden. Sowohl die Hauptportale an der Via del Trivio als auch die Nebenportale sind pompös und elegant verziert, und die beiden Türme gliedern die Kirche auch von weitem perfekt ins Stadtbild ein. Einst hatte jede reiche Familie in Ascoli ihren eigenen Turm, angeblich waren es über 200. Über dem Portal auf der dem Platz zugewandten Seite thront Papst Julius, der sich um die Stadt verdient gemacht hat. Links davon schließt sich an die Kirche die fünfbögige **Loggia di Mercanti** an, die 1513 fertiggestellt wurde. Sie ähnelt der gleichnamigen Loggia auf der Piazza della Signoria in Florenz. Die Loggia wurde von der Wollweberzunft erbaut und diente ihr als Handelsplatz. Auf ihrer rechten Seite kann man, in einen Travertinblock gehauen, die für die damalige Zeit wichtigen Größenvorgaben für Backsteine, Ziegel und andere Baumaterialien ablesen.

Die Arbeiten Crivellis wurden erst spät »entdeckt«. Heute sind seine Bilder in den großen Museen der Welt zu sehen.

Hinter der Franziskuskirche befinden sich die beiden **Kreuzgänge** »Chiostro Minore di S. Francesco« und »Chiostro Maggiore di S. Francesco«, letzterer wird im Volksmund als Gemüsekreuzgang bezeichnet. Hier findet an jedem Werktag ein reger Markt statt. In der Mitte beider Kreuzgänge befindet sich jeweils ein gotischer Brunnen.

Gegenüber auf der gleichen Straße befindet sich das **Theater Ventidio Basso,** das 1841 bis 1846 im neoklassizistischen Stil erbaut wurde und 3000 Plätze hat. Erstmals wurde das Theater bereits um 1500 erwähnt, als es noch in den Sälen des Kommunalpalastes untergebracht war. Seinen Namen erhielt es nach dem gleichnamigen römischen Konsul aus dem 1. Jahrhundert n. Chr., dessen Siegeszug auf dem antiken Vorhang dargestellt war. Jedes Jahr finden hier Opern- und Schauspielaufführungen statt.

Folgt man dem Corso in nördlicher Richtung, erreicht man die Piazza Ventidio Basso, auf der sich drei bemerkenswerte Kirchen befinden. Zuerst trifft man auf die Kirche San Pietro Martire, die 1280 erbaut und 1332 nach einem Brand wiederaufgebaut wurde. Das Portal stammt von Giuseppe Giosafatti aus dem 17. Jahrhundert, während das seitliche Portal aus dem Jahre 1523 von Cola d'Amatrice gestaltet wurde.

Auf der Mitte des Platzes steht die wunderschöne romanische »**Chiesa S. Vincenzo e Anastasio«,** an der vom 11. bis ins 14. Jahrhundert gebaut wurde, während einige Teile wie z. B. der Turm bis ins 8.–10. Jahrhundert zurückgehen und die **Krypta** sowie ein Wasserbecken sogar vom vorher bestehenden Gebäude aus dem 6. Jahrhundert stammen. Das Becken fing einst Quellwasser auf, welches der Sage nach heilende Wirkung auf eine Reihe von Krankheiten wie z. B. Lepra hatte.

Wiederum einige Meter nördlich in Richtung der Stadtmauer steht auf einer Terrasse hoch über dem senkrecht darunterliegenden Tronto die kleinere **Kirche San Pietro in Castello.** Dieser Bau aus dem 14. und 15. Jahrhundert ist auf einer Festung aus dem Jahr 1142 errichtet. Da der Fluß an dieser Stelle Wehre bildet, war hier wohl in der Antike der natürliche Zugang zur Stadt, der einer besonderen Sicherung bedurfte. Das war vermutlich auch der Grund, warum die Langobarden diesem Teil der Stadt besondere strategische Bedeutung beimaßen und bevorzugt in diesem Stadtteil wohnten.

Folgt man von hier aus der Stadtmauer in westliche Richtung, gelangt man zum Ponte bzw. zur **Porta Solestà**. Ersterer ist aus der Zeit des Augustus und gut erhalten. Es handelt sich bei der ca. 60 Meter langen Brücke um ein Meisterwerk der römischen Baukunst. Das dazugehörige Tor wurde Anfang des 13. Jahrhunderts erbaut. Der Name Solestà geht wahrscheinlich auf einen Tempel zurück, der dem Sonnengott (Dio Sole) gewidmet war, von welchem allerdings lediglich eine Erwähnung in einem antiken Dokument übrig geblieben ist.

Überquert man erst die Brücke und dann die Umgehungsstraße, kommt man nach ein paar hundert Metern zu der kleinen, halb in den Fels gebauten **Kapelle S. Emidio alle Grotte** (1717–1721). An dieser Stelle soll schon zur Zeit des Römischen Reiches ein Tempel gestanden haben, und im 10. Jahrhundert wurde hier eine Kirche zu Ehren Sant Ilarios errichtet. San Emidio dagegen wurde dem gleichnamigen Heiligen zum Dank dafür gewidmet, daß die Stadt trotz einiger schwerer Erdstöße seinerzeit unversehrt blieb.

Wieder zurück über die Brücke Solestà, findet man gleich hinter dem gleichnamigen Tor in einer der kleinen Gassen auf der rechten Seite den sogenannten **Palazetto Langobardo** mit dem angebauten Schloßturm »**Torre degli Ercolani**« (ca. 40 m hoch). Beide Gebäude stammen aus dem 11. und 12. Jahrhundert und sind die wohl wichtigsten und besterhaltenen Beispiele für die zivile Architektur dieser Zeit.

Das nordwestliche Altstadtviertel lädt zu einem Bummel durch die engen Gassen ein. Das mittelalterliche Stadtbild ist in beeindruckendem Maße erhalten. Außerdem befinden sich hier einige weitere wichtige Kirchenbauten wie die Chiesa di San Giacomo, Santa Maria delle Donne, die Chiesa di San Tomaso und die am westlichen Stadttor gelegene, seltsam anmutende Barockkirche Chiesa degli Angeli Custodi (die Schutzengelkirche), die heute als Auditorium genutzt wird.

Hier steht man auch vor der gut erhaltenen »**Porta Romana«,** einem römischen Bauwerk. Das Tor wurde im 1. Jahrhundert v. Chr. erbaut und war von strategischer Bedeutung, da die Via Salaria, die hier durchführte, mit ihm geschlossen werden konnte.

Die einst begehbare Stadtmauer zieht sich in Richtung Süden zur Festung (Fortezza Pia) hin, deren heute erkennbare Form 1560 auf Wunsch von Papst Pius IV. entstand. Der Hügel als strategische Schlüsselposition war schon seit der Zeit der Picener mit einer Festung bebaut; von der Fortezza Pia sind heute nur noch Bruchstücke übrig geblieben. Nördlich am Fuße des Hügels, in der Nähe der Piazza Cecco d'Ascoli, liegen die in den 30er und 50er Jahren ausgegrabenen Überreste des **römischen Amphitheaters** (ca. 1. Jh. v. Chr. bis 1. Jh. n. Chr.). Der Radius der Anlage beträgt 95 m, und der Bau weist auf einen hohen Grad an Kultur hin, den das römische Volk in dieser Zeit erreicht hatte.

Von hier aus in östlicher Richtung, entlang der Via Dino Angelini, kommt man nach ca. einem Kilometer auf die Piazza Arringo. Zwar lenkt der starke Autoverkehr etwas davon ab, aber hier befinden sich einige der sehenswertesten Gebäude Ascolis. Zur Rechten trifft man auf den **Palazzo Comunale,** der ursprünglich auf die Verbindung zweier Gebäude aus dem 13. Jahrhundert zurückgeht. Am Gebäude selbst wurde in fast jedem Jahrhundert von verschiedensten Architekten gebaut. Lazzaro Giosafatti schuf die gotische Fassade Anfang des 18. Jahrhunderts. Im Innenhof sind Bildnisse von berühmten Bürgern Ascolis ausgestellt, während sich im Inneren die **Pinakothek** (1861 gegründet) befindet. Auf zwei Stockwerken in insgesamt 14 stilgerecht eingerichteten Sälen sind Malereien und Skulpturen aus

allen wichtigen Epochen ausgestellt. Einige wenige Künstler seien hier stellvertretend genannt: Carlo Crivelli, Tiziano, Guercino, Pietro Alemanno, Van Dyck, Paolo da Visso. Außerdem sind auch einige Malereien des großen Architekten Cola d'Amatrice ausgestellt, der ein Anhänger der Malerei Crivellis war. Auch die Abteilung Moderne Malerei ist einen Besuch wert. Im gleichen Gebäude befindet sich die Kommunalbücherei mit vielen antiken Schriften.

Gleich neben dem Palazzo Comunale steht der **Palazzo Vescovile** (16. Jahrhundert) mit dem Diözesanmuseum, in dem Kunstwerke verschiedenster Art verwahrt werden, z. B. Gemälde, Holz- und Travertinskulpturen, Goldschmiedearbeiten und Fresken aus den umliegenden Kirchen. Leider sind die Öffnungszeiten des Museums sehr begrenzt; es empfiehlt sich eine Voranmeldung.

Der Platz wird von der mächtigen **Kathedrale Sant'Emidio** (dem Schutzheiligen für Erdbeben) dominiert, die ursprünglich aus dem 8. Jahrhundert stammte, an der allerdings im Laufe der Zeit erhebli-

Der Ascolaner Karneval, bekannt in ganz Italien.

che Veränderungen vorgenommen wurden. Die imposante Fassade aus Travertinstein wurde Anfang des 16. Jahrhunderts von Cola d'Amatrice entworfen, während der Seiteneingang Vittore Crivelli (dem Bruder des bekannteren Carlo Crivelli) zugesprochen wird. Im dreischiffigen Inneren ist teilweise noch die romanische Struktur des ersten Baues zu erkennen. In einer im rechten Teil der Kirche gelegenen Kapelle hängt ein **Altarbild von Carlo Crivelli,** das zu seinen ganz großen Werken gezählt wird: Die Madonna mit dem Kind auf dem Thron umgeben von Heiligen. Das Bild aus dem Jahr 1472 besitzt noch seinen Originalrahmen, obwohl es erst kürzlich restauriert wurde. In der gleichen Kapelle befindet sich ein silberner Altarvorsatz aus dem 14. Jahrhundert, der in 27 Episoden das Leben Jesu darstellt, der »Paliotto«. Er wird als wichtigstes kirchliches Kunstwerk der frühen Renaissance betrachtet. Im Dom befindet sich noch eine ganze Reihe weiterer wertvoller und interessanter Schätze. Zu besichtigen sind auch die darunterliegenden

Krypten, die man über eine Treppe im linken Kirchenschiff erreicht. Hier sind die Überreste von Sant'Emidio, dem Stadtheiligen und ersten Bischof von Ascoli, sowie eine ganze Reihe weiterer kirchlicher Personen bestattet. Ebenfalls am Platz steht zwischen zwei verkehrsreichen Straßen das **Battisterium.** Das Äußere, im Grundriß quadratisch und oben oktagonal, stammt aus dem 12. Jahrhundert. Das Innere dagegen ist vermutlich älter, aber nicht eindeutig bestimmbar. Im Fußboden sind noch die Reste eines Taufbeckens zu sehen. Das Battisterium gilt als eines der architektonisch interessantesten Sakralgebäude Italiens, auch wenn die eigenartige Lage zwischen den beiden Straßen etwas von seiner Schönheit ablenkt.

Gegenüber dem Kommunalpalast hat das Nationale Archäologische Museum seinen Platz im Palazzo Panichi (14.–15. Jahrhundert) gefunden. Hier werden zahlreiche interessante Funde aufbewahrt, die von der Steinzeit bis ins Mittelalter reichen. Die nennenswertesten sind ein **römischer Mosaikboden** sowie einige Funde aus den langobardischen Nekropolen vom nahegelegenen **Castel Trosino.**

Geht man von hier aus am Battisterium vorbei und biegt direkt dahinter links ab, erreicht man nach wenigen Metern den **Palazzo Bonaparte.** Das Haus, das im 16. Jahrhundert entstanden ist, stellt ein schönes Beispiel für die Renaissancearchitektur der Stadt dar und ist reich an Fassadenschmuck. Etwas unklar ist die Herkunft des Gebäudenamens, der sich auf eine Familie Bonaparte bezieht, die vom 13. bis 14. Jahrhundert eventuell aus geschäftlich-militärischen Gründen in Ascoli weilte. Ein paar Gassen weiter stößt man rechterhand auf das **Museum der modernen Kunst** im Palazzo Malaspina, der im 16. Jahrhundert aus zwei Gebäuden des 14. Jahrhunderts entstand. Sehenswert ist der Brunnen aus dem 15. Jahrhundert im Innenhof.

Bewegt man sich von hier aus zum östlichen Teil des antiken Ascoli, nämlich in die Gegend der Porta Maggiore, trifft man auf zwei weitere wichtige Kirchenbauten, die Chiesa del Carmine und die Chiesa

San Vittore. Letztere weist Spuren aus dem 11., 13. und 16. Jahrhundert auf. Im Inneren zeigen Fresken das Leben des Sant'Eustachio, dem auch die darunterliegende Krypta gewidmet war.

Ein wenig weiter östlich erhebt sich hoch über dem Fluß das »**Forte Malatesta**«, das 1349 von Galeotto Malatesta aus Rimini erbaut wurde, welchem die Ascolaner im Krieg gegen Fermo ihre Truppen anvertrauten. Später, Anfang 1500, entstand hier für kurze Zeit eine Kirche, die jedoch von Papst Paolo III. entweiht, 1543 von dem Architekten Antonio da Sangallo restauriert und in einen Wehrbau umfunktioniert wurde. Direkt unterhalb der Burg kann man die Kopie einer **römischen Brücke** aus dem 1. Jahrhundert v. Chr. bewundern, die aus den Originalsteinen gebaut wurde. Die ursprüngliche Brücke wurde im 2. Weltkrieg von den Deutschen auf ihrem Rückzug zerstört. Ihren Namen, Ponte di Cecco, hat sie wahrscheinlich von einem Architekten, der sie 1349 beim Bau der Burg verstärkte. Dies gab dem Volksglauben Nahrung: Es entstand, in Vermischung mit den Geschichten über **Cecco d'Ascoli**, die Sage, die Brücke sei über Nacht durch Hand des Astrologen unter Mithilfe des Teufels entstanden. Der Glaube daran verstärkte sich noch dadurch, daß man davon überzeugt war, der Teufel wohne auf dem gegenüberliegenden Berg San Marco, wo er sich damit vergnügt haben soll, die dort ansässigen Eremiten und Priester zu verführen.

Die gesamte antike **Festungsmauer** Ascolis ist nahezu perfekt erhalten, und wer sich die Mühe eines Spaziergangs macht, wird auf viele weitere Sehenswürdigkeiten stoßen, wie z. B. die Überreste der einst majestätischen Brücke der Porta Cartara, welche ebenfalls von den Deutschen zerstört wurde. Außerdem gab es hier einst eine Papiermühle. Bereits 1477 hatte der Deutsche Giuliemo de Linis die Buchdruckerkunst in Ascoli eingeführt, also nur ca. 20 Jahre nach der Erfindung von Gutenberg).

In ganz Italien ist der Ascolaner Karneval bekannt, der ohne Alkohol, nur mit vielen Kostümen und guter Laune gefeiert wird.

Die Umgebung Ascolis ist fast genauso reich an Kulturdenkmälern wie die uralte Stadt selbst. Viele der winzigen Dörfchen bergen kleine Schätze oder bieten ein wunderbares Panorama über das Tal, die Monti Sibillini und das Meer (z. B. von der Piazza Belvedere des nördlich gelegenen Spinetoli oder Castorano). Auf den Hügeln der Umgebung werden die berühmten Ascolaner Oliven und ein sehr guter Wein angebaut.

Castel Trosino, in dessen Nähe man 1893 eine wichtige langobardische Nekropole fand, ist in seiner mittelalterlichen Struktur nahezu perfekt erhalten geblieben. Es liegt ca. 6 km von Ascoli entfernt hoch auf einem Travertinfelsen. Jährlich im August finden hier mittelalterliche Kostümfeste statt.

Der nahe Berg **San Marco** ist zu jeder Jahreszeit ein beliebtes Ausflugsziel und lädt zu Spaziergängen mit phantastischem Panorama und im Winter zum Skifahren ein.

FERMO

Dieses im Ausland eher unbekannte »Zentrum« (immerhin ca. 35.000 Einwohner) wartet mit überraschend vielen Sehenswürdigkeiten auf. Wegen seines kulturellen Reichtums und seiner interessanten Geschichte war es im 18. Jahrhundert vor allem für Nordeuropäer ein beliebtes Reiseziel.

Die dominante Lage auf einem Hügel, nur wenige Kilometer vom Meer entfernt, läßt die Stadt bereits auf den ersten Blick imposant erscheinen.

Bereits zur Zeit der Picener (ca. 900 v. Chr.) entstand hier eine Ortschaft, die dann von den Römern unter dem Namen Firmum Picenum ausgebaut wurde. Die Kolonie erfreute sich bereits einer gewissen Selbständigkeit und konnte sogar ihr eigenes Geld prägen. Nach dem Untergang des Römischen Reiches wurde Fermo von Alarich (410 n. Chr.), von Athaulf (413 n. Chr.) und schließlich von Toitila (543 n. Chr.) erobert. In der Folgezeit gelang es den Langobarden, hier ein Herzogtum zu errichten, das mit Spoleto verbunden war. Um das Jahr 1000 wurde Fermo die Hauptstadt der gleichnamigen Mark, die vom Fluß Musone bis nach Pescara reicht. Mit dem Ende von Friedrich Barbarossas Herrschaft wurde es »freie Stadt«. Vom 12. bis 19. Jahrhundert war der Ort immer wieder in Kämpfe verwickelt, sowohl mit den umliegenden Burgen und benachbarten Familien als auch mit überregionalen Konquistadoren wie Francesco Sforza (1433). Während der Besatzung der Franzosen 1797 wurde die »Münze Fermo« geschlossen und auch die Universität aufgelöst. 1815 zogen schließlich die Österreicher in Fermo ein, aber erst 1860 nahmen die Auseinandersetzungen ein Ende, als die Bürger beschlossen, sich dem Vereinigten Italien anzuschließen.

Fermo ist eine der Städte der Marken, in der es einfach schon Spaß macht, bei schönem Wetter durch die engen Gassen zu gehen und das südländische Flair zu genießen. Das Zentrum bildet die **Piazza del Popolo** mit ihren beidseitigen Arkadengängen. Hier befindet sich der Palazzo Comunale, der in seiner jetzigen Form im 15. Jahrhundert erbaut wurde; er ist mit der **Bronzefigur** von Papst Sixtus V. ausgestattet, der ebenfalls Bischof von Fermo war und dem die Stadt den Erzbischofssitz verdankte. In diesem Gebäude befindet sich eine interessante **Gemäldegalerie** mit Werken aus den Marken und aus Venedig. Der Stolz der Sammlung sind acht Holztafeln von Jacobello del Fiore (Geschichte der heiligen Lucia) und ein Rubens aus dessen italienischen Jahren (1608). Aber auch Werke anderer bekannter Künstler wie Andrea da Bologna und Bonomo sind hier zu sehen. Zur Führung durch die Galerie gehört auch ein Blick in den antiken Teil der **Stadtbibliothek,** wo sich ein aus Fabrianopapier gefertigter Globus mit ca. 2 m Durchmesser befindet, der für die Zeit seiner Entstehung (1722 von Amanzio Maroncelli aus Fabriano) erstaunlich genau ist. In dem holzgetäfelten Raum befindet sich nur ein winziger Teil der ca. 400.000 Bände, 200 Handschriften, 600 Inkunabeln und 15.000 Druckwerke aus dem 16. Jahrhundert, sowie auch einige tausend Stiche und Zeichnungen. Der Hauptteil dieser Schriften wird im **Palazzo degli Studi** gelagert, der durch einen Bogengang

Römische Ausgrabungen in Ascoli.

mit der antiken Bibliothek verbunden ist. Die Fassade dieses Palastes, in dem sich die im 19. Jahrhundert geschlossene Universität befand, wird von einer Jungfrau Maria von Paolo da Venezia geschmückt. In der ganzen Stadt wiederholen sich die Zeugnisse für die überaus enge Verbundenheit Fermos mit Venedig. Dies läßt sich durch das gemeinsame Verteidigungsinteresse erklären, das die handeltreibenden Städte des Golfs von Venedig hatten.

Rechts neben dem Palazzo Comunale residierten seit Anfang des 16. Jahrhunderts die Vertreter des Papstes. Hier im komplett restaurierten »**Palazzo Apostolico«** befindet sich ein sehr reichhaltiges Archiv mit alten Dokumenten über Fermo und seine Umgebung.

Am anderen Ende der Piazza gelangt man durch einen Bogen zum ehemaligen römischen Warenlager, in dem sich heute das archäologische Museum befindet. Hier kann man picenische, römische und etruskische Funde betrachten. Zu Besichtigungen in der Nebensaison, sowohl des Museums als auch der »römischen Zisternen«, sollte man sich an den Palazzo Comunale oder das rechts daneben liegende Büro der APT wenden.

Die **Zisternen,** auch fälschlich römische Bäder genannt, befinden sich ein paar Dutzend Meter westlich der Piazza, unterhalb der dort später erbauten Häuser. Diese 30 unterirdischen Räume aus dem 1. Jahrhundert n. Chr. sind ca. 2400 m² groß. Die wasserfesten Backsteine für den Bau wurden eigens aus der Toskana importiert. Die Anlage diente der Klärung des Trinkwassers. Hier wurde auf geniale Weise Quellwasser gesammelt und frisch gehalten, so daß der städtische Wasserbedarf und der des ca. 7 km entfernten Hafens gedeckt wurden. In der Vergangenheit wurden die künstlichen Grotten zu allen möglichen Zwecken genutzt: als Weinkeller, Abstellraum, Müllhalde und Bombenschutzkeller. Nach dem 2. Weltkrieg wurden bis 1980 einige Räume wieder ihrer ursprünglichen Bestimmung zugeführt und dementsprechend renoviert. Allerdings befinden sie sich nach 20 Jahren bereits in einem schlechteren Zustand als die unrenovierten ca. 2000 Jahre alten originalen Zisternenzellen.

Oberhalb des heutigen Stadtzentrums steht der von Parkanlagen umgebene **Dom** auf der **Piazza Girfalco.** Von hier genießt man unter dem Schatten von Pinien einen traumhaften Meerblick. Das monumentale Gotteshaus ist pompös ausgestattet und wurde 1227 von Giorgio da Como gebaut. Die Fassade von Palmieri stammt aus dem Jahr 1348. Sie ist reich geschmückt, hat schwere Bronzetüren von Sergiacomi und wurde aus istrischem Marmor gebaut. Das Innere weist unzählige, interessante Details auf. So sind noch viele Spuren des vorherigen Kirchenbaus aus dem 5. Jahrhundert zu sehen, eines der ältesten Zeugnisse dieser Art in den Marken. Im Dom wird unter anderem ein Meßgewand des Thomas von Canterbury verwahrt.

Auf der gegenüberliegenden Seite des Platzes steht die Statue des hl. Savino, hier befinden sich auch die Mauerreste der ehemaligen Burg Girfalco.

Biegt man in die Via Mazzini ein, erreicht man das **Teatro dell'Aquila,** 1780–1790 erbaut und 10 Jahre später nach einem Brand wiederaufgebaut. Im Inneren befindet sich ein Fresko von Luigi Cochetti.

Verläßt man den Platz Girfalco in nördlicher Richtung, kommt man zu den Relikten eines **römischen Theaters,** dessen ansehnlichste Teile in den Kellern der Sparkasse lagern, und sodann an einen kleinen Platz mit dem »**Torre dei Matteucci«,** einem Turm aus dem 13. Jahrhundert mit dem Wappen der gleichnamigen Familie. Hier beginnt der Corso Cavour, der von schönen **Adelspalästen** gesäumt ist. Hier lassen sich Gebäude mit malerischen Innenhöfen oder einfachen Fassaden von bekannten und unbekannten Baumeistern entdecken (heute sind hier viele private und staatliche Institutionen untergebracht). Die Palazzi Azzolino und Vitale Rosati gehen beide auf Entwürfe von Antonio da Sangallo zurück. Der Palazzo Sassatelli aus dem 18. Jahrhundert, heute Sitz der Sparkasse, beherbergte zu Zeiten der französischen Besatzung Eugène Beauharnais und Jérome Bonaparte. Der Palazzo Paccarone aus dem 17. Jahrhundert springt wegen seines reichen Barockportals ins Auge.

Der Corso Cavour mündet in den Largo Fogliani, einem kleinen Platz. Hier treffen wir auf die romanische **Kirche San Zenone,** die durch ihren Portalschmuck aus dem Jahr 1186 und den Kirchturm auffällt. Das Innere wurde im 18. Jahrhundert restauriert. Gegenüber der Kirche befindet sich der **Palazzo Fogliani** aus dem 15. Jahrhundert mit Fenstern in gotisch-venezianischem Stil.

Von den zahlreichen anderen Kirchen Fermos sind sicher sehr viele sehenswert, und es sei dem Leser überlassen, diese selbst zu entdecken.

Um die Altstadt herum ist nach wie vor ein Großteil der Stadtmauer und der Verteidigungstürme erhalten.

Verläßt man die Altstadt in Richtung Porto San Giorgio, liegt nach einigen hundert Metern auf der rechten Seite die **Villa Vitali,** ein herrlicher Adelssitz mitten in einem alten Park, der zum Verweilen einlädt. Hier werden im Sommer Festivals abgehalten, gleichzeitig beherbergt die Villa das **Polarmuseum** Silvio Zavatti. Die ausgestellten Gegenstände hat der gleichnamige Forscher von seinen Polarexpeditionen (1959–1969) mitgebracht; sie sind sicher einmalig in ihrer Art. Außerdem soll hier demnächst der 1996 in Fermo niedergegangene Meteorit der Öffentlichkeit zugänglich gemacht werden.

San Benedetto

Die Hafenstadt gehört mit fast 50.000 Einwohnern zu den wenigen Zentren der Marken, und hier ist vergleichsweise viel Industrie angesiedelt. Der Fischereihafen zählt zu den großen Italiens, und die

Die berühmte Palmenpromenade in San Benedetto.

Flotte zieht bis weit vor die Küste Afrikas. In den heimischen Gewässern wird trotz starker Bedenken des Umweltschutzes leider noch immer mit Schleppnetzen gearbeitet. Täglich findet im Hafen ein großer Fischmarkt statt, ein wichtiger Umschlagplatz für ganz Italien. Andere wirtschaftliche Schwerpunkte sind die Werften, die Herstellung von Baumaterialien und der Strandtourismus. Vor allem letzterer ist in den vergangenen Jahrzehnten stark angestiegen. Zahlreiche Restaurants laden zum Genuß von Meeresfrüchten ein, und die berühmte **Palmenpromenade** »Lungomare«, fast 10 km lang, wird vor allem von jungen Leuten frequentiert.

Ihren Wohlstand seit altersher hat die Stadt nicht zuletzt ihrer Lage nahe der römischen Via Salaria, der Salzstraße, zu verdanken, die die Gegend schon früh für den Handel erschloß.

LORO PICENO

Die kleine und ruhige Ortschaft hat eine gut erhaltene mittelalterliche Struktur mit vielen winzigen Gassen, die nur zu Fuß zu passieren sind. Die Häuser, meist aus Sandstein, sind aneinander gebaut und mit erstaunlich vielen Brückengängen in den ersten Stockwerken versehen. Man hat, wie oft in den Marken, das Gefühl, daß sich nie ein Tourist hierher verirrt.

Der Komplex des Castello dei Brunforte aus dem 13. Jahrhundert, der aber später mehrfach restauriert wurde, liegt dominant auf der Spitze des Hügels. Vom angrenzenden Park genießt man im Schatten der alten Bäume ein eindrucksvolles Panorama.

Direkt daneben befindet sich der »**Torre della Victoria**« aus dem 13. Jahrhundert. Er wurde 1918

Liebevolle Details bieten zahllose Fotomotive.

von den Einwohnern aus Anlaß des Kriegsendes so benannt.

Neben der Kirche San Francesco (1372) befindet sich heute ein kleines Krankenhaus, in dessen Innenhof (1430–1432) sich ein Blick lohnt.

MASSA FERMANA

Der winzige Ort war einst strategisch sehr wichtig und gehörte bis 1327 der Familie Brunforte. Die ehemalige Festung lag zwischen den römischen Zentren Urbisaglia und Falerone.

Von der ehemaligen Anlage sind lediglich die **Porta San Antonio** mit ihren Zinnen und die sehr schöne Doppelloggia geblieben.

Geht man durch sie hindurch, erreicht man etwas höher die Kirche San Silvestro, in der sich ein **Altarbild** von Carlo Crivelli von 1468 befindet, das seine erste dokumentierte Arbeit in den Marken und der Stolz der Gemeinde ist.

Im Rathaus ist eine **Gemäldegalerie** untergebracht, in der der Kunstliebhaber noch einmal fündig wird. Werke von Perugino, Vincenzo Pagani und Andrea de Magistris sind hier ausgestellt.

Der nahegelegene Monte Salio mit einem verfallenen Franziskanerkloster lädt zu Spaziergängen ein.

MONTEFORTINO

Wie das nahe Amandola ist auch das winzige Montefortino römischen Ursprungs, deklarierte jedoch schon 1084 eigene Statuten als Stadtgemeinde. In den folgenden Jahrhunderten unterstand der Ort erst den heutigen Comunanza und später im 15.

Thront auf einem steilen Felsvorsprung: Die Kirche Santa Maria della Rocca in Offida.

Jahrhundert der Familie Varano aus Camerino. 1420 wurde der Ort von Antoine de la Salle besucht. Jener wollte der Sage der Sybille auf den Grund gehen und fertigte nebenbei eine Karte der Umgebung an. Die kommunale **Pinakothek** beherbergt viele Werke von Fortunato Duranti (diese wurden vom Maler selbst gespendet), Gemälde von Pietro Alemanno und von Pier Francesco Fiorentino. Unter den zahlreichen Kirchen des Ortes sind vor allem San Michele, San Francesco (15. Jahrhundert mit Rosenkranzmadonna von Simone de Magistris) und San Agostino (13. Jahrhundert, Glockenturm 16. Jahrhundert) interessant.

Einige Kilometer entfernt, am Bach Ambro, steht etwa seit dem Jahr 1000 die Wallfahrtskirche »Madonna dell Ambro«. Mittelpunkt der Verehrung ist hier eine **Terrakottafigur** des 16. Jahrhunderts sowie zahlreiche Fresken im Inneren. Hier soll der Sage nach die Mutter Maria einem stummen Hirtenmädchen zugelächelt haben, woraufhin das Mädchen wieder sprechen konnte.

MONTEMONACO

Die winzige Gemeinde befindet sich am Fuße der Monti Sibillini, wo die Sagen um die Sybille und den römischen Statthalter Pontius Pilatus lebendig waren und wohin sich vor allem die Benediktinermönche zurückzogen. Ihnen ist auch die Urbarmachung der einstigen Wald- und Sumpfgebiete zu verdanken. Gegen Ende des 13. Jahrhunderts schloß sich eine Reihe kleinerer Feudalherren der Umgebung auf dem »Mönchsberg« zusammen, um sich besser verteidigen zu können. Als Papst Leo X. 1520 das umliegende Gebiet als öffentliches Weideland frei gab, hatte dies eine sehr positive Auswirkung auf die wirtschaftliche Entwicklung des Ortes. Montemonaco wird heute touristisch stark frequentiert. Dies hängt nicht zuletzt mit den nahegelegenen beliebten Ausflugszielen Monte Sibilla und Monte Vettore zusammen (Startpunkt ist meist die 8 km entfernte Fraktion Foce). Das **Rathaus** von Montemonaco wurde 1549 auf Verlangen des Kardinal Farnese erbaut. Der danebenstehende Turm geht hier bereits auf das 14. Jahrhundert zurück. Ein wenig höher gelegen befindet sich die **Kirche SS. Benedetto e Biagio** mit einem sehr schönen Portal. Im Inneren findet man ein Fresko aus der Schule Crivellis, ein Holzkruzifix aus dem 15. Jahrhundert, einen silbernen Reliquienschrein (1606) sowie ein Gemälde aus dem 17. Jahrhundert.

Am tiefer gelegenen See von Gerosa steht die kleine **Kirche San Giorgio all'Isola** (9. Jahrhundert) mit interessanten byzantinischen Fresken und einem schönen Glockenturm.

MONTE SAN GIUSTO

Der Ort mit seinen ca. 7000 Einwohnern lebt fast ausschließlich von der Schuhproduktion.

Nennenswert ist hier vor allem die Kirche Santa Maria in Telusiano, in der ein absolutes Meisterwerk des venezianischen Malers Lorenzo Lotto, Die Kreuzigung (1531), aufbewahrt wird. Das 4,50 m x 2,50 m große Gemälde wurde bereits zweimal restauriert und ist außergewöhnlich schön.

MONTERUBBIANO

Das malerische Monterubbiano zählt ca. 2500 Einwohner und liegt etwa zwölf Kilometer von der Adriaküste entfernt auf einem 450 m hohen Hügel. Funde aus der Steinzeit weisen auf eine frühe Besiedlung hin, während der Römerzeit nannte man den Ort Urbs Urbana. Von den Goten im 5. Jahrhundert zerstört, bauten ihn die Benediktiner wieder auf. Kaiser Friedrich zerstörte ihn im Jahr 1176 aufs neue. 1446 fiel er an den Kirchenstaat. Heute ist

Monterubbiano ein ruhiges Städtchen, das überwiegend von Landwirtschaft und Kleinindustrie lebt. Obwohl Monterubbiano eine eher kleine Gemeinde ist, ist sie reich an kirchlichen Schätzen.

Sehenswert sind der Palazzo dei Segreti sowie die Reste der Stadtmauer.

Das nicht weit entfernte Moresco (ca. 650 Einwohner) gehört heute zu Monterubbiano und besteht aus einer antiken Burganlage mit zwei Türmen, deren Charakter weitgehend erhalten blieb.

Der winzige Platz im Dorfinneren wird südlich von einer Loggia begrenzt, in der ein Fresko von Vincenzo Pagani (1490–1568, geb. in Monterubbiano) zu sehen ist.

OFFIDA

Das mit ca. 5000 Einwohnern mittelgroße Städtchen liegt auf einem Hügel nördlich des Trontotales. Die Ortschaft ist nicht nur wegen ihrer antiken Altstadt bekannt, sondern auch wegen ihrer kleinindustriellen, handwerklichen und landwirtschaftlichen Bedeutung.

Der Ort war bereits sehr früh besiedelt und wurde von den Römern ausgebaut. Der Name Offida stammt vom etruskischen Wort Ophyte ab. Das Dorf gehörte im 11. Jahrhundert zum Lehnsgut von Farfa, während es sich im 13. und 14. Jahrhundert zur freien Stadt entwickelte, die meist mit Fermo verbündet in Auseinandersetzungen mit Ascoli lag.

Besondere Bedeutung hat in Offida die Klöppelarbeit, ein von Frauen verrichtetes Handwerk, das hier seit Anfang des 16. Jahrhunderts Tradition hat. Es waren jüdische Händler, die die hiesigen Waren im 17. Jahrhundert aus den Marken ausführten und dem Ort Ruhm einbrachten. Geht man an warmen Tagen durch die Altstadt, sieht man die Frauen noch heute mit unglaublich flinken Fingern die verschiedensten Motive herstellen.

Das antike Stadtzentrum ist vom neueren Teil getrennt und blieb somit weitgehend erhalten. Da man sich dem Zentrum nur von Norden her nähern kann, erblickt man zuerst die Reste einer **Festung,** die 1493 von dem Florentiner Baccio Pontelli erbaut wurde. Ist man bis auf die Piazza vorgedrungen, fällt einem sofort der Palazzo Comunale auf. Der Bau aus dem 13. und 14. Jahrhundert wird durch einen eleganten Säulengang, der im 15. Jahrhundert angefügt wurde, aufgewertet. Im Inneren befindet sich das **archäologische Museum** mit interessanten Funden aus der Umgebung, z. B. Grabgaben aus dem 7. bis 5. Jahrhundert v. Chr. Außerdem hängen hier Gemälde von Pietro Alemanno (1490) und Simone de Magistris (1590). Leider variieren die Öffnungszeiten des Museums und der **Kirche Santa Maria della Rocca** sehr, so daß man sich besser vorab nach dem Einlaß erkundigt. Letztere gehört ihrer architektonischen Schönheit und ihrer prägnanten Lage wegen zu den sehenswertesten Kirchenbauten der Marken. Sie steht, scheinbar gewagt, auf einem steilen Felsvorsprung, so daß das dahinter liegende Tal eine eindrucksvolle Kulisse abgibt. Das gotisch-romanische Backsteingebäude wurde 1330 wiederaufgebaut, und die Fresken aus der Bologneser Schule entstammen ebenfalls dieser Periode. Die Fresken der Absiden schreibt man dagegen dem Maler Marino Angeli aus Montalto Marche zu, der sich 1423 in Offida aufhielt. Der Mittelaltar besteht aus einem römischen Sarkophag. Unter dem Gebäude befindet sich eine stimmungsvolle und sehenswerte Krypta, die zeitweise für Kunstausstellungen verwendet wird.

Eine weitere Besonderheit von Offida ist der Karneval, der hier nach antikem Brauch gefeiert wird. Ein Stier aus Papier (in dem sich zwei Personen befinden) wird nach einem Umzug von den Teilnehmern auf der Piazza »erlegt«.

PORTO SAN GIORGIO

Der mittelgroße Badeort mit 16.000 Einwohnern war einst ein Fischerdorf. Im 11. Jahrhundert wurde Porto San Giorgio zum Schutz vor türkischen Piraten befestigt, und 1267 ließ der Gouverneur von Fermo und spätere Doge von Venedig, Lorenzo Tiepolo, die gleichnamige Burg erbauen. Später wurde das Verteidigungssystem perfektioniert, während der Besetzung durch Napoleon wurde der Ort autonom. Bonapartes Bruder, Jérome, wählte Porto San Giorgio zu seinem Urlaubsdomizil.

Der antike Stadtteil liegt westlich der Superstrada um die Kirche San Giorgio herum, wo sich auch ein alter Uhrenturm befindet. Eine Treppe führt hinauf zur alten Festung, **Rocca Tiepolo,** die gerade restauriert wird und verhältnismäßig gut erhalten ist. Folgt man von hier aus der ansteigenden asphaltierten Straße für einige Kilometer, wird man mit einem herrlichen Ausblick belohnt.

Kehrt man dagegen die Straße nach Fermo überquerend zurück, erreicht man zuerst das kleine **Theater** (1817) mit interessanten Fresken von Sigismondo Nardi im Inneren. Nach ein paar hundert Metern gelangt man an die **Villa Bonaparte,** Urlaubssitz von Jérome, und heute in Privatbesitz.

Direkt darüber befinden sich die wenigen Überreste des **Castel San Giorgio.**

Im Rathaus mit seinem Turm aus dem 18. Jahrhundert hängt ein Gemälde von Gandolfi. Schlendert man durch die Gassen des alten Stadtteils, bekommt man einige gut erhaltene antike Fischerhäuser und Patriziervillen zu sehen.

Verläßt man die Gemeinde entlang der Landstraße nach Süden, kommt man direkt an der Chiesa Santa Maria al Mare aus dem 14. Jahrhundert vorbei.

Alljährlich Mitte Juli feiert Porto San Giorgio das Fest des Meeres mit seiner »Riesenpfanne«, dann mühen sich die Köche der Umgebung mit einer Pfanne ab, die 5 m Durchmesser mißt und 2500 kg schwer ist.

Fährt man 5 km weiter in Richtung Süden, kommt man zur Ortschaft **Torre di Palme,** einem wunderschönen alten Dorf in einer noch schöneren Panoramalage. Die Struktur des Ortes ist vollständig erhalten, und es befinden sich hier einige interessante Häuser und Kirchen. Vor allem die Kirche San Giovanni Battista aus dem 10. Jahrhundert und die Kirche San Agostino stechen hervor. Unterhalb des Dörfchens

liegt der Naturpark von Cugnolo, der wegen seines ursprünglichen Mittelmeerbewuchses interessant ist.

RIPATRANSONE

Die kleine Stadt liegt 500 m hoch auf einem der höchsten Hügel der Umgebung. Mit einer Entfernung von nur 12 km bis zum Meer hat man von hier aus ein phantastisches Panorama von der Küste bis zu den Monti Sibillini. Die wirtschaftlichen Schwerpunkte liegen in der Landwirtschaft und dem Tourismus. In den Hügeln zwischen Ripatransone und Offida werden die Trauben für den exzellenten **Rosso Piceno Superiore** angebaut, weshalb der Ort 1994 zusammen mit fünf anderen Städten der Marken, den Titel »Stadt des italienischen Weines« verliehen bekam. Sich selbst hat sie zur Stadt der Kunst ernannt, und tatsächlich wartet die Gemeinde jährlich mit ungewöhnlich vielen kulturellen Veranstaltungen auf.

Erstmalig wurde der Ort um 900 erwähnt, als die Familie Transone vom Bischof von Fermo die Feudalherrschaft über die Gegend verliehen bekam. 1086 waren dem Ort vier Burgen der Umgebung zugesprochen worden, und bereits 1205 wurde er freie Gemeinde; eine der ersten in Italien. 1357, nach einer kurzen Besetzung durch die Familie Malatesta aus Rimini, erhielt der Ort seinen heutigen Namen Ripa Transonum. Ein Jahrhundert später (1434–1443) wurde er von Francesco Sforza eingenommen. 1571 wurde die Gemeinde von Papst Pio V. zur Stadt und zum Bischofssitz ernannt; der Bau der Kathedrale begann.

Der romanisch-gotische **Palazzo del Podestà** wurde 1304 fertiggestellt und in den folgenden Jahrhunderten erweitert. In seinem Inneren ist das Theater Mercatini untergebracht.

Der **Palazzo Municipale** wurde Ende des 17. Jahrhunderts wiederaufgebaut. Hier sind eine reichhaltige **Bibliothek** (Pergamente von 1216, Notararchiv ab 1420, ca. 10.000 Bände etc.) und das archäologische Museum untergebracht. Letzteres beherbergt picenische Funde aus dem 6. Jahrhundert v. Chr., die, wie so oft in diesen kleinen Museen, von den Bauern auf den

Feldern gefunden wurden. Dies geschah zumeist, als die Modernisierung in der Landwirtschaft Einzug hielt und der Acker mit den Maschinen tiefer bearbeitet werden konnte. Wissenschaftlich werden diese Funde im allgemeinen nicht anerkannt, was ihren kulturellen Wert jedoch nicht mindern sollte.

Im **Palazzo Bonomi-Gera,** der Ende des 17. Jahrhunderts von Lucio Bonomi erbaut wurde, ist neben einer **Pinakothek** mit breit gefächertem Angebot eine Sammlung von ca. 100 Gipsskulpturen des Ripatransoner Künstlers Uno Gera untergebracht. Unter den über tausend Malereien der Pinakothek befinden sich einige interessante Werke u. a. von Vittore Crivelli, De Carolis und della Robbia.

Einen kuriosen Rekord stellt die angeblich schmalste Gasse Italiens dar, die nur 43 cm breit ist.

In der Altstadt befindet sich eine ganze Reihe schöner Palazzi. Einer davon, östlich der Piazza gelegen, war einst Wohnsitz von Ascanio Condivi, Freund und Biograph von Michelangelo Buonarotti.

Am ersten Sonntag nach Ostern findet das Fest des »Feuerpferdes« statt.

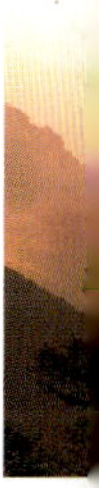

Tourenvorschläge

Die empfohlenen Touren beziehen sich jeweils auf einen ganzen Tag, es wurde jedoch versucht, genügend Spielraum für persönliche Änderungen zu lassen. Auf den hier erwähnten Strecken kommt man mit ca. 60 km/h vorwärts.
Als Basis zur Erkundung der nördlichen Marken empfiehlt sich Urbino, von hier kann man in Tagesausflügen die Umgebung bequem erkunden.
Für Urbino sollte man mindestens einen ganzen Tag reservieren, um genug Zeit zu haben, den Palazzo Ducale zu besichtigen. Streifzüge durch das größtenteils sehr dünn besiedelte Montefeltrogebiet im Nordosten mit seiner abwechslungsreichen, oftmals sehr kargen und gebirgigen Landschaft, die weitgehend frei von industrieller Ansiedlung ist, lohnen sich sehr.

Urbino – Sassocorvaro – Piandimeleto – Frontino – Carpegna – S. Leo – Pennabilli

Von Urbino aus geht die Tour über Ranciglione und Pieve di Cagna auf einer gebirgigen, landschaftlich sehr schönen Straße in Richtung Sassocorvaro, das über dem Stausee liegt und wo sich eine Besichtigung der schiffähnlichen Festung anbietet. Über Lunano geht die Reise weiter nach Piandimeleto mit seinem Kastell, dann über Frontino, einem kleinen Ort mit engen Gäßchen, nach Carpegna, das über 700 m hoch liegt. Auf einsamer Straße hält man sich nun in Richtung S. Leo, über Ponte Cappucini und Villagrande, und sieht schon von weitem die Festung auf einer Felsnase über dem Marecchia-Tal aufragen. Die Besichtigung der Burganlage und des kleinen Ortes von S. Leo beansprucht einige Stunden. Wenn auf dem Rückweg noch Energie vorhanden ist, bietet sich der Weg über Pennabilli an, das man mit seinen beiden Hügeln schon von weitem im Tal liegen sieht.

Urbino – Urbania – Piobbico – Cagli – Gola di Furlo – Fossombrone

Von Urbino aus erreicht man auf einer Straße über die Hügel in Kürze Urbania, wo ein Streifzug durch die Altstadt mit Besuch des Palazzo Ducale, der Sommerresidenz der Montefeltro, empfehlenswert ist. Weiter geht es nach Piobbico mit einer Besichtigung des interessanten Burgkomplexes Brancaleone und des kleinen uralten Stadtteils unterhalb der Burg. Von hier aus fährt man auf einem gebirgigen Sträßchen über die Ortschaften Cardella und Secchiano nach Cagli zu einem Besuch des Palazzo Comunale und einem Stadtbummel. Auf der anschließenden Fahrt nach Fossombrone durchquert man die düstere Gola di Furlo, wobei sich zuvor ein Abstecher nach links zur Kirche San Vincenzo al Furlo anbietet. In Fossombrone erschließt man sich das sehr schöne alte Städtchen zu Fuß – den Hang zum Corte Alta erklimmend. Anschließend, auf der Straße Richtung Fano, ist dem archäologisch Interessierten ein Besuch der Ausgrabungsstätte Forum Sempronii zu empfehlen, wobei man ein paar Schritte auf den freigelegten Pflastersteinen der alten Via Flaminia tun kann.

Senigallia – Ancona

Beim vormittäglichen Bummel durch die Altstadt von Senigallia sollte man sich einfach ein bißchen durch die Gassen treiben lassen. Keinesfalls sollte man versäumen, die Rocca Rovarese zu besichtigen – dafür mindestens eine Stunde einrechnen. Gegen Mittag fährt man auf der Landstraße in Richtung Ancona. In einem der Badeorte, die auf der Strecke liegen, läßt sich leicht ein Restaurant finden (in den Wintermonaten etwas problematisch), in dem man das für diesen Küstenstreifen typische Brodetto zu Mittag essen kann. Nach einem Kaffee ist es verkehrstechnisch der beste Moment, sich in das Hafengebiet von Ancona vorzuarbeiten. Hier sollte man das Auto parken, um den Rest des Tages das angrenzende Altstadtgebiet und die Sehenswürdigkeiten des Hafens zu Fuß zu erforschen.

Fabriano – Grotte di Frasassi – Jesi

Die Route beginnt im Papiermuseum von Fabriano, dessen geleitete Führung ca.1 1/2–2 Stunden dauert. Von hier aus geht es über eine kleine, aber direkte Straße in Richtung Norden zu den Höhlen von Frasassi. In den Sommermonaten muß man eine Stunde Wartezeit einplanen, vor allem wenn man einen deutschsprachigen Führer wünscht. Die Führung durch die Höhlen selbst dauert ca. zwei Stunden. Danach geht die Fahrt vorbei an der Gola della Rossa, Cupramontana, Maiolati, Castelbellino nach Jesi. In einer der Ortschaften kann man zu Mittag essen und ein Glas des hiesigen Verdicchio-Weines probieren. In Jesi sollte man vor allem nach einem gemütlichen Bummel durch die Altstadt die Pinakothek besuchen.

Cingoli – San Severino – Tolentino – Castello della Rancia – Treia

Diese Strecke ist etwas länger und mit mehr Autostunden verbunden. Von Cingoli, dem Balkon der Marken, fahren wir am gleichnamigen See (wer die Tour abkürzt, kann unterhalb der Staumauer sehr schöne Spaziergänge machen) vorbei nach San Severino. Direkt an der Straße liegen die Reste römischer Thermen. Ein kurzer Besuch auf dem Berg, dem ehemaligen Zentrum San Severinos, lohnt sich. Jetzt geht es auf einer kleinen Landstraße direkt nach Tolentino in die Basilika San Nicola (Öffnungszeiten beachten). Nach der Besichtigung fährt man auf der Landstraße in Richtung Macerata, wo man schon nach ein paar Kilometern am berühmten Castello della Rancia vorbeikommt. Die Burg ist seit einiger Zeit restauriert und zu besichtigen. Über Pollenza geht es weiter zum letzten Besichtigungspunkt, Treia. Hier sollte man den Eindruck genießen, den die Stadt in ihrem gut erhaltenen mittelalterlichen Zustand bietet.

Osimo – Loreto – Porto Recanati – Sirolo – Numana – Conero

Der Ausflug beginnt mit einem Stadtbummel im mittelalterlichen Osimo, wobei man dem Dom San Leopardo ebenfalls einen Besuch abstatten sollte. Über Castelfidardo, der Stadt der »fisarmònica«, geht es nach Loreto bzw. zur Basilika des Heiligen Hauses. Die Kunstwerke, die sich im Laufe der Jahrhunderte hier angesammelt haben, sind es wert, einige Stunden zu verweilen. Am Nachmittag fährt man über Porto Recanati auf der Landstraße am Meer entlang nach Norden. Interessant ist es, wie sich hier die Landschaft ändert und sich zum schönsten Küstenstreifen verwandelt, den die Marken zu bieten haben. Vorbei an den beiden malerischen Küstenstädtchen Sirolo und Numana geht es quer durch den Nationalpark des Monte Conero. Auf der Nordseite der Bergspitze biegt man scharf rechts ab nach Portonovo. Vor allem diese letzte Etappe sollte man sich im August (und erst recht an Augustwochenenden) ersparen, denn dann wimmelt es hier von Touristen und Autos. Oft bekommt man nicht einmal einen Parkplatz.

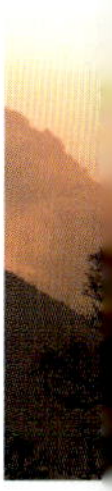

Macerata – Helvia Recina – Recanati – Civitanova Marche

Ein Bummel durch Macerata mit einem anschließenden Besuch des Sferisterios, der Freilichtoper Maceratas, leitet den Tag ein. Verläßt man Macerata über die SS 77 in nördlicher Richtung, kommt man nach einigen Kilometern nach Villa Potenza. Hier befinden sich die Überreste der römischen Stadt Helvia Recina. Weiter auf der SS 77 geht es nach Recanati, der Geburtsstadt Leopardis. Wenn man mit den Öffnungszeiten Glück hat, sollte man einen Blick in die Pinakothek werfen. Wem dagegen der Dichter Leopardi ein Begriff ist, der kann hier ausgiebig auf dessen Spuren wandeln. Von Recanati aus fährt man über die kleinen Ortschaften Montelupone und Montecosaro nach Civitanova Marche. Hier kann man nach einem Strandspaziergang die Fischspezialitäten der Marken probieren.

Ein »Pflicht-
termin« für jeden
Marken-Besucher:
die eindrucksvolle
Festungsanlage
von San Leo.

Matelica – Camerino – Macereto – Fiastra

Matelica ist die Herkunftsstadt des gleichnamigen Verdicchio; es bietet sich daher an, eine Flasche Wein für den Abend mitzunehmen. Sollte das Museum Piersanti geöffnet sein, sollte man die Gelegenheit nutzen und hineinschauen. Über die SS 256, über Castelraimondo, geht es nach Camerino, der kulturellen Hauptstadt des Hinterlandes. Man sollte bei einem Bummel das Flair der Studentenstadt mit seinen mittelalterlichen Gassen auf sich wirken lassen und vielleicht das ein oder andere Museum besuchen. Auch das Panorama auf die südlichen Monti Sibillini ist erwähnenswert. Über Muccia, Pieve Torina fährt man weiter in Richtung Visso. Doch bereits einige Kilometer vor der Bergortschaft, vor einem Tunnel, zweigt eine kleine Straße bei der mittelalterlichen Ortschaft Appenino links ab. Von hier aus begibt man sich zum Santuario di Macereto, welches sich – herrlich gelegen – zu einem Picknick anbietet. Folgt man der Straße in Richtung Cupi, kommt man am See von Fiastra heraus, wo man an einem heißen Nachmittag ein Bad nehmen kann. Die Umgebung lädt zu schönen kleinen Wanderungen ein.

Fermo – Torre di Palme – Cupra Marittima

In Fermo läßt sich ein Vormittag wie im Flug verbringen. Die Altstadt selbst ist für sich schon sehr sehenswert; darüber hinaus natürlich auch das Museum, der Dom oder die römischen Zisternen. Zur Mittagszeit geht es zu dem winzigen Ort Torre di Palme, der ca. 10 km südöstlich von Fermo nicht weit vom Strand entfernt und auf einem Hügel liegt. Es bietet sich an, hier zu Mittag zu essen und ein wenig zu verweilen. Entlang der Adriastraße geht es dann weiter bis nach Cupra Marittima. Hier hat vor allem das teils verlassene Altstadtzentrum auf dem Hügel eine besondere Atmosphäre. Außerdem gelangt man von hier aus direkt in die angrenzenden und erhöht liegenden Wälder und Felder, die zu einem Spaziergang einladen.

Ripatransone – Grottamare – San Benedetto – Ascoli

Ripatransone, selbst ernannte Stadt der Kunst, bietet, genau wie unser nächstes Ziel Grottamare, ein gut erhaltenes Altstadtzentrum und ein wunderschönes Panorama auf das Umland. Von Grottamare kommt man fast übergangslos nach San Benedetto. Zwar hat diese Stadt kulturell im Verhältnis zu ihrer Größe relativ wenig zu bieten, dafür kann man hier sehr gut und zu günstigen Preisen einkaufen. Vor allem große Schuh- und Sportgeschäfte haben ein weitgefächertes Angebot. Ein Spaziergang an der berühmten Strandpromenade ist zu jeder Jahreszeit ein kleines Erlebnis. Hier halten sich meist (aber vor allem an Wochenenden) sehr viele junge Leute auf. Natürlich kann man auch sehr gut (meist aber nicht ganz billig) Fisch essen. Von San Benedetto aus geht es über die Autobahn zum 20 Minuten entfernten Ascoli Piceno. Hier sollte man den Rest des Tages damit verbringen, zumindest einen ersten Eindruck von der Stadt zu gewinnen, denn hier gilt es mehr als einen halben Tag zu verbringen. Eine gute Anlaufstelle ist die APT auf der großen Piazza. Man sollte sich hier einige zusätzliche Informationen besorgen sowie vielleicht den einen oder anderen Hinweis auf aktuelle Veranstaltungen.

Visso – Castelluccio – Montemonaco – Amandola

Die Tour beginnt in Visso. Bei einem Spaziergang durch das Städtchen kann man alle möglichen Köstlichkeiten erstehen; Wurstwaren, Pilze, Schafkäse und frische Forellen (aus der Umgebung) gehören zu den Dingen, die Visso in der Welt bekannt gemacht haben. Bald geht es weiter über Castel Sant'Angelo hinauf nach Castelluccio. Wer das erste Mal hier ist, wird sicher überwältigt sein vom Anblick, den diese ungewöhnlichen Hochebenen bieten. Ein kurzer Spaziergang durch den kleinen Ort läßt sich hervorragend mit dem Mittagessen abschließen. Ein kurzer Stop in der Ebene ist dagegen vor allem im Frühjahr

Die »Grotta dei Fraticelli« bei Fiastra.

zu empfehlen, wenn die Wiesen in Blüte stehen. Auf der Straße in Richtung Ascoli Piceno überquert man den Paß »Forca di Presta« und wird ein zweites Mal davon überrascht, wie unterschiedlich zwei benachbarte Täler sein können. Etwa 6 Kilometer nach dem Paß kommt man an eine Straßengabelung. Hier muß man links abbiegen. Die Fahrt geht weiter am östlichen Fuße der Monti Sibillini entlang zu den beiden mittelalterlichen Zentren Montemonaco und Amandola. Wer statt dessen einen Ausflug ins Grüne vorzieht und noch über genügend Zeit verfügt, der kann eine kleine Wanderung in die Schlucht »Gola dell'Infernaccio« in der Nähe von Amandola unternehmen.

Fiastra – Sarnano – San Ginesio – Urbisaglia

Von Fiastra aus geht der Ausflug am gleichnamigen See entlang in Richtung Sarnano. Hinter der Staumauer des Fiastrone befindet sich eine sehr schöne Schlucht mit vielen Höhlen, die zu einer kurzen Wanderung einladen. Die Straße führt dann am Fiastrone entlang und an Monastero vorbei. In Pian di Pieca gelangt man auf die SS 78, die nach Sarnano führt. Nach kurzem Bummel in Sarnano, es gibt einige nette Handwerksbetriebe, Restaurateure etc., geht es wieder zurück nach Pian di Pieca und dann nach San Ginesio. Kunstinteressierte sollten einen kurzen Blick in die Pinakothek werfen. Weiter auf der SS 78 geht es nach Urbisaglia. In der Ortschaft selbst gibt es eine außergewöhnliche kleine Burg zu besichtigen, aber vor allem die Reste der einstigen römischen Stadt unterhalb Urbisaglias sollte man sich nicht entgehen lassen. Wenn man dann noch Zeit hat, kann man 5 km weiter zur Besichtigung der Abbazia di Fiastra fahren.

Die Küche der Marken

Marchegianische Spezialitäten

Die gastronomischen Spezialitäten der Marken sind sehr abwechslungsreich und variieren von Ort zu Ort. Besucher, die einen Eindruck von der Vielfalt der marchegianischen Küche bekommen wollen, müssen in Bewegung bleiben. Schon eine Entfernung von 10 bis 20 Kilometern kann bedeuten, mit ganz anderen Gerichten oder Zutaten überrascht zu werden. Natürlich bestehen die klassischen Leckereien immer aus den vor Ort vorhandenen Grundsubstanzen, was für den reisenden Gourmet bedeutet: Iß den Fisch am Meer und die Trüffel im Landesinneren!

Mit einer Küste, an der sich vier der größten Fischereihäfen des gesamten Mittelmeeres befinden und einem riesigen Nationalpark im Landesinneren, wo die Viehzucht noch beinahe wie vor 100 Jahren betrieben wird, sind die Voraussetzungen für eine gute und abwechslungsreiche Küche ideal. Doch leider sind auch hier durch Modernisierung und Rationalisierung der Landwirtschaft und des täglichen Lebens viele der noch bis in die fünfziger Jahre üblichen Gemüsesuppen und Eintöpfe, die wochentags serviert wurden, verschwunden.

An ihre Stelle traten durch den zunehmenden Wohlstand die Speisen, die früher nur an Sonn- und Feiertagen auf den Tisch gebracht wurden.

Grundsätzlich ist die marchegianische Küche eher einfach und ausgewogen, im Gegensatz zur französischen, die von der Kompliziertheit der Gerichte lebt. Daß die Küche der Marken nicht bekannt ist, liegt hauptsächlich daran, daß die gesamte Region nie sehr stark touristisch gefördert wurde. Und so ist schon mancher Feinschmecker, den es mehr oder weniger zufällig hierher verschlagen hatte, angenehm überrascht worden.

In den Gegenden, die an den Apennin angrenzen, werden oft **Steinpilze** und im Landesinneren der Region Pesaro schwarze sowie die wertvollen weißen **Trüffel** in Verbindung mit Nudeln und

Fleisch verwendet. Da in dieser Gegend auch **Schafzucht** betrieben wird und es in den Wäldern des Bergkamms viele **Wildschweine** gibt, enthält die Speisekarte hier allerlei Gegrilltes, exzellente Wurstwaren und erstklassige Schafkäsesorten. Die unbearbeiteten Weideflächen geben seltenen Kräutern den notwendigen Lebensraum, so daß z. B. einige der bekanntesten mit Kräutern hergestellten Spirituosen Italiens aus der Gegend südlich von Camerino stammen. Nennenswert ist vor allem der Anisschnaps **Mistra Varnelli,** von dem man in Mittelitalien einen Teelöffel dem Café beigibt, um ihm den bitteren Geschmack zu nehmen.

In der Hochebene von Castellucio wird eine einzigartige **Linsensorte** angepflanzt, von der behauptet wird, einige nach Amerika ausgewanderte Mafiosi ließen sich von Zeit zu Zeit einen Sack davon nachschicken. Ebenfalls in den Bergen wird, meist im Winter, eine Polenta zubereitet, die man probiert haben sollte.

In den Hügelgegenden mit Olivenhainen und Weinbergen werden dann oft etwas raffiniertere Gerichte angeboten. Ein Beispiel sind die berühmten **Oliven** Ascolis. Diese füllt man an Stelle des Kerns mit verschiedenen Sorten Hackfleisch oder Trüffelmischungen. Dann werden sie paniert, fritiert und heiß gegessen. Diese Oliven lassen sich ausgezeichnet mit fritierten Cremebällchen kombinieren. Die hierfür geeigneten Oliven wachsen allerdings ausschließlich in der Gegend um Ascoli!

In der Region von Macerata dagegen gibt es den berühmten überbackenen Nudelauflauf **Vincisgrassi,** der nach einem österreichischen General benannte wurde, der eine wichtige Rolle in den Schlachten Napoleons spielte.

Schwein bereichert im gesamten Hügelgebiet vor allem im Winter die Speisekarte, und Gerichte wie **Ciarimbolo** oder die berühmte **Porchetta** (Schweinerollbraten aus dem Ofen) werden nahezu überall angeboten. Speziell zubereiteter Schinken wie der aus Carpegna oder aus Visso ist als Delikatesse über die Grenzen der Marken hinaus bekannt.

Frische Produkte und eher deftige Zubereitung kennzeichnen die Küche der Marken.

Auch am Meer hat, ähnlich wie im Landesinneren, jeder Ort eigene kulinarische Köstlichkeiten, die mit Stolz präsentiert werden. Den sogenannten **Brodetto,** eine Fischsuppe, findet man entlang der gesamten Küste, er unterscheidet sich jedoch von Stadt zu Stadt grundlegend. In der Gegend um Pesaro wird der **Arrosto Segreto** angeboten, eine Mischung frisch fritierter Fische.

Süßigkeiten werden in unendlichen Variationen besonders zu Weihnachten, Karneval und Ostern zubereitet und in aufwendiger Verpackung nach Hause getragen oder verschenkt.

Rezepte

Spaghetti veloci alle vongole

Dieses Gericht läßt sich sehr schnell zubereiten; gutes Gelingen hängt hauptsächlich von der Frische der Muscheln ab!

Zutaten für 4 Personen:
ca. 200 g Venusmuscheln geschält,
3 oder 4 Knoblauchzehen, Petersilie,
Peperoncino scharf, 200 g Tomaten,
Öl und Salz nach Bedarf, Spaghetti

Zubereitung: Öl, Knoblauch und Peperoncino in eine Pfanne geben und kurze Zeit anrösten lassen. Venusmuscheln und Salz beifügen, einige Zeit kochen lassen. Bevor man die Soße vom Herd nimmt, die zuvor halbierten Tomaten sowie Petersilie beifügen und 5 Min. kochen. Die Nudeln (al dente) gut abtropfen lassen und in die Pfanne mit der fertigen Soße geben. Bereit zum Servieren!

Empfohlener Wein: Verdicchio dei Castelli di Jesi

Faraona (Perlhuhn) alle olive

Zutaten für 4 Personen:
1 Perlhuhn (ca. 1,2 kg), 1 mittelgroße
Zwiebel, 2 Gläser Rotwein, 3 reife Tomaten,
100 g grüne Oliven entkernt, etwas gehackte
Petersilie, etwas Mehl, Öl, Salz und Pfeffer
nach Bedarf

Zubereitung: Das Perlhuhn waschen, ausnehmen und in Stücke schneiden. Mit Mehl bestreuen und in einer Pfanne mit dem warmen Öl anbräunen. Salzen, pfeffern und die gehackte Zwiebel beigeben. Zwiebel anbräunen lassen, Rotwein beigeben. Bei starker Flamme köcheln lassen, bis der Wein verdunstet ist. Dann die zerkleinerten Tomaten beigeben. Eine Viertelstunde vor Fertigstellung die zerkleinerten Olivenstücke beimengen. Zum Schluß ein wenig gehackte Petersilie darüberstreuen.

Empfohlener Wein: Rosso Piceno

Stoccafisso all'anconetana

Zutaten für 4 Personen:
1 kg Stoccafisso (Stockfisch, getrockneter Kabeljau) schon gewässert, 4 Sardellen, 2 Stangensellerie, 1 Zwiebel, 2 Karotten, 1 Zweiglein Rosmarin, 1 Glas trockener Weißwein, 1 Peperoncino, Olivenöl Extravergine, 100 g schwarze Oliven, 1 kg reife Tomaten, 1 kg Kartoffeln, Salz nach Bedarf

Zubereitung: Den Fisch säubern, die Gräten herausnehmen und in etwa drei Finger breite Stücke schneiden. Die Hälfte des Stockfisches in eine Kasserolle mit hohem Rand geben. Eine Sellerie, die Zwiebel, Karotten, Sardellen und Rosmarin klein hacken und den Fisch damit bedecken. Der restliche Fisch wird mit in Scheiben geschnittenen Kartoffeln vermengt, mit Salz, Peperoncino und einer gehackten Stange Sellerie abgeschmeckt. Weißwein, Öl und Wasser beifügen, bis alles bedeckt ist. Den Auflauf mit zerkleinerten Tomaten und schwarzen Oliven bedecken und für etwa drei Stunden auf kleinem Feuer kochen lassen. Vor dem Servieren 3–4 Stunden rasten lassen.

Empfohlener Wein: Verdicchio

Agnello alla cacciatora

Zutaten für 4 Personen:
600 g Lamm in dünnen Stücken, 7 Knoblauchzehen, 50 g wilder Fenchel, 1/2 Zwiebel, 3 gehäutete und gehackte Tomaten, 2 Gläser Weißwein, Olivenöl Extravergine, Salz und Pfeffer nach Bedarf

Zubereitung: Lammfleisch salzen und pfeffern, in eine Kasserolle geben, in Öl auf sehr kleiner Flamme anbräunen lassen. Knoblauch, Fenchel und Zwiebel – alles sehr fein gehackt – beifügen. Goldbraun anrösten und mit Wein ablöschen. Den Wein verkochen lassen, Wasser und gehackte Tomaten beifügen. Aufkochen lassen und servieren.

Empfohlener Wein: Rosso Piceno

Gnocchi all'anatra

Zutaten für 8 Personen:
1 Ente, Olivenöl Extravergine, 100 g roher Schinken, 1/2 sehr fein geschnittene Zwiebel, 2 Dosen je ein kg enthäutete Tomaten, Salz nach Bedarf, 30 g Petersilie, 100 g Parmesankäse, 1 kg Gnocchi, 2 Gläser Wein

Zubereitung: Etwas Olivenöl und die gesäuberte, in Stücke geschnittene Ente in eine Kasserolle geben, salzen und bei kleiner Flamme leicht anbräunen. Zwiebel, Petersilie und Schinken – alles klein gehackt – hinzufügen, ein wenig anbräunen lassen und mit Weißwein (am besten ein klassischer Verdicchio) löschen. Sobald der Wein verdunstet ist, die Tomaten beigeben. Sollten diese nicht wäßrig genug sein, bis zur Garung immer wieder etwas Wasser beimengen.

Empfohlener Wein: Rosso Conero

Kulinarische
Vielfalt macht
das Reisen
zum Genuß.

Arrosto di vitello ai porri

Zutaten für 4 Personen:
800 g Filet vom Kalb, 2 Zweige Rosmarin, 3 mittelgroße Stangen Lauch, 2 Löffel Olivenöl, Gemüsebrühe, Muskatnuß, Salz und Pfeffer nach Bedarf

Zubereitung: Lauch putzen und in Scheiben schneiden. Rosmarin mit einem Faden an dem Fleisch festbinden und dieses gleichmäßig in heißem Öl anbräunen, Lauch beifügen und alles für einige Minuten kochen, bis das Fleisch zart ist. Dann mit 2–3 Schöpflöffeln Gemüsebrühe übergießen, mit Muskatnuß abschmecken. Salzen, pfeffern und für 40–45 Min. im Backofen bei 180 Grad braten lassen, dabei immer wieder mit dem Sud übergießen. Rosmarin und Faden entfernen, etwas abkühlen lassen, den Braten in Stücke schneiden und auf einem Teller mit der Soße darüber servieren.

Empfohlener Wein: Rosso Conero

Lenticchie di Castelluccio

Dieses unglaublich einfache Gericht genießt in ganz Mittelitalien einen ausgezeichneten Ruf als Vor- oder Hauptspeise. Wenn möglich sollte man jedoch die Originallinsen (alternativ die von Colfiorito) verwenden.

Zutaten für 5–7 Personen:
200–300 g Linsen aus Castelluccio, 1 Stange Sellerie, 2–3 Knoblauchzehen

Zubereitung: Linsen mit Sellerie und ganzen, geschälten Knoblauchzehen in kaltes Wasser geben (die Wassermenge hängt davon ab, ob es eher ein Gemüse oder eine Suppe werden soll). Je nach Qualität der Linsen (hängt vom Alter und vom Jahrgang ab) 20–60 Min. kochen und erst danach salzen. Keinen Eisenkochlöffel verwenden! Variationen: Zugabe von Steinpilzen zu Beginn des Kochvorgangs oder Zugabe von geröstetem Weißbrot auf die fertige Suppe.

Empfohlener Wein: weißer Tafelwein

Olive Ripiene all'Ascolana

Diese typische und sehr leckere Spezialität aus Ascoli ist in ganz Italien bekannt. Sie wird normalerweise als Vorspeise gereicht. Oft werden die Oliven zusammen mit gleich großen, fritierten Cremebällchen angeboten. Die »Olive Ascolane« findet man nur in den Marken. In Ascoli kann man sie in den Metzgereien fertig kaufen. Man braucht sie nur noch zu fritieren und erspart sich somit die etwas mühevolle Vorbereitung.

Zutaten für 5–6 Personen:
50 grüne Oliven (möglichst groß und in Salzwasser konserviert), 2 Eier, etwas geriebenes Brot, etwas Mehl, Fritieröl

Für die Füllung:
100 g mageres Schweinefleisch,
50 g Kalbfleisch, 1 Zwiebel, 1 Selleriestange,
1 Karotte, 1 Glas Weißwein, 3 Eier, 30 g Butter, eine Handvoll geriebener Parmesankäse, eine Handvoll Petersilie, Muskatnuß, 1 Zitrone

Zubereitung: Zwiebel, Sellerie und Karotte klein hacken, in einer Pfanne mit Öl anbräunen und das in kleine Stücke geschnittene Fleisch beifügen. Wein beigeben und diesen bei großer Flamme verdunsten lassen. Petersilie und Butter dazu, um alles für weitere 20 Min. bei kleiner Flamme kochen zu lassen. Durch den Fleischwolf drehen. Dann die Eier, Muskatnuß, Käse und geriebene Zitronenschale beifügen. Das ganze solange verrühren, bis eine einheitliche Masse entsteht. Oliven entkernen und mit der entstandenen Paste füllen. Zuerst durch das Mehl, dann durch das Ei und zum Schluß durch das geriebene Brot ziehen. Zum Fritieren in eine Pfanne mit heißem Öl geben, bis die Oliven braun und knusprig sind. Gut abtropfen lassen (am besten in Papierservietten legen, die das Öl aufsaugen) und heiß servieren.

Porchetta

Die Porchetta ist eine Art gefüllter Schweinebraten, den man an manchen Tagen in Metzgereien, an »Panini-Buden« und als Vorspeise oder Hauptgericht in Restaurants bekommt.

Zutaten für 5–7 Personen:
1 Spanferkel, 50 g wilder Fenchel,
1 Zweig Rosmarin, Knoblauch, Muskatnuß, Olivenöl, 2 Eßlöffel Vino Cotto (kann durch Cherry oder ähnliches ersetzt werden), trockener Weißwein, Salz und Pfeffer nach Bedarf

Zubereitung: Zwei bis drei Knoblauchzehen, den wilden Fenchel sowie Rosmarin klein hacken und vermischen, mit Salz, Pfeffer und Muskatnuß ausreichend würzen und 2 Eßlöffel Vino Cotto beifügen. Ferkel säubern und von den Knochen befreien, das Innere des Ferkels mit dieser Mischung bestreichen. Das Ferkel auf einen Stock stecken und in eine Kasserolle legen, so daß der Stock auf beiden Seiten des Gefäßes aufliegt. Mit etwas Öl übergießen und ein Blatt Ölpapier darüberlegen. Für 2–3 Stunden in den auf 150 Grad vorgeheizten Backofen. Das Ferkel von Zeit zu Zeit mit trockenem Weißwein bestreichen. Die Porchetta wird kalt serviert.

Empfohlener Wein: roter Tafelwein

Spaghetti alla contadina

Zutaten für 4 Personen:

400 g Spaghetti, 300 g reife Tomaten, 80 g Bauchspeck, 4 Paprika (rot oder gelb, aber nicht grün), 1 Löffel Kapern, 10 grüne Oliven entkernt, 1 Zwiebel, 1 Knoblauchzehe, 1 Büschel Petersilie, 6 Blätter Basilikum, 1/2 rotes Peperoncino, 1 Prise Oregano, 1/2 Glas Olivenöl, 4 Löffel geriebener Pecorino, Salz nach Bedarf

Zubereitung: Paprika waschen und in Streifen schneiden. Zwiebel, Knoblauch, Petersilie und Basilikum hacken. Bauchspeck in kleine Stücke schneiden und zusammen mit dem gehackten Gemüse in Öl auf kleiner Flamme anbraten. Nach etwa 10 Min. die grob geschnittenen Tomaten, Peperoncino, Oregano und Salz beifügen. Den Topf zudecken und ab und zu umrühren. Gegen Ende der Kochzeit die Kapern und zerkleinerten Oliven beimengen. Spaghetti in reichlich gesalzenem Wasser al dente kochen, mit der Gemüsesoße vermischen und mit geriebenem Pecorino servieren.

Empfohlener Wein: Rosso Piceno

Vincisgrassi

Dieses als erster Gang servierte Gericht wurde nach dem österreichischen General Vinzenz von Grass benannt, der in der Schlacht bei Tolentino eine wichtige Rolle spielte. Er soll diese Speise sehr geliebt haben.

> ***Zutaten für 4 Personen:***
> *400 g Mehl, 300 g Spinat, 100 g geriebener Parmesankäse, 80 g Innereien vom Huhn, 50 g Butter, Ragù di Manzo (siehe nächstes Rezept), 1 Trüffel, 2 Eier, Olivenöl und Salz nach Bedarf*

Zubereitung: Den Spinat in wenig Wasser dünsten und anschließend pürieren. Mehl aufhäufen, in die Mitte die Eier, das kalte Spinatpüree, 1 Eßlöffel Öl und eine Prise Salz geben, zu einem Teig verkneten und – wenn nötig – etwas Wasser beifügen. Eine halbe Stunde in einem Tuch ruhen lassen, anschließend nochmals durchkneten und mit dem Nudelholz nicht zu dünn ausrollen. In 8 cm große Quadrate schneiden, die in gesalzenem Wasser gekocht und dann zum Abkühlen auf ein feuchtes Tuch gelegt werden. Die Innereien putzen, in kleine Scheiben schneiden und in etwas Butter mit einer Prise Salz in einer Pfanne bräunen.

Eine Auflaufform mit Butter einreiben und beginnend mit einer Lage Teigblätter abwechselnd Teig und Ragù einschichten. Das Ragù wird hierfür mit Innereien vom Huhn, dem geriebenen Parmesankäse und dünnen Trüffelscheibchen vermischt. Die oberste Schicht wird mit Parmesankäse und reichlich Butter bedeckt. Bei 180 Grad zum Garen in den Backofen. Vincisgrassi werden heiß – mit geriebenem Käse bestreut – serviert.

Empfohlener Wein: Verdicchio di Jesi

Ragù di Manzo alla Marchigiana

Diese Soße kann außer für Vincisgrassi auch als Soße für andere Nudelsorten benutzt werden.

> ***Zutaten für 4 Personen:***
> *500 g Rindfleisch, 60 g Butter, 10 g Mehl,*
> *eine zerkleinerte Mischung aus 15 g Zwiebeln,*
> *einer halben Karotte und einem Stück Fenchel,*
> *Petersilie, etwas Thymian und Lorbeer,*
> *1 Gewürznelke, etwas Brühe, Salz und Pfeffer*
> *nach Bedarf*

Zubereitung: Die Mischung aus Gemüse leicht anbräunen lassen und das durch den Fleischwolf gedrehte Fleisch beifügen. Anschließend unter Rühren das Mehl beimengen und das Fleisch mit der Brühe bedecken. Kräuter und Gewürznelke dazugeben, salzen, pfeffern und garen lassen. Wenn das Gericht fertig ist, Kräuter und Gewürznelke wieder herausholen.

Frostenga

Frostenga ist ein ländliches »Dolce«, das früher im Herbst und Winter gemacht wurde, wenn es viele Äpfel gab.

> ***Zutaten für 5–7 Personen:***
> *1–1,5 kg Äpfel, 100 g Rosinen,*
> *200 g getrocknete Feigen, 200 g Walnüsse,*
> *1/2 ungespritzte Apfelsinenschale in kleinen*
> *Stücken, 50 g Mehl, 50 g Maismehl,*
> *50 g Butter, 50 g Zucker, 100 g Honig,*
> *40 g bitterer Kakao, ein Stück Vanille,*
> *ein halbes Glas Marsala*

Zubereitung: Alle Zutaten in einem Topf ca. 15 Min. erhitzen, bis die Butter und der Honig geschmolzen sind. Wenn die Masse zu fest wird, ein wenig Wasser hinzufügen. In eine gebutterte Form geben und 1/2 Stunde bei 170 Grad im Ofen backen. Sobald sich eine Kruste gebildet hat, ist das Frostenga fertig.

Coniglio alla Marchigiana

(Kaninchen nach Markenart)

Zutaten für 4 Personen:
1 bereits ausgenommenes Kaninchen von ca. 1 kg Gewicht mit Innereien, 250 g Fenchel (wenn möglich Wildfenchel), 50 g Salami, 50 g Speck, 50 g Schinken, 2 Knoblauchzehen, Olivenöl, Salz und Pfeffer nach Bedarf

Zubereitung: Fenchel säubern und gemeinsam mit dem Knoblauch in Wasser ca. 15 Min. kochen lassen, den Knoblauch herausnehmen, den Fenchel abtropfen lassen, auspressen und das Kochwasser sieben. Speck, Salami und Schinken zerkleinern und in etwas Olivenöl anbraten. Alles zusammen mit der in Scheiben geschnittenen Kaninchenleber in einen Topf geben. Salzen sowie pfeffern und das Kaninchen damit füllen, zunähen. Kaninchen von außen salzen und pfeffern, in eine Terrine legen und mit Öl bestreichen. Im Backofen bei ca. 200 Grad garen und öfter wenden, um es von allen Seiten zu bräunen. Nach einiger Zeit die Temperatur ein wenig herunterdrehen. Weiter garen lassen und ab und zu mit dem Sud des Fenchel-Knoblauch-Kochwassers beträufeln.

Empfohlener Wein: Rosso Conero

Die D.O.C. Weine

Die Bezeichnung D.O.C. bedeutet »Denominazione di Origine Controllata«, und sie gewährleistet gleichbleibende Qualität sowie die Herkunft aus dem angegebenen Anbaugebiet des DOC-Weines.

Die 13 DOC-Weine der Marken gehören zu den besten Italiens. Sie sind allerdings, im Gegensatz zu den Weinen der Toskana, eher auf nationaler Ebene bekannt. Lediglich der **Verdicchio dei Castelli di Jesi,** der Wein, der auch in der größten Menge produziert wird, wird in größerem Umfang ins Ausland exportiert. Bis vor dreißig, vierzig Jahren waren viele der heutigen Felder in den Marken Weinberge.

Die 13 D.O.C.-Weine der Marken gehören zu den besten Italiens.

Durch die Industrialisierung und Konzentration der Anbaugebiete wurde der professionelle Weinanbau auf einige wenige Gebiete reduziert.

Abgesehen von den DOC-Weinen, die man überall kaufen kann, sollte man bei einer Fahrt ins Landesinnere die Gelegenheit nutzen, einfach bei einem Bauern nach ein paar Dutzend Litern Wein aus eigenem Anbau zu fragen (leere Flaschen nicht vergessen). Oft kann man so ganz eigene und interessante Weine entdecken.

Im Landesinneren der Provinzen Macerata und Ascoli wird ein Dessertwein hergestellt, der **Vino Cotto,** der auch in den Restaurants angeboten wird.

Weißweine

Der **Bianchello del Metauro** ist ein trockener Weißwein, harmonisch, frisch und strohgelb. Er wächst in der Provinz Pesaro im Tal des Metauro. Er wird recht kühl, zwischen 6–10 Grad Celsius, zu Fisch, hellem Fleisch und Vorspeisen gereicht.

Der **Bianco dei Colli Maceratesi** wird in der Provinz Macerata und einem kleinen Teil der Provinz Ancona angebaut. Dieser Weißwein hat mindestens 11 % Alkoholgehalt und paßt mit seinem harmonisch-trockenen und leicht säuerlichen Geschmack gut zu Fischgerichten.

Der strohgelbe **Verdicchio dei Castelli di Jesi** verrät seine Herkunft schon mit seinem Namen. Er ist der bekannteste unter den Marken-Weinen und stammt aus dem größten Anbaugebiet. Auch er paßt ganz hervorragend zu Fisch, hellem Fleisch und Vorspeisen. Er sollte mit 10–12 Grad Celsius serviert werden. Der Weißwein hat einen ganz eigenen, angenehm bitterlichen Geschmack. Es wird auch eine kleine Menge einer schäumenden Version produziert (Mindestalkoholgehalt 11 %).

Der **Verdicchio di Matelica** ähnelt dem Verdicchio dei Castelli di Jesi, er wird im direkt angrenzenden Anbaugebiet kultiviert. Er ist lediglich etwas heller; sein Mindestalkoholgehalt beträgt 11,5 %.

Der **Colli Pesaresi Bianco** ist ein leicht parfümierter Weißwein, der bei 14–16 Grad Celsius seinen Geschmack voll entfaltet. Er paßt wie die meisten trockenen Weißweine zu Fisch und hellem Fleisch. Sein Mindestalkoholgehalt beträgt 11,5 %.

Der **Falerio dei Colli Ascolani** kommt aus den Hügeln nördlich Ascolis. Er wird bei 12–14 Grad gekühlt serviert und paßt mit seinem leicht säuerlichen Geschmack zu Fisch und Fleischgerichten. Mindestalkoholgehalt 11,5 %.

Der letzte der trockenen Weißweine ist der **Esino Bianco,** den es auch in einer rubinroten, intensiven Variante, dem Esino Rosso, gibt. Der Weißwein wird bei 9–12 Grad Celsius getrunken, der Rotwein bei 16–20 Grad.

Alle Weißweine sollten erst kurz vor dem Servieren geöffnet werden.

Rotweine

Der kräftige und rubinrote **Lacrima di Morro D'Alba** kommt aus einem kleinen Anbaugebiet nordwestlich von Ancona. Der intensive und trockene Wein paßt mit einer Temperatur von ca. 18 Grad ganz vorzüglich zu Wild und Braten. Die Flasche sollte 2–3 Stunden vor Genuß geöffnet werden.

Der bekannte **Rosso Conero** stammt aus den Hügeln südwestlich von Ancona. Er ist brillant bis rubinrot, harmonisch-trocken und schmackhaft. Bei 18 Grad serviert, paßt er zu allen Sorten von gewürztem Fleisch. Die Flasche sollte einige Stunden vorher geöffnet werden.

Der **Rosso Piceno** ist mit dem Rosso Conero vergleichbar. Er stammt aus einem Gebiet etwas südlich von Macerata.

Der granatrote **Colli Pesaresi Rosso** hat seinen Ursprung südöstlich von Urbino. Seine Blume ist delikat und leicht parfümiert, der Geschmack harmonisch-trocken. Er wird bei 18 Grad vor allem zu hellem Fleisch und Braten gereicht. Die Flasche sollte einige Stunden vorher geöffnet werden.

Ein besonderer Wein ist der **Vernaccia di Serrapetrona.** Dieser granatrote Schaumwein wird in einem winzigen Anbaugebiet um Serrapetrona herum erzeugt. Eine Hälfte der Trauben wird zu Rosinen getrocknet, um dann mit der anderen Hälfte zusammen zu Wein verarbeitet zu werden. Der Vernaccia hat einen ganz eigenen angenehm-bitterlichen Geschmack und wird bei 12–16 Grad als Dessertwein gereicht. Es gibt eine bittere und eine süße Version. Im Gegensatz zu anderen Rotweinen wird die Flasche erst bei Verzehr geöffnet.

Anhang

Carlo Crivelli: Ein Genie wird wiederentdeckt

Nachdem man in den Marken auf Namen wie Rubens, Raffaello oder Bramante stößt, wird sich der eine oder andere fragen, weshalb gerade Crivelli erwähnenswert ist? Die Antwort ist einfach: Er ist mysteriös und er fasziniert.

Carlo Crivelli, Sohn des Jacopo wurde irgendwann zwischen 1430 und 1435 in Venedig geboren. Im Jahr 1457 muß er jedenfalls bereits zu einem Mann herangewachsen gewesen sein, denn aus Gerichtsakten geht hervor, daß der »Maler« zu sechs Monaten Gefängnis und 200 Lire Strafe verurteilt wurde, weil er die Frau eines Seemanns aus dem Haus ihres Schwagers entführt und monatelang gefangengehalten hatte. Möglicherweise ist gerade diese Schmach der Grund für sein selbst auferlegtes lebenslanges Exil in den Marken, wo er nahezu sein gesamtes Lebenswerk geschaffen hat. Auch hier, im künstlerischen Bereich, spiegelte sich die enge Verbindung und der gegenseitige Austausch der Marken und Venedigs wider. 1487 stirbt ihm ein Sohn. Mit dem 10 Jahre jüngeren Bruder Vittore, der ebenfalls Maler ist, hat er sich zerstritten, wie sich aus einem Brief entnehmen läßt, in dem dieser eine Aussöhnung wünscht. 1495 wird Crivellis Frau als Witwe bezeichnet, der genaue Todestag des Künstlers ist unbekannt.

Crivelli besuchte um 1450 die Malerschule »Squarcione« in Padua, seinerzeit eine der wichtigsten Italiens. Sie war bekannt für ihre Vielfältigkeit und den starken Einfluß der in ihr geborenen Ideen. Die Universität von Padua hatte außerdem großen Anteil an der Verbreitung der rationalistischen aristotelischen Ideen der Renaissance. Crivelli wird bis heute von vielen Kritikern als zwischen den Einflüssen von Gotik und Renaissance stehend betrachtet aber wir möchten ihn den herausragenden Kopf der »Adria- Renaissance« nennen.

1468 wird sein Zuzug in die Marken durch sein erstes hier geschaffene Werk, »Madonna mit Kind«, in Massa Fermana, belegt. Diesem folgen viele andere Gemälde, meist Altarbilder, in der Regel für die ortsansässigen mächtigen Orden geschaffen, wie den der Franziskaner oder den der Dominikaner. Crivelli entwickelt sich zu einem »Fachmann« für Madonnen. Er verbringt lange Zeit in Ascoli, wo er die Bürgerrechte erwirbt. In den 90-er Jahren des 15. Jh. begibt er sich in den nördlichen Teil der Marken und hält sich lange in Camerino auf, wo seine Verbindung zur Familie Varano immer enger wird, heute jedoch nur wenig Spuren seines Tuns zu finden sind. Die wichtigste Arbeit aus dieser Zeit, »Die Madonna übergibt die Schlüssel des Paradieses an Petrus«, ist heute im Staatlichen Museum Berlin zu sehen.

Die Arbeiten Crivellis wurden erst spät »entdeckt«, zu spät, denn mit dem Einzug der napoleonischen Truppen wurden viele seiner Werke konfisziert und gelangten, oft genug in kleinere Bildabschnitte aufgeteilt, auf den Weltkunstmarkt. Heute ist der Großteil seiner Arbeiten in großen Museen wie dem Gardner in Boston, dem Metropolitan in New York, der National Gallery in London, Rijks in Amsterdam oder dem Städtischen Kunstinstitut von Frankfurt zu sehen. In den Marken sind leider nur wenige Bilder verblieben. Heute wird der Maler sozusagen ein weiteres Mal entdeckt, nämlich von den Marken selbst, der Region, in der er bis zu seinem Tod lebte.

Die Arbeiten Crivellis bergen immer wieder Überraschungen. Der Hang und die Liebe zur fast grotesk übertriebenen Mimik lassen monströs erscheinende Engel und lüstern blickende Hofdamen in den Kirchen Einzug halten. Da erscheint plötzlich ein Kinderschädel zwischen den oft zur Verzierung verwendeten Früchten, eine Schmeißfliege in der Nähe des neugeborenen Jesuskindes.

Schon lange vor der eigentlichen Renaissance signiert er all seine Arbeiten mit seinem Namen, »Opus Caroli Crivelli Veneti« (Venezianer) und später, durch den zusätzlichen Titel »Cavaliere« (Ritter, Soldat) der ihm von Ferdinando di Capua verliehen wurde und der ihn hoffähig machte. Dieses Signieren der Gemälde ist ungewöhnlich in einer Zeit, in der einzelne Personen nicht zählten.

Die Marken: Gesellschaft und Ökonomie

Dass die Marken unter allen Regionen Italiens eine Sonderstellung einnehmen, liegt nicht nur an ihrer Geschichte oder ihrem großen Reichtum an künstlerischen und natürlichen Schönheiten, sondern auch an ihrer sozialen und ökonomischen Struktur.

Vom sozialen Standpunkt her erscheint der Marchegianer – politisch von jeher links orientiert – als fleißiger Arbeiter mit Sinn fürs Praktische, als Individualist und immer bereit, anderen zu helfen. In seinem Charakter dagegen zeigt er sich reserviert und ein wenig verschlossen, er öffnet sich nicht beim ersten Kontakt mit einem Fremden.

Die ihnen eigene »Verschlossenheit« bedeutet allerdings keinesfalls, dass die Marchegianer sich den »Fremden« gegenüber unfreundlich verhalten, sondern sie sind im Umgang mit ihnen trotz allem offenherzig und unbefangen. So ist es zum Beispiel üblich, einen Fremden zu duzen, was sofort eine vertraute und herzliche Atmosphäre herstellt.

Diese Charakteristiken haben ihre Wurzeln in der für diese Region typischen bäuerlichen Kultur. Man sagt hier: Der Marchegianer ist wie ein Streichholz, einmal abgebrannt, kann es kein zweites Mal entflammt werden.

Ein anderes, typisches Element dieser bäuerlichen Kultur ist die Rolle der Frau in der Familie. Sie übernahm wichtige Aufgaben an der Seite des Ehemanns und nahm aktiv am familiären Entscheidungsprozess teil. Aus diesem Grund und wegen der praktizierten Gleichstellung der Frau nennt man diese Form der Familienorganisation »matriarchale Familie«. Darüber hinaus ist dem Individuum, der Familie und der Gemeinschaft die starke Verbundenheit und Liebe zu Grund und Boden gemeinsam.

Letztgenannte Eigenschaft erklärt die besondere ökonomische Struktur der Marken. Sie bildet nämlich ein beispielhaftes autonomes Modell, das als »Marchegianisches Modell« bezeichnet wird. Die ökonomische Entwicklung der Region begann Ende der 60er Jahre. Ein Großteil der bäuerlichen Bevölkerung stellte ihre Arbeitskraft den industriellen Einrichtungen zur Verfügung. Das bedeutete jedoch nicht, dass sie mit diesem Schritt die Landwirtschaft aufgaben. Gerade diese Tatsache ist das Charakteristische des marchegianischen Phänomens – Arbeiter und selbst Unternehmer bearbeiteten trotz allem weiterhin ihre meist familieneigenen Ländereien und Felder. Landwirtschaftliche und industrielle Ökonomie werden parallel betrieben. Die hochwertigen landwirtschaftlichen Produkte werden verkauft und die Erträge decken im Allgemeinen den Bedarf der Familie, während normalerweise die Einkünfte aus der Fabriksarbeit beiseite gelegt werden: Der Marchegianer ist ein großer Sparer.

Die beiden genannten »Zweige« der ökonomischen Struktur sind eng miteinander verbunden. Die Produktionszyklen der Industrie werden unter Berücksichtigung der landwirtschaftlichen Saison geplant. Wenn es auf dem Land viel zu tun gibt, wird die Produktion reduziert, während in den anderen Perioden Liegengebliebenes aufgeholt wird. Dies geschieht dank des stillschweigenden Einverständnisses zwischen Unternehmer und Arbeiter. Nur selten kommt es zu Streiks. Eine weitere Besonderheit dieses Modells besteht darin, dass es nur kleine und mittlere Industriebetriebe gibt, die mit ungewöhnlich einfallssreichen und breitgefächerten Produktangeboten auf wirtschaftliche Entwicklungen oder Krisen flexibel reagieren können. All dies trägt dazu bei, dass die Arbeitsmarktlage im Allgemeinen stets gut war (niedrige Arbeitslosenzahl) und nationale wie internationale Krisen nie großen Einfluss auf die regionale zweigleisige Ökonomie hatten. Die einflussreichsten Sektoren sind die Schuhproduktion, die Möbel- und Küchenindustrie sowie elektronische Haushaltsgeräte. Abgesehen davon wird in der Region z. B. Kleidung für Hugo Boss, Armbänder für Swatch oder Sessel für den Sicherheitsrat der UNO hergestellt. Nennenswert ist auch die Papierfabrikation, besonders um Fabriano, die auf jahrhundertelange Tradition zurückblickt.

Dr. Luca Di Nella ist Rechtsanwalt und Dozent an der Universität Camerino.

Der kleine Restaurantführer

ACQUASANTA TERME

»Castel di Luco«, *Fraktion Castel' di Luco, Via Salaria/Paggese, Acquasanta Terme, Tel. 0736/802319*
Traditionelle ascolanische Küche, man ißt in einer Burg des 11. Jahrhunderts über dem Tal des Tronto, mittlere Preisklasse

ACQUAVIVA

Ristorante »La Paesana«, *Viale Leopardi 31, Acquaviva, Tel. 0735/764539*
Acquavivas Spezialität sind Spiedini (Spieße), sehr günstig
Im Winter dienstags geschlossen

ACQUAVIVA, SAN SAVINO

Ristorante »San Savino«, *Fraz. San Savino, von Acquaviva Richtung Offida, Tel. 0736/829486*
Ländliches Essen zu ökonomischen Preisen

AGUGLIANO

»Country Club Le Noci«, *Via Quercictino Basso 2, Agugliano, Tel. 071/908405*
Günstig, Hausmannskost

ANCONA

Ristorante »Lo Strabacho«, *Via Bernabei, Ancona*
Mittlere bis gehobene Preise, im Zentrum

Agriturismo »Rosso Conero«, *Loc. Varano10, Ancona, Tel. 071/2861204*
Günstig, auf der »Via del Rosso Conero«

»La Vecchia Osteria«, *Via Battisti 10, Ancona, Tel. 071/200445*
Altstadtzentrum, Fischspezialitäten

APPIGNANO

»Osteria die Segreti«, *Via Verdefiore 29, Appignano, Tel. 073357685*
Das Geheimnis (Segreto) ist, wie man so gut so günstig kochen kann
Mittwochs geschlossen

ARCEVIA

Agriturismo »Le Betulle«, *Loc. Avacelli, Arcevia, Tel. 0731/983086*
Günstig, schönes Panorama

Ristorante »La Baita«, *Loc. Monte Sant'Angelo, Tel. 0731/9424*
Mitten im Grünen, typische Küche

ARQUATA DEL TRONTO

Ristorante »Camartina«, *Fraktion Camartina, Arquata del Tronto, Tel. 0736/809261*
Spezialität: Forellen und Gegrilltes, günstige bis mittlere Preisklasse in modernem Ambiente

ASCOLI PICENO

Ristorante Pizzeria »La Taverna del Longobardo«, *Fraktion Castel Trosino, Tel. 0736/256781,*
Im antiken Borgo, sehr schön, keine große Auswahl, aber günstige Preise
Montag geschlossen

»Azienda Agraria Conca D'Oro«, *Abbazia di Rosara, Via Salaria Superiore 137, Ascoli Piceno, Tel. 0736/252272*
Spezialität: traditionelle ascolanische Küche in rustikalem Ambiente

ASCOLI PICENO (UMGEBUNG)

Ristorante »Da Cefelò«, *Fraz. Piagge 275, 6 km außerhalb Ascolis in Richtung San Marco, Tel. 0736/254525*
Typische ascolanische Küche, günstige bis mittlere Preisklasse

BALZO DI MONTEGALLO

Ristorante – Pizzeria »Lo Spuntino«, *Via Taliani 6, Balzo di Montegallo, Tel. 0736/806467*

Nett, gut und sehr günstig

BARBARA

Ristorante »Castellaro«, *Via Patregnani 3, Tel. 071/9674164*

Altstadtzentrum, charakteristisch, typische Küche

BELFORTE

»Il Torchio«, *Pz.le Vittorio Emanuele II., Belforte, Tel. 0733/906645*

Nettes Ambiente, Menü wechselt häufig, niedrige bis mittlere Preisklasse

BELVEDERE OSTRENSE

Agriturismo »Le Ginestre«, *Via Sanguineto 1, Belvedere Ostrense, Tel. 0731/267343*

Günstig, Panoramalage

CAGNANO DI ACQUASANTA TERME

Ristorante »Tre Lanterne«, *Cagnano di Acquasanta Terme Tel. 0736/801386, Fax 802580*

Rustikal, mittlere Preisklasse, Spezialität: Trüffel, Pilze, Fleisch vom Grill

Mittwoch geschlossen

CAMERINO

Restaurant »I Duchi«, *Camerino, Via V. Favorino 72, Tel.+ Fax 0737/630440*

Angenehme Atmosphäre und zentrale Lage im Zentrum der Altstadt, typisch alle Trüffel- und Pilzgerichte sowie das berühmte Vincisgrassi (Nudelauflauf)

Immer geöffnet

CAMPOFILONE

»Osteria degli Amici«, *Pumberto Tel. 0734/931835*

In den Hügeln über der Adriastraße, man muß beim Aquacivolo abbiegen, Agritourismo im alten Zentrum, sehr gutes Essen, mittlere Preisklasse

CASTELBELLINO

Ristorante »Siamo Noi«, *Loc Pantiere 116, Castelbellino, Tel. 0731/701404*

Mittlere bis gehobene Preise, modern

CASTELLEONE DI SUASA

Ristorante »Bellucci«, *C.so Marconi, Castelleone di Suasa, Tel. 071/966117*

Altstadtzentrum, gute marchegianische Küche

CASTELLUCCIO

»Taverna Castelluccio«, *Castelluccio, Via dietro la Torre 8, Tel. 0743/821158-821100*

Hier bekommt man nicht nur die für Castelluccio typischen Gerichte wie Linsen, Fleisch vom Grill oder Pilzgerichte, sondern auch eine sehr gute Pizza.

Mittwochs geschlossen außer im August, Januar und Februar Betriebsferien, ganztags geöffnet

CASTELSANTANGELO

Ristorante Pizzeria »Dell'Erborista«, *Castelsantangelo, Fraktion Gualdo, Tel. 0737/98134-970052*

Mittag- und Abendessen. Zünftiges Ambiente und günstige Preise, alle Spezialitäten der Gegend sowie Pizza

Immer geöffnet

CERRETO D'ESI

Ristorante »Il Cerro«, *Via Roma, Tel. 0732/678687*

Altstadtzentrum, Hausmannskost

CHIARAVALLE

Ristorante »Spazio Verde«, *V.le Montessori 41, Chiaravalle, Tel. 071/743908*

Kneipe im Altstadtzentrum

CIVITANOVA MARCHE

»Il Gatto che ride«, *Viale V. Vento 115, Civitanova Marche, Tel. 0733/816667*

Fisch, gehobene Preise

COLMURANO

Ristorante »Melody«, *Piazza Umberto II. 3, Colmurano, Tel. 0733/508188*

Ausgefallenes Essen und guter Wein, mittlere bis gehobene Preise
Dienstag geschlossen

CORINALDO

La Collina del Sole, *2° Strada San Liberata, Tel. 071/7976189*

Typische, mittelalterliche Küche

CUPRAMONTANA

Antiche Fonti della Romita, *Monastero XIV sec.parco, Via Romita 8, Tel. 0731/789979*

FABRIANO

San Cassiano, *Loc.S. Cassiano, Tel. 0732/73100*

Wasserquelle, romanische Kirche

Marchese del Grillo, *Loc. Rochetta Bassa 73, Tel:0732/625960*

Villa aus dem 18. Jahrhundert

GENGA

Terme San Vittore, *Loc. San Vittore, Tel. 0732/90012*

Thermalquellen, romanische Kirche

La Quercia, *Loc. Colcello, Tel. 0732/972025*

Im Grünen gelegen, mit Wasserpark, in Panoramalage

GROTTAMMARE

»A Casa da Angelo«, *C. da S. Giacomo 26, Grottammare (Strada Valtesino), Tel. 0735/631730*

Typische Spezialitäten des Ortes, interessantes Gebäude und schönes Panorama

»Chalet il Grillo«, *Viale de Gasperi, Chalet 14, Lungomare di Grottammare, Tel. 0735/581103*

Reiche Fischkarte, günstig

JESI

La Rincococca, *V.lo. Pace, Tel. 0731/56134*

Altstadtzentrum, typische Küche

Federico, *Via Ancona, Tel. 0732/211079*

Bankettsaal, Schwimmbad

LORETO

Giardinetto Gatti, *Via Sisto V.14, Tel. 071/970640*

LORO PICENO

»Al Girarrosto«, *Via G. Ridolfi 4, Loro Piceno*

Typische Küche zu mittleren Preisen

MACERATA

Osteria dei Fiori«, *Via L. Rossi 61, Macerata, Tel. 0733/260142*

Gute moderne Küche, günstige bis mittlere Preisklasse

Pizzeria und Ristorante »Da Secondo«, *Via Pescheria Vecchia 26/28, Tel. 0733/260912,*

Günstig und gut

MAIOLATI

Spontini, *Via Ronconi 11, Tel. 0731/702078*

MONTECAROTTO

Le Busce, *Loc. Busce, Tel. 0731/89172*

MONTECOSARO

»La Luma«, *Via Bruscantini 1, Tel. 0733/222273*
Palazzo des 16. Jahrhunderts, ausgefallene Küche

Ristorante »Due Cigni«, *SS. Annunziata 21, Montecosaro, Tel. 0733/865182*
Gute typische Küche, mittlere bis gehobene Preisklasse

MONTEFIORE DELL'ASO

Agritourismo »La Campana«, *Contrada Menocciata 41, Montefiore dell'Aso, Tel. 0734/938229,*
Mittag- und Abendtisch, schön restauriertes Landhaus, gute Qualität bei mittleren Preisen

MONTEMONACO

»Cittadella dei Monti Sibillini«, *Agritourismus, Cittadella, Montemonaco (AP), Tel. 0736/856361-856451*
Familiär, Spezialität: Wildbret, Pilze

MONTE SAN VITO

Agriturismo gli Ulivi del Monte, *Via Monaco 2, Tel. 072/7489045*

MORRO D'ALBA

Dal Mago, *Via Morganti 16, Tel. 0731/63039*
Guter Verdicchio

MUCCIA

Ristorante »dal Cacciatore«

NUMANA

La Torre, *Via La Torre 1, Tel. 071/9330747*
Fischspezialitäten

OFFAGNA

Agriturismo Tenuta di Grigiano, *Via Vallonc 30, Tel. 071/7107605*
Günstige Küche, im Grünen gelegen

OSTRA

Agriturismo Locanda al Circolo ippico, *Via Collina 12, Tel. 071/7986943*
Typische Küche; Ausritte möglich

Vetere Ostra Agriturismo La Campagnola, *Via Pescara 9, Tel. 071/9639018*
Günstige Küche

PETRIOLO

Pizzeria »La Collina«, *Via Fiastra 20/f, Petriolo, Tel. 0733/55136*
Klein, ruhig und günstig
Dienstag geschlossen

PIANE DI MONTEGIORGIO

»Oscar e Amorina«, *KM. 26 9.9. Faleriense, Piane di Montegiorgio, Tel. 0734/967351*
Spezialität: gegrilltes Wildbret. Schickes Ambiente, ausgefallene Speisen z. B. weißer Trüffel, gehobene Preise

POLVERIGI

Agriturismo Casolare, *Loc. Rustico 41, Tel. 071/908913*
Günstige Küche

PORTONOVO

Fortino Napoleonico sul mare, *Loc. Poggio Conero, Tel. 071/801450*
Historisches Gebäude, gehobene Preisklasse

PORTORECANATI

Il Diavolo del brodetto sul mare, *Via Lungomare 13, Tel. 071/979925*
Fischspezialitäten

Ristorante »Bianchi Nicola«, *P. Brancondi 38, Porto Recanati, Tel. 071/979016-7590330*
Fisch zu gehobenen Preisen, Terrasse am Meer

RECANATI

Agriturismo Il Gelso, *Loc. Santacroce 46, Tel. 071/987002*
Im Grünen, Panoramalage

La Ginestra, *Via Calcagni 2, Tel. 071/980355*
Altstadtzentrum, günstige Küche, Marchigiana

RIPC

Agriturismo Il Giogo, *Via Fonti 5, Tel. 071/7957818*
Günstige und typische Küche

ROSORA

Agriturismo Croce del Moro, *Loc. Tassanare 5, Tel. 0731/82112*
Günstige Küche

ROTELLA

Ristorante – Agritourismo »Valle dei Piceni«, *Rotella (in der kleinen Ortschaft fragen), Tel. 0736/829486*
Sehr schöner Platz im Grünen, Spezialität: Trüffel, Pilze, auf Vorbestellung Meeresfisch

SAN BENEDETTO

»Circolo Nautico Sambenedettese«, *Via Moletto Parasabbia Tiziano (im Hafen), Tel. 0735/587389*
Hier kann man guten Fisch zu dezenten Preisen essen

Osteria »La Luna e i Falò«, *Via Garfagnana 10, Loc. Valle del Forno, San Benedetto, Tel. 0735/587040*
Gutes ausgefallenes Essen in netter Umgebung zu günstigen Preisen
Mittwochs geschlossen

Ristorante »Messer Chichibio«, *Via Bezzecca 19, San Benedetto, Tel. 0735/584001*
Geschmackvolles Ambiente und guter Fisch zu gehobenen Preisen

SAN ELPIDIO AL MARE

»Il Melograno«, *Contrada Baccio 15, San Elpidio al Mare, Tel. 0734/858088*
Typische Spezialitäten des Ortes, sehr schöner Platz, im Zentrum, in der Nähe des Theaters, nicht sehr teuer

SAN MARCELLO

Agriturismo La nuova Cantina, *Via Montelaticre 23, Tel. 0731/267901*
Guter Verdicchio

SAN SEVERINO

»Locanda Salimbeni«, *Valle dei Grilli, Tel. + Fax 0733/634047*
Geschmackvolle Einrichtung und sehr gutes Essen zu mittleren Preisen, ausgezeichnete Weine
Mittwoch geschlossen

SASSOFERRATO

Le Ginestre, *Loc. Montelago 18, Tel. 0732/959727*
Typische Küche, bergige Gegend

Hostaria de La Rocca, *Via C. Alboronza, Tel. 0732/95444*
Historisches Gebäude, Panoramalage

SENIGALLIA

Il Saladino, *Via Pisacane 32, Tel. 071/60549*
Altstadtzentrum, bekannt

Agriturismo Linea Verde, *Loc. Cannella 34a, Tel. 071/7919965*

Typische Küche

Uliassi sul mare, *Banchina di Levante 6, Tel. 072/65463*
Gehobene Preisklasse

SERRA DE' CONTI

Agriturismo La Giara, *Via S. Paterniano 18, Tel. 0731/878090*
Günstige Küche

SERRAPETRONA

»Osteria dei Borgia«, *Fraktion Borgiano, Tel. 0733/905131*
Typische Hausmannskost, mittlere Preisklasse

SERRA SAN QUIRICO

Le Copertelle, *Via Leopardi 3, Tel. 0731/86691*
Im Altstadtzentrum gelegen, bekannt

SIROLO

Agriturismo Il Ritorno, *Via Piani d'Aspio 12, Tel. 071/9330523*
Im Grünen, Ausritte möglich

Il Grottino osteria, *Via dell' Ospedale, Tel. 071/9331218*
Regionale Weine, Fischspezialitäten

TREIA

Ristorante – Agriturismo »Il Vecchio Granaio«, *Contrada Chiaravalle 49, Treia, Tel. 0733/843488*
Außerhalb gelegene antike Villa mit Park, mittlere Preislage

»Villa Cortese«, *Contrada Sterpare 32, Treia, Tel. 0733/216891*
Traditionell, mittlere Preisklasse
Nur im Sommer geöffnet

VISSO

Trattoria »Richetta«, *Visso, Piazza Garibaldi 7, Tel. 0737/9339-9329*
Mittag- und Abendessen, familiäre Atmosphäre, die Familie hat sehr viel Erfahrung, da das Restaurant schon seit 1947 existiert, typisch: Polenta im Winter, Amatriciana, gegrilltes Fleisch
Montags geschlossen (außer im August)

Hotels

ASCOLI PICENO

Hotel »Pennile«, *Via G. Spalvieri, Ascoli Piceno, Tel. 0736/41645-41929*

3 Sterne

ARQUATA DEL TRONTO

Albergo – Hotel »Camartina«, *Fraktion Camartina, Arquata del Tronto, Tel. 0736/809261*

Mittlere Preisklasse

CAGNANO DI ACQUASANTA TERME

Ristorante »Tre Lanterne«, *Cagnano di Acquasanta Terme, Tel. 0736/801386, Fax 802580*

Mittwoch geschlossen

MONTECOSARO

Albergo »La Luma«, *Via Bruscantini 1, Tel. 0733/222273*

Palazzo des 16. Jahrhunderts

PIANE DI MONTEGIORGIO

Hotel »Oscar e Amorina«, *KM. 26 9.9. Faleriense, Piane di Montegiorgio, Tel. 0734/967351*

Schickes Ambiente, mittlere bis gehobene Preise

PORTO RECANATI

Ristorante »Bianchi Nicola«, *P. Brancondi 38, Porto Recanati, Tel. 071/979016-7590330*

ROTELLA

Agritourismus »Valle dei Piceni«, *Rotella (in der kleinen Ortschaft fragen), Tel. 0736/829486*

Sehr schöner Platz im Grünen, wenige Zimmer

SAN SEVERINO

Locanda Salimbeni, *Valle dei Grilli, Richtung Castelraimondo, Tel. + Fax 0733/634047*

Mittwoch geschlossen

Sportmöglichkeiten

Schwimmen im Meer

Die Adria hat durch ihre Abgeschlossenheit das ganze Jahr über eine relativ gleichmäßige und hohe Wassertemperatur. Für abgehärtete Naturen kann man die Badezeiten von Ende Mai bis Ende September angeben. Das Wasser ist an den meisten Stellen sauber. Die Algen, die vor einigen Jahren die Presse beschäftigten, sind in Wirklichkeit nur ein paar Tage vorhanden und dies auch nicht jedes Jahr. Sie entstehen nur bei völliger Windstille, was an der Küste so gut wie nie der Fall ist. Dann kann sich das Wasser durch Entmischung an der Oberfläche so stark erwärmen, daß die Algen verstärkt entstehen.

Schwimmbäder

Hallenbäder befinden sich meist nur in den etwas größeren Städten (ab ca. 20.000 Einwohnern). Die Eintrittspreise sind meist höher als bei uns, die Ausstattung jedoch um einiges geringer. Im Sommer sind die Hallenbäder meist geschlossen.
In den Sommermonaten ist eine Vielzahl winziger Pools geöffnet. Sie sind fast ausschließlich in Privatbesitz und daher recht teuer, aber oft eine angenehme Alternative zu einem überfüllten Strand.
Wichtig: Badekappe nicht vergessen.

Tauchen

Leider hat das großflächige Schleppnetzangeln die Adria auch für viele Fischarten unbewohnbar gemacht. Nur wo die Schleppnetze nicht hinkamen, findet man noch eine intakte Meereswelt. Das schönste Tauchrevier der Marken befindet sich um den Monte Conero. Vom Jachthafen Sirolos aus bieten einige Clubs und Privatleute Sauerstoffflaschen und Bootsfahrten zu den interessantesten Punkten an. Wegen der besseren Sichtverhältnisse ist es ratsam, möglichst früh am Morgen zu fahren, außerdem fallen die Fahrten am Nachmittag oft aus. Wer das Glück hat, ein eigenes Boot zu besitzen, der kann zu einer der vielen Bohrinseln fahren. Hier haben sich künstliche Paradiese entwickelt. Bei einigen Tauchschulen kann man, sofern man englisch spricht, mit einem Aufwand von ca. 1 Woche einen international anerkannten Tauchschein erwerben.

Segeln

Einige der größeren Städte am Meer haben Yachthäfen. Die Liegeplatzgebühren sind für Mittelmeerverhältnisse günstig, und es lassen sich interessante Urlaube von hier aus in andere Mittelmeerländer unternehmen.

Mountainbike

Es gibt bisher wenige oder keine Einschränkungen für Mountainbikes in den Marken und ihren Nationalparks. Trotzdem sollte es sich von selbst verstehen, immer auf den Wegen zu bleiben. Im folgenden einige nützliche Adressen, die auch auf eventuell bestehende Verleihe verweisen können:

PESARO

Mountain Bike Club Pesaro, *Largo Bellino11, Tel. 0721/22287*

CINGOLI

Mountain Bike Club Cingoli, *Via Cerquetelli, Tel. 0733/603168*

SAN SEVERINO MARCHE

Club Amici della Bicicletta, *Via E. Divini 23, Tel. 0733/637475*

SARNANO

Associazione Sarnano in Bici, *Tel. 0733/657350*

MONTEMONACO

Agriturismo La Cittadella, *Tel. 0736/856361*

Drachen- und Gleitschirmfliegen

Die wichtigsten Fluggebiete sind Castelluccio, Monte Cucco, Tre Pizzi und Sarnano. Letzteres hat einen sehr großen Club, aber auch in anderen Gebieten findet man stets Flieger (vorausgesetzt das Wetter ist gut). Der Monte Cucco bietet die besten Voraussetzungen für Streckenflüge. Castelluccio ist wegen seiner landschaftlichen Schönheit sehr beeindruckend. Infos in deutscher Sprache betreffend Fluggebiete, eventuelle Kurse oder Doppelsitzerflüge: 348/4100859

Kanufahren

Es gibt eine ganze Reihe interessanter kleiner Flüsse in den Marken. Besonders schön ist eine Strecke, die am Ausfluß des Stausees von Cingoli beginnt. Aber auch viele der Flüsse, die vom Apennin zum Meer fließen, wie zum Beispiel der Tronto, bieten eine traumhafte Landschaft.

Einige Adressen zur Kontaktaufnahme, Schulung oder Information:

Società Canottieri, *Pesaro, Calata Cloduilio 103, Tel. 0721/400010*

Foca Valmetauro, *Fossombrone, Via Borgo Sant'Antonio 7, Tel. 0721/714893*

Canoa Club, *Cingoli, Borgo San Lorenzo 19, Tel. 0733/602368*

Wildwasserfahren

Das sogenannte Raften ist leider nur in den Jahreszeiten mit hohem Wasserstand möglich. Trotzdem haben sich einige Sportschulen darauf spezialisiert. Da die besten Gelegenheiten rund um Genga und seine Schluchten bestehen, erkundigt man sich am besten im Informationsbüro der Höhlen von Frasassi.

Surfen

Alle Binnen- bzw. Stauseen bieten sich bei entsprechendem Wind zum Surfen an. Genauso verhält es sich mit der Küste. Auf der Meerseite des Monte Conero entsteht durch den Venturi-Effekt bei einigen Wetterlagen eine Verstärkung des Windes. Einzigen Zugang bietet Portonovo.

Skigebiete; Wintersport auf einem Blick

Die Skigebiete der Marken sind sicher nicht mit den gigantischen Anlagen der Alpen zu vergleichen. Die Saison ist sehr kurz (Mitte Dezember bis Mitte Februar) und es kommt vor, daß es einen Winter auch mal gar nicht schneit. Die vorhandenen Anlagen wenden sich daher vor allem an die in der Nähe wohnenden Italiener, die am Wochenende kommen. Wer also z. B. zu Silvester in den Marken ist, der sollte ruhig Schlitten oder Skier mitbringen. Während der Woche hat man meist freie Bahn und kann sich herrlich austoben.

ACQUACANINA

Piani di Ragnolo *Seehöhe: 1520 m, Langlauf*

ARQUATA DEL TRONTO

Forca Canapine – Nordica *Seehöhe: 1550 m, Skilift, Länge: 800 m, Höhenunterschied: 200 m, Kapazität/Std.: 800 Personen*

Forcacanapine-Serenella *Seehöhe: 1510 m, Skilift, Länge: 127 m, Höhenunterschied: 20 m, Kapazität/Std.: 270 Personen*

Forca Canapine – Macchiaccia *Seehöhe: 1490 m, Skilift, Länge: 400 m, Höhenunterschied: 90 m, Kapazität/Std.: 400 Personen*

Forca Canapine – Le Scentinelle *Seehöhe: 1490 m, Skilift, Länge: 250 m, Höhenunterschied: 60 m, Kapazität/Std.: 600 Personen*

Forca Canapine – Madonnina 2 *Seehöhe: 1510 m, Skilift, Länge: 400 m, Höhenunterschied: 100 m, Kapazität/Std.: 600 Personen*

Forca Canapine – Madonnina 1 *Seehöhe: 1510 m, Skilift, Länge: 400 m, Höhenunterschied: 100 m, Kapazität/Std.: 600 Personen*

Forca Canapine – M.TE Cappelletti *Seehöhe: 1490 m, Skilift, Länge: 700 m, Höhenunterschied: 170 m, Kapazität/Std.: 600 Personen*

Forca Canapine – Monte Sole *Seehöhe: 1354 m, Skilift, Länge: 820 m, Höhenunterschied: 220 m, Kapazität/Std.: 600 Personen*

Forca Canapine Baby *Seehöhe: 1500 m, Skilift, Länge: 180 m, Höhenunterschied: 40 m, Kapazität/Std.: 400 Personen*

Forca Canapine – Plan Piccolo *Seehöhe: 1370 m, Skilift, Länge: 700 m, Höhenunterschied: 190 m, Kapazität/Std.: 720 Personen*

ASCOLI PICENO

Monte Piselli 3 – Caciare *Seehöhe: 1420 m, Sessellift, Länge: 900 m, Höhenunterschied: 220 m, Kapazität/Std.: 520 Personen*

Monte Piselli 2 *Seehöhe: 1630 m, Skilift, Länge: 500 m, Höhenunterschied: 70 m, Kapazität/Std.: 720 Personen*

Monte Piselli 1 *Seehöhe: 1630 m, Skilift, Länge: 500 m, Höhenunterschied: 70 m, Kapazität/Std.: 720 Personen*

BOLOGNOLA

Porta di Berro 2 *Seehöhe: 1600 m, Skilift, Länge: 523 m, Höhenunterschied: 119 m, Kapazität/Std.: 700 Personen*

Porta di Berro 1 *Seehöhe: 1600 m, Skilift, Länge: 476 m, Höhenunterschied: 113 m, Kapazität/Std.: 700 Personen*

Castel Manardo 2 *Seehöhe: 1600 m, Skilift, Länge: 627 m, Höhenunterschied: 207 m, Kapazität/Std.: 700 Personen*

Castel Manardo 1 *Seehöhe: 1600 m, Skilift, Länge: 627 m, Höhenunterschied: 207 m, Kapazität/Std.: 700 Personen*

Pintura 3 *Seehöhe: 1600 m, Skilift, Länge: 463 m, Höhenunterschied: 60 m, Kapazität/Std.: 700 Personen*

Pintura 2 *Seehöhe: 1600 m, Skilift, Länge: 447 m, Höhenunterschied: 110 m, Kapazität/Std.: 700 Personen*

Pintura 1 *Seehöhe: 1600 m, Skilift, Länge: 412 m, Höhenunterschied: 56 m, Kapazität/Std.: 600 Personen*

CASTELSANTANGELO

Monte Prata 2 Bis *Seehöhe: 1800 m, Skilift, Länge: 850 m, Höhenunterschied: 146 m, Kapazität/Std.: 720 Personen*

Valle dell' Angelo *Seehöhe: 1650 m, Skilift, Länge: 410 m, Höhenunterschied: 110 m, Kapazität/Std.: 720 Personen*

Monte Prata 3 *Seehöhe: 1800 m, Skilift, Länge: 400 m, Höhenunterschied: 65 m, Kapazität/Std.: 405 Personen*

Monte Prata 2 *Seehöhe: 1800 m, Skilift, Länge: 720 m, Höhenunterschied: 140 m, Kapazität/Std.: 600 Personen*

FRONTONE

Cupa-Cotaline *Seehöhe: 1370 m, Skilift, Länge: 460 m, Höhenunterschied: 180 m, Kapazität/Std.: 720 Personen*

Monte Catria *Seehöhe: 1470 m, Seilbahn, Länge: 1860 m, Höhenunterschied: 810 m, Kapazität/Std.: 420 Personen*

PIOBBICO

Monte Nerone *Seehöhe: 1258 m, Skilift, Länge: 850 m, Höhenunterschied: 194 m, Kapazität/Std.: 400 Personen*

SARNANO

Maddalena 4 *Seehöhe: 1502 m, Skilift, Länge: 300 m, Höhenunterschied: 52 m, Kapazität/Std.: 550 Personen*

Maddalena 3 *Seehöhe: 1582 m, Skilift, Länge: 550 m, Höhenunterschied: 155 m, Kapazität/Std.: 720 Personen*

Maddalena 2 *Seehöhe: 1582 m, Skilift, Länge: 550 m, Höhenunterschied: 155 m, Kapazität/Std.: 720 Personen*

Vallelunga *Seehöhe: 1572 m, Skilift, Länge: 653 m, Höhenunterschied: 202 m, Kapazität/Std.: 720 Personen*

Sassotetto Baby *Seehöhe: 1360 m, Handschlepplift, Länge: 69 m, Höhenunterschied: 8 m, Kapazität/Std.: 720 Personen*

Sassotetto 1 *Seehöhe: 1567 m, Skilift, Länge: 820 m, Höhenunterschied: 217 m, Kapazität/Std.: 720 Personen*

Fonte Lardina *Seehöhe: 1610 m, Sessellift, Länge: 900 m, Höhenunterschied: 330 m, Kapazität/Std.: 584 Personen*

Sassotetto 2 *Seehöhe: 1610 m, Skilift, Länge: 820 m, Höhenunterschied: 217 m, Kapazität/Std.: 720 Personen*

Maddalena Baby *Seehöhe: 1465 m, Handschlepplift, Länge: 135 m, Höhenunterschied: 15 m, Kapazität/Std.: 600 Personen*

Maddalena 5 *Seehöhe: 1534 m, Skilift, Länge: 350 m, Höhenunterschied: 84 m, Kapazität/Std.: 712 Personen*

USSITA

Lacoturnice *Seehöhe: 2259 m, Skilift, Länge: 440 m, Höhenunterschied: 122 m, Kapazität/Std.: 720 Personen*

Della Starna *Seehöhe: 2259 m, Skilift, Länge: 340 m, Höhenunterschied: 92 m, Kapazität/Std.: 600 Personen*

Pian Dell'Arco 2 *Seehöhe: 2259 m, Skilift, Länge: 340 m, Höhenunterschied: 92 m, Kapazität/Std.: 700 Personen*

Pian Dell'Arco 1 *Seehöhe: 2259 m, Skilift, Länge: 240 m, Höhenunterschied: 45 m, Kapazität/Std.: 700 Personen*

Le Saliere *Seehöhe: 2259 m, Skilift, Länge: 445 m, Höhenunterschied: 122 m, Kapazität/Std.: 350 Personen*

Jacci di Bicco *Seehöhe: 2259 m, Skilift, Länge: 710 m, Höhenunterschied: 128 m, Kapazität/Std.: 720 Personen*
IlGinepro *Seehöhe: 2259 m, Sessellift, Länge: 700 m, Höhenunterschied: 112 m, Kapazität/Std.: 1028 Personen*
Le Saliere *Seehöhe: 2259 m, Sessellift, Länge: 500 m, Höhenunterschied: 154 m, Kapazität/Std.: 800 Personen*
Selvapiana *Seehöhe: 2259 m, Sessellift, Länge: 1350 m, Höhenunterschied: 400 m, Kapazität/Std.: 500 Personen*
Spigare *Seehöhe: 2259 m, Sessellift, Länge: 1950 m, Höhenunterschied: 320 m, Kapazität/Std.: 270 Personen*
Vallone di Selvapiana *Seehöhe: 2259 m, Seilbahn, Länge: 1324 m, Höhenunterschied: 330 m, Kapazität/Std.: 300 Personen*
Jacci di Bicco 2 *Seehöhe: 2259 m, Sessellift, Länge: 1800 m, Höhenunterschied: 330 m, Kapazität/Std.: 720 Personen*
Del Cornaccione *Seehöhe: 2259 m, Sessellift, Länge: 1180 m, Höhenunterschied: 260 m, Kapazität/Std.: 500 Personen*

VILLAGRANDE

Eremo *Seehöhe: 1270 m, Skilift, Länge: 650 m, Höhenunterschied: 100 m, Kapazität/Std.: 750 Personen*
Eremo *Seehöhe: 1250 m, Skilift, Länge: 300 m, Höhenunterschied: 50 m, Kapazität/Std.: 300 Personen*
Villafrande *Seehöhe: 992 m, Skilift, Länge: 600 m, Höhenunterschied: 150 m, Kapazität/Std.: 700 Personen*

Quelle: Regione Marche, Assessorato al Turismo

Tennis

In fast jedem noch so kleinen Ort gibt es Tennisplätze.

Reiten

Das Wanderreiten hat sich in Italien schon seit langem etabliert. Es wird meist im Westernstil geritten. Es gibt recht viele sogenannte »Maneggi«, die Pferde stundenweise verleihen oder auch Reitstunden geben. Besonders zu empfehlen sind Ausritte im Landesinnern und hier insbesondere im Nationalpark. Der folgende Agritourismus bietet für Gruppen zwischen 6 und 12 Personen u.a. auch mehrtägige Wanderritte, mit oder ohne Führer, durch den Park »I Sibillini« an. Etwas Kondition und Reitkenntnisse sind erforderlich. Die Tagespreise sind meist verhandelbar.

Az. Agrituristica »La Maddalena«, *Maddalena di Muccia (entlang der SS77), Tel. 337/448803.*

Golf

Es gibt in den Marken einige kleinere Golfplätze:

Cerignano Golf Agriturismo, *Fano (Loc. Carignano), Strada delle Campagne 15, Tel. 0721/286810*
Conero Golf Club, *Sirolo, Via Betelico 6, Tel. 071/7360613*
Agrigolf, *Civitanova Marche, Zona Sabatucci, Tel. 0733/694265*
Centro Agrit. »La Cioppa«, *San Ginesio, Loc. Gualduccio, Tel. 0733/694265*
Golf Club Schito, *Treia, Loc. Schito 35, Tel. 0733/216170*

Fallschirmspringen oder Rundflüge

Wer Fallschirmspringen möchte oder vorhat, kleine Rundflüge zu unternehmen, der ist auf den Flugplatz Falconara angewiesen:

Falconara: *Aereo Club Ancona, Via Aeroporto, Tel. 071/205978 oder*
Castelferretti: *E. Fogola, Via Aeroporto, Tel. 071/918051*

Wasserski

C/O Bagni Giuseppe, *Pesaro, Spiaggia di Levante, Herr Ezio Trebbi, Tel. 0721/25655*

Klettern

Interessante Ziele für diese Sportler (oder solche, die es werden wollen) sind der »Corno del Catria«, das »Valle dell'Infernaccio« (Nerone) und die Nordost-Seite des Monte Vettore. Für weiterführende Informationen: Stefano Cioppi, Gruppo del CAI di Pesaro, Tel. 0721/415048-33617

Squash

In den folgenden Städten stehen Squashhallen zur Verfügung:

A.S. Centro Attività Sportive, *Via Vallemiano 53, 60100 Ancona (AN)*
A.S.R. Yuki Club, *Via Delle Azalee 5, 63100 Ascoli Piceno (AP)*
A.S. Squash Centre, *Civitanova Marche, Via Marche Sn62012, 62100 Civitanova Marche (MC)*
A.S. Vinci, *Strada Nazionale Adriatica Sud 109, 61032 Fano (PS)*
Atletic Center, *C/o Ancona Squash Center, Via Matteo Ricci 6/f, 60020 Palombina Nuova (AN)*
S.S. Squash Club Pesaro, *Via Umbria 4, 61100 Pesaro (PS)*
S.S. Carmas Sirolo, *Via Del Lavoro, 60020 Sirolo (AN)*
A.S. Fisicamente, *Loc. Cai Franco, 61049 Urbania (PS)*
A.S.Team2OOO, *Via D. Lizzadri 9, 61029 Urbino (PS)*

Nützliches von A-Z

APT – die italienischen Touristeninformationsbüros

APT steht für Azienda di promozione turistica, ist das örtliche Tourismusbüro und bietet in jedem größeren Ort einen sehr interessanten Anlaufpunkt für Touristen dar. Zwar darf man nicht gleich erwarten, daß Deutsch gesprochen wird, dafür ist in der Regel gutes Informations- und Kartenmaterial in deutscher Sprache vorhanden. Die Büros sind meist zu den normalen Geschäftszeiten geöffnet. Vor allem aktuelle Hinweise auf Feste, Öffnungszeiten oder Übernachtungsmöglichkeiten kann man hier bekommen.
Im folgenden die Adressen der APTs in den größeren Städten:

ANCONA
Via Thaon de Ravel 4, Tel. 071/33249, Fax 31966

ASCOLI PICENO
Piazza del Popolo 1, Tel. 0736/253045, Fax 252391

CIVITANOVA MARCHE
Via IV Novembre 20, Tel. 0733/813967, Fax 970276

FABRIANO
Piazza D. Manin 11, Tel. 0732/629690, Fax 629791

FANO
Via C. Battisti 10, Tel. 0721/803534, Fax 824292

FERMO
Piazza del Popolo 5, Tel. 0734/228738, Fax 228325

GABICCE
Viale della Vittoria, Tel. 0541/954424, Fax 953500

LORETO
Via Solari 3, Tel. 071/977139, Fax 970276

MACERATA
Via Garibaldi 87, Tel. 231547, Fax 230449

PESARO
Via Mazzolari 4, Tel. 0721/69341, Fax 30462

SAN BENEDETTO
Via delle Tamerici 5, Tel. 0735/582542, Fax 582893

SARNANO
Piazza Perfetti 17, Tel. 0733/657195, Fax 657390

SENIGALLIA
Piazzale Morandi 2, Tel. 071/7922725, Fax 7924930

URBINO
Piazza Rinascimento 1, Tel. 0722/2613, Fax 2441

Agritourismus

Agritourismus entwickelte sich im Zuge der Europäischen Vereinigung. Es handelt sich dabei um prinzipiell landwirtschaftliche Betriebe, die zu touristischen Zwecken staatliche Zuschüsse erhalten. Zweck der Förderung ist es, den Bauern durch das Zubrot des Tourismus die Möglichkeit und Motivation zu geben, ihren Betrieb weiterzuführen. Sie unterliegen der Auflage, daß ihre überwiegende Tätigkeit die Landwirtschaft bleiben muß. In der Praxis ist dies allerdings nicht immer der Fall. Oft wird aus dem Landwirt ein Wirt.

Die Agritourismusbetriebe bieten vielfältige Leistungen an, die vor allem zwei Dinge gemeinsam haben: Sie finden alle mehr oder weniger auf dem Land statt, und die angebotenen Produkte müssen überwiegend selbst erzeugt worden sein. So kann sich hinter dem Begriff Agritourismus ein reiner Pferdeverleih genauso wie ein Feinschmeckerrestaurant verstecken. Viele der Restaurants nehmen vor allem das Essen sehr ernst und sind stolz darauf, ihre »Hausmannskost« nach alter Art und Weise herstellen und anbieten zu können. So bekommt man vom eigenen Wein über Fleisch, Wurst, Käse, Brot, Gemüse bis hin zum Honig alles angeboten, was man auf dieser Produktionsebene herstellen kann.

Die Betriebe, die auch Unterkunft anbieten, als »Urlaub auf dem Bauernhof« zu bezeichnen, würde jedoch eine falsche Vorstellung vermitteln, denn man kann dort alles andere tun, als neben einem Misthaufen zu schlafen und in Gummistiefeln herumzuwaten. Meist handelt es sich um moderne und saubere Unterkünfte in landschaftlich interessanter Gegend zu angemessenen Preisen.

Antiquitätenmärkte

Wichtige Termine mit Antiquitätenmärkten:

Macerata: *(Mai) Ausstellung und Markt von antiken Kameras, Tel. 0733/231547*

Sarnano: *(Mai–Juni) Ausstellung und Markt von Antiquitäten und Kunsthandwerk, Tel. 0733/657273*

Recanati: *(Juni) Antike Messe für Antiquitäten und Kunsthandwerk von S. Vito, Tel. 071/982772*

Ascoli Piceno: *(Ganzjährig) Ausstellung und Markt von Antiquitäten, Tel. 0736/253045*

Pollenza: *(Juli) Antiquitäten, Restauration und Handwerk, Tel. 0733/549112*

Offida: *(August) Ausstellung und Markt von Klöppelspitze, Tel. 0736/889381*

Acquaviva Picena: *(Juli–August) Ausstellung und Markt von Antiquitäten und Kunsthandwerk, Tel. 0735/764005*

Cingoli: *(Juli–August) Handwerk und kleine Antiquitäten-Ausstellung und Markt Keramik Tel. 0733/603146*

Fermo: *(Juli–August) Ausstellung und Kunsthandwerke, Tel. 0734/228738*

Civitanova Marche: *(Mai und Dezember) Domus Antiqua, Nationale Ausstellung und Markt von Antiquitäten, Tel. 0733/813967*

Tolentino: *(August) Antiquitätenmarkt und lokales Handwerk, Tel. 0733/9011*

San Benedetto: *L'Antico e le Palme, Antiquariat (Juni–August), Tel. 0735/582542*

Castelfidardo: *Mercatino castellano (Juli–August), Tel. 071/78291*

Fano: *Antiquitätenmarkt (Ganzjährig), Tel. 0721/887203*

Pennabilli: *Nationale Antiquitätenausstellung (Juli), Tel. 0541/928578*

Sassoferrato: *Antiquitäten- und Flohmarkt (letzten Samstag im Monat, Mai bis September)*

Autobahngebühren

Autobahnen sind in Nord- und Mittelitalien überwiegend kostenpflichtig. Bei der Auffahrt muß eine Karte gezogen werden, anhand welcher bei der Ausfahrt der Preis berechnet wird. Es empfiehlt sich, bei der Einreise, vor allem in den Hauptreisezeiten, eine Gebührenkarte (Viacard) zu besorgen. Diese bekommen Sie beim ADAC, an den Grenzen oder den Mautstellen.

Mit der Viacard kann man sich eventuell erhebliche Wartezeiten ersparen. Verbleibendes Guthaben ist auch im folgenden Jahr noch gültig.

Campingplätze

Es gibt in den Marken eine Reihe von Campingplätzen. »Wildes« Campen, z. B. mit dem Wohnmobil, wird – vorausgesetzt, man hält sich an die Regeln guten Benehmens – meistens toleriert.

Auf dem Campingplatz muß man bei der Ankunft seine Papiere für ein paar Stunden bei der Rezeption abgeben. Das liegt nicht daran, daß die Gastgeber mißtrauisch sind, sondern ein in den 70er Jahren erlassenes Antiterroristengesetz zwingt die Betreiber unter Androhung hoher Geldstrafen dazu, täglich Listen der Gäste bei den Carabinieri abzugeben.

Essenszeiten

Italiener essen normalerweise dreimal am Tag. Das Frühstück ist in der Regel überaus dürftig, und es ist ratsam, sich sein Frühstück selbst zusammenzustellen. Zum Mittagessen, zwischen 13.00 und 15.00 Uhr gehören Vorspeise, 1. Gang, Hauptspeise und Nachtisch. Genauso verhält es sich mit dem Abendessen zwischen 19.30 bzw. 20.00 und 23.00 Uhr. Es ist durchaus möglich, lediglich einen oder zwei Gänge zu essen.

Man zahlt normalerweise einen Grundbetrag von ein paar Tausend Lire für Gedeck und Bedienung.

Manchmal gibt es keine Speisekarte, wovon man sich nicht beirren lassen sollte. Dies sagt nichts über die Qualität des Restaurants aus.

Feiertage

Neujahr, Heilige Drei Könige, Ostermontag, 25. 4. (Tag der Befreiung), 1. 5., 1. 11., 25. und 26. 12. Am 25. 4., 15. 8. und am 8.12 sind auch die italienischen Vertretungen in Deutschland geschlossen.

In den Fremdenverkehrsorten sind Geschäfte oft auch an Feiertagen geöffnet.

Geld

Seit 2002 wird in Euro bezahlt. Die Banken sind gewöhnlich nur Montag bis Freitag, vormittags von 9.00 bis 13.00 Uhr geöffnet. Nur in Ausnahmefällen haben Banken auch nachmittags Schalterstunden. Die Öffnungszeiten der Postämter können lokal unterschiedlich sein.

Geschwindigkeitsbegrenzungen und Längenvorschriften

Höchstgeschwindigkeiten: Außerorts 90 km/h, auf Schnellstraßen (2 Fahrstreifen in jeder Richtung, Fahrbahn baulich getrennt) 110, auf Autobahnen 130 km/h, Wohnmobile über 3,5 t außerorts 80, auf Autobahnen 100 km/h; Pkw mit Anhänger außerorts und auf Schnellstraßen 70, auf Autobahnen 80 km/h. Motorräder bis 149 ccm sind auf Autobahnen verboten.

Höchstlängen: Wohnanhänger (einschl. Deichsel) mit einer Achse 6,50 m, Gespanne 14 m; Wohnanhänger mit zwei Achsen (Tandemachse) und Wohnmobile 8 m, Gespanne 15,50 m. Sportanhänger (einschl. Deichsel) mit einer Achse 7,50 m, Gespanne 16,50 m. Sportanhänger mit zwei Achsen 12 m, Gespanne 18 m. Erfahrungsgemäß werden überlange Anhänger nicht beanstandet, sofern die Gesamtlänge der Gespanne eingehalten wird.

Alle nach hinten über das Fahrzeug hinausragenden Dachlasten und Ladungen müssen mit einer 50 x 50 cm großen, rot-weiß gestreiften Warntafel gekennzeichnet sein (in vielen ADAC-Geschäftsstellen und im Fachhandel erhältlich).

Glaube

Die wichtigsten Wallfahrtsorte auf einen Blick

Ostra, Wallfahrtskirche Madonna della Rosa

Erbaut im Jahr 1700; enthält zahlreiche Weihgaben, darunter zwei türkische Flaggen.

Serra Sant'Abbondio, Einsiedelei S. Croce in Fonte Avellana

Ein imposanter architektonischer Komplex und ein berühmtes Kloster, aus welchem 54 Bischöfe, 4 Päpste und 74 Heilige hervorgegangen sind und welches den Dichter Dante beherbergt hat, der ihm in der 21. Strophe des Liedes »Im Paradies« ein Denkmal gesetzt hat.

Osimo, Wallfahrtskirche S. Giuseppe in Copertino

Im Jahr 1308 fertiggestellt; angeschlossen sind ein Kreuzgang und ein Kloster, in welchem der Heilige seine letzten Jahre verbrachte.

Loreto, Basilica della Santa Casa

15.–20. Jahrhundert; einer der bedeutendsten italienischen Wallfahrtsorte und stetiges Ziel von Pilgern; reich an Kunstschätzen; beherbergt das Heilige Haus von Nazareth.

Montelupone, Abtei San Firmano

Entstand im 9. Jahrhundert. Enthält Fresken aus dem 15. Jahrhundert und eine Statue des Heiligen in farbiger Terrakotta, angeblich ein Werk der Brüder Della Robbia. Der Heilige verbrachte hier seine letzten Lebensjahre.

Montecosaro, Abtei Santa Maria a Piè di Chienti

Entstand im 9. Jahrhundert. Enthält Reste von Fresken aus dem 14. Jahrhundert, die Andrea da Bologna zugeschrieben werden. Das Zentrum der Apsis wird vom Bild des thronenden Christus beherrscht. Die Kirche besteht aus zwei Stockwerken, dem unteren Teil und der Empore.

Civitanova Marche, Wallfahrtskirche San Marco

Entstand wahrscheinlich im 9. Jahrhundert. Errichtet an dem Ort, wo der Heilige, der erste Märtyrer der Gegend um Ascoli Piceno, sein Martyrium erlitt. Im Inneren befinden sich Reste von Chorschranken und Kapitellen.

Tolentino, Wallfahrtskirche San Nicola in Tolentino

Ein Gebäude von großem künstlerischen Wert mit einem Portal aus

dem 15. Jahrhundert, einem Kreuzgang aus dem 13. Jahrhundert und einem Freskenzyklus aus dem 17. Jahrhundert. Besonders schön ist die Kuppel (cappellone) mit Fresken der Rimineser Schule aus dem 13. Jahrhundert.
Im angebauten Augustinerkloster befinden sich verschiedene Museen.

San Ginesio, Kloster San Liberato
Wurde 1274 von den Herren von Brunforte erbaut, um die sterblichen Überreste San Liberatos, einem Anhänger des Heiligen Franziskus, aufzubewahren.

Montefortino, Wallfahrtskirche Madonna dell'Ambro
In einer eindrucksvollen Schlucht, 687 m über dem Meeresspiegel gelegen. Sie wurde vor dem Jahr 1000 gegründet und im Jahr 1603 von Ventura Vitoni wieder aufgebaut. Zahlreiche Fresken und Holzschnitzereien sind erhalten.

Quelle: Regione Marche, Assessorato al Turismo

Kassenzettel

Das italienische Finanzamt hat in den achtziger Jahren ein Gesetz erlassen, das Verkäufern wie Konsumenten Strafen androht, wenn letztere den Kassenzettel nicht aus dem Gebäude, in dem die Transaktion stattfand, herausbringen. Das soll eventuellen Versuchen, Einnahmen nicht zu verbuchen, vorbeugen. Wundern Sie sich daher nicht, wenn Ihnen ein Barmann hinterherläuft, um Ihnen den Kassenzettel für einen Cappuccino in die Hand zu drücken.

Kleidung

Es ist sehr schwierig, darüber etwas zu sagen, da die Temperaturunterschiede sehr groß sein können. In den Sommermonaten ist sicher sehr leichte Kleidung mit etwas Wärmerem für die Nacht angesagt. In den Wintermonaten sollte man warme Kleidung mit etwas Leichterem für schönes Wetter dabei haben.

Kriminalität

Die Marken gehören zu den Regionen Italiens mit der geringsten Kriminalitätsrate. Selbst in Küstennähe hört man nur höchst selten von vereinzelten Diebstählen, die sich allerdings auch nicht gezielt gegen Touristen richten, sondern ebenso gegen Einheimische. Normale Vorsichtsmaßnahmen sind daher ausreichend. Sollten Sie etwas vermissen oder verloren haben, wenden Sie sich immer an die örtlich zuständigen Carabinieri. Fundgegenstände werden in der Regel dorthin gebracht.
Belästigungen aller Art sind ebenfalls die Ausnahme. An den Stränden wird hier und da meist von Nichtitalienern Schmuck und Krimskrams verkauft. Und nur sehr selten sieht man in den größeren Küstenstädten an den Ampeln bettelnde Personen, die meist aus den östlichen Ländern emigriert sind.

Maße und Gewichte

Verwendet werden metrische Maße und Zoll (genannt Pollice). Zusätzlich gibt es beim Einkaufen die Einheit »l'etto«, die 100 Gramm entspricht. Mit einem »Quintale« ist ein Doppelzentner bzw. 100 kg gemeint.

Medizinische Versorgung

Mit dem Formular »E 111« (erhältlich bei Ihrer Krankenkasse) besteht für EU-Bürger Anspruch auf medizinische Versorgung. Aber Vorsicht, es gilt lediglich für öffentliche Ärzte. Bei privaten Ärzten (und die meisten Zahnärzte sind privat) muß man auch zahlen. Es empfiehlt sich daher, sich über eine Auslandskrankenzusatzversicherung zu erkundigen.

Museen

AMANDOLA AP

Museum della Civilta Contadina, *Largo Leopardi, Tel. 0736/97347*

ANCONA AN

Pinakothek Civica und Galleria d'arte moderna, *Via Pizzecolli 17, Tel. 071/222504*

Museum nazionale delle Marche, *Via Ferretti 6, Tel. 071/2075390*

APECCHIO PS

Museum dei Fossili, *Palazzo Ubaldini, Tel. 0722/9948*

ASCOLI PICENO AP

Pinakothek Civica, *Piazza Arringo, Tel. 0736/298213*

Museum Archeologico, *Piazza Arringo, Tel. 0736/253562*

Museum Diocesano, *Piazza Arringo, Tel. 0736/259901*

Galleria d'arte Contemporanea, *Corso Mazzini, Tel. 0736/250760*

BELVEDERE OSTRENSE AN

Museum Immagine Postale, *Palazzo Municipale, Tel. 0731/62962*

CAMERINO MC

Museum und Pinakothek Comunale, *Chiesa S. Francesco, Tel. 0737/2394*

Museum Diocesano, *Piazza Cavour, Tel. 0737/630400*

Museum Storico Cappuccino, *Via C. da Renacavata, Tel. 0737/2328*

CASININA AUDITORE PS

Museum Storico Linea Gotica, *Via Provinciale, Tel. 0722/362170*

CASTELFIDARDO AN

Museum internazionale della Fisarmonica, *Via Mordini 1*

CINGOLI MC

Pinakothek Comunale »D'Stefanolli«, *Via Mazzini 10, 0733/602877*

CIVITANOVA MARCHE MC

Museum del Trotto, *C. da Asola 2, Tel. 0733/893000*

Museum Arti und Tradizioni Popolari, *Via Cento Fiorini, Tel. 0733/890658*

Museum Armi Guardia Civile IXX Secolo, *Piazza Liberta, Tel. 0733/890160*

Galleria D'Arte Contemporanea, *Piazza della Liberta, Tel. 0733/890160*

CORRIDONIA MC

Museum »Corridoni«, *Municipio, Tel. 0733/433067*

Pinakothek Parrocchiale, *Via Cavour, Tel. 0733/431832*

CUPRAMARITTIMA AP

Museum Malacologico, *Via Adriatica Nord 82, Tel. 0735/77160*

CUPRAMONTANA AN

Museum nt le Etichette dei Vini, *Corso Leopardi, Tel. 0731/780199*

FABRIANO AN

Pinakothek und Museum Degli Arazzi, *Via del Polo, Tel. 0732/709255*

Museum Carta und Filigrana, *Largo Fratelli Spacca, Tel. 0732/22334*

FANO PS

Museum Civico und Pinakothek, *Piazza XX Settembre, Tel. 0721/876362*

Biblioteca Federiciana, *Via Castracane 1, Tel. 0721/82415*

Museum del Mare – Istituto di Biologia Marina, *Viale Adriatico 1, Tel. 0721/802689*

FERMO AP

Pinakothek Civica, *Piazza del Popolo, Tel. 0734/284327*

Museum Archeologico-Antiouarium, *Largo Calzecchi – Onesti, Tel. 0734/2841*

Museum Popolare »C. Zavatti«, *Villa Vitali, Tel. 0734/226166*

FILOTTRANO AN

Raccolta »Beltrami«, *Via Beltrami 2, Tel. 071/7221114*

Museum del Biroccio, *Via Beltrami 2, Tel. 071/7221114*

FOSSOMBRONE PS

Museum Civico »Vernarecci«, *Via Zandri, Tel. 0721/714645*

Guadreria »O Cesarini«, *Via Flaminia 32, Tel. 0721/714650*

FRONTINO PS

Museum »F Assetto«, *Tel. 0722/711206*

GENGA AN

Museum Speleopaleontologico, *5 Vittore Terme, Tel. 0732/90241*

GRADARA PS

Museum della Rocca, *Rocca Malatestiana, Tel. 0541/964181*

JESI AN

Museum Civico, *Piazza Colocci, Tel. 0731/538342*

Pinakothek Civica, *Via XV Settembre, Tel. 0731/538343*

LORETO AN

Museum Aeronautico, *SS 16 V. Pizzardeto, Tel. 071/9797260*

Museum Pinakothek della 5 Casa, *Piazza della Madonna, Tel. 071/977759*

MACERATA MC

Pinakothek Pittura Italiana, *Via a Ricci 1, Tel. 0733/247400*

Museum Marchigiano Risorgimento, *Piazza Vittorio Veneto, Tel. 0733/256363*

Museum Civico und Pinakothek, *Piazza Vittorio Veneto, Tel. 0733/256361*

Museum della Carrozza, *Piazza Vittorio Veneto, 0733/256361*

Museum Tipologico del Presepio, *Via m Pantaleoni 4, Tel. 0733/234035*

MAIOLATI SPONTINI AN

Museum Spontiniano, *Via Spontini, Tel. 0731/72972*

MATELICA MC

Museum Piersanti, *Via Umberto 1,11, Tel. 0737/84445*

MERCATELLO SUL METAURO PS

Pinakothek Comunale, *Tel. 0722/89640*

Museum Chiesa San Francesco, *Piazza S. Francesco, Tel. 0722/89114*

MOGLIANO MC

Museum Pinac Parrocchiale, *Arcipretura S. Maria, Tel. 0733/556085*

MONDAVIO PS

Armeria della Rocca, *Rocca di Mondavio, Tel. 0721/96102*

MONTECAROTTO AN

Museum »Mail Art«, *Palazzo Municipale, Tel. 0731/89131*

MONTEFIORE DELL'ASO AP

Sala de Carolis, *Via Garibaldi 38, Tel. 0734/938103*

MONTEFORTINO AP

Pinakothek Comunale, *Via Roma, Tel. 0736/85910#*

MONTEGIORGIO AP

Museum Cultura Contadina Alto Piceno, *Via Roma*

MORRO D'ALBA AN

Museum Civiltà Mezzadrile Utensilia, *Via Romagnoli, Tel. 0731/63000*

MORROVALLE MC

Museum intern. del Presepio, *P. ZZA San Bartolomeo, Tel. 0733/221527*

NOVAFELTRIA PS

Museum Storico Minerario, *Perticara – Via Rossini 34, Tel. 0541/910044*

Museum Minerario, *Tel. 0541/927576*

OFFAGNA AN

Museum della Rocca, *Rocca di Offagna, Tel. 071/7107552*

OSIMO AN

Museum Diocesano, *Piazza Duomo 7, Tel. 071/715396*

PENNABILLI PS

Museum Diocesano »A Bergamaschi«, *Via del Seminario, Tel. 0541/918486*

Museum Informat und Storia Calcolo, *Tel. 0541/928563*

PESARO PS

Tempietto Rossiniano, *C/O Conservatorio, Tel. 0721/30053*

Museum del Mare, *Viale Pola, 0721/387536*

Museum Scientifico »Guidl«, *Via Avogadro, Tel. 0721/30677*

Musei Civici, *Via T. Mosca 29, Tel. 0721/67815*

Museum Olive Riano, *Via Mazza 97, Tel. 0721/33344*

Casa Natale di O. Rossini, *Via Rossini 34, Tel. 0721/387357*

PETRIOLO MC

Museum Legni Professionali, *Sant Madonna Misericordia, Tel. 0733/55348*

PIANDIMELETO PS

Museum »Scienze della Terra«, *Tel. 0722/79121*

Museum del Lavoro Contadino, *Piazza Dei Conti Oliva, Tel. 0722/79121*

PIEVEBOVIGLIANA MC

Museum R Campelli, *Chiesa 5 M Assunta, Tel. 0737/44126*

PIEVETORINA MC

Museum della nostra Terra, *Piazza Sant'Agostino, Tel. 0737/518032*

PIORACO MC

Mostre Filigrane-Funghi und Fossili, *Municipio, Tel. 0737/42142*

POLLENZA MC

Museum Memorie Patrie, *Via Roma 32, Tel. 0733/549387*

PORTO RECANATI MC

Pinakothek Comunale, *Piazza Brancondi, Tel. 071/9799018*

RECANATI MC

Pinakothek und Museum Gigli, *Piazza Leopardi, Tel. 071/7587214*

Museum o Leopardi, *Piazza Sabato del Villaggio, Tel. 071/9841309*

Museum Diocesano, *Piazza Duomo 2, Tel. 071/981022*

S. AGATA FELTRIA PS

Museum della Rocca, *Rocca Fregoso, Tel. 0541/929191*

S. BENEDETTO DEL TRONTO AP

Museum Anfore, *Viale de Gasperi, Tel. 0735/86855*

Museum Ittico, *Viale c Colombo, Tel. 0735/588850*

SAN GINESIO MC

Museum und Pinakothek Comunale, *Chiesa di S. Sebastiano, Tel. 0733/666079*

SAN LEO PS

Museum und Pinakothek del Forte, *Rocca di San Leo, Tel. 0541/916242*

SAN LORENZO IN CAMPO PS

Antiouarium Suasano, *Via S. Demetrio, Tel. 0721/76825*

SAN SEVERINO MARCHE MC

Museum del Territorio, *Viale Bigioli, Tel. 0733/638577*

Pinakothek »Tacchi-Venturi«, *Via Salimbeni 39, Tel. 0733/638095*

Galleria D'Arte Moderna, *Piazza del Popolo, Tel. 0733/6411*

SANT'ANGELO IN VADO PS

Museum dei Vecchi Mestieri, *Corso Garibaldi, Tel. 0722/88508*

SARNANO MC

Museum Armi Antiche und Moderne, *Palazzo Comunale, Tel. 0733/657160*

Pinakothek Comunale, *Via Leopardi, Tel. 0733/658126*

SASSOCORVARO PS

Museum Civiltà Contadina, *Piazza Battelli, Tel. 0722/76133*

SASSOFERRATO AN

Galleria D'Arte Moderna und Contemporanea, *Via Montanari, Tel. 0732/956232*

Museum Arti und Trad. Popolari, *Via Montanari, Tel. 0732/956232*

SENIGALLIA AN

Rocca Roveresca, *Piazza del Duca, Tel. 071/63258*

Museum und Pinakothek Diocesana, *Via O. Mastai, Tel. 071/60649*

Museum delle Tradizioni Contadine, *Scapezzano (Ex Convento delle Grazie), Tel. 071/7923127*

Museum dell' Informazione, *Via Chiostergi 10, Tel. 071/60424*

SERRA S. QUIRICO AN

Museum Cartoteca Storica Regionale, *Via Marcellini, Tel. 0731/86019*

TOLENTINO MC

Tesoro della Basilica di 5. Nicola, *Basilica S. Nicola, Tel. 0733/969996*

Museum Internazionale Caricatura, *P.zza della Libertà, Tel. 0733/969797*

Museum Napoleonico, *Via N. Pace 20, Tel. 0733/901325*

TREIA MC

Accademia Georgica, *Municipio, Tel. 0733/215117*

URBANIA PS

Museum Diocesano, *Via Urbano VIII, Tel. 0722/319574*

Museum Civico, *Corso Vittorio Emanuele, Tel. 0722/61795*

URBINO PS

Galleria Nazionale delle Marche, *Piazza Duca Federico, Tel. 0722/3293115*

Museum Accademia Raffaello, *Via Raffaello, Tel. 0722/320105*

Museum Diocesano, *Piazza Pascoli 1, Tel. 0722/2892*

URBISAGLIA MC

Museum Armi und Uniformi, *Sacrario Caduti, Tel. 0733/5065661*

VISSO MC

Museum Comunale, *Largo Antinori, Tel. 0737/95241*

Nachtleben

Das Nachtleben beschränkt sich hauptsächlich auf Diskotheken und Nachtclubs, die es jedoch fast nur in etwas größeren Ortschaften mit mehr als 5.000–10.000 Einwohnern gibt. Ähnlich wie in Deutschland öffnen sie oft erst sehr spät und nicht jeden Tag, sondern meist an Wochenenden.

Notruf

Polizeinotruf und Unfallrettung Telefon 113. Pannenhilfe leistet der italienische Automobilclub ACI. Er ist rund um die Uhr erreichbar: in Ortschaften und auf Landstraßen unter Telefon 116, auf Autobahnen über die Notrufsäulen.

Preise

Entgegen der weit verbreiteten Ansicht ist man in den Marken meist nicht bereit, über Preise zu verhandeln. Die afrikanische Verhandlungsmentalität, zuerst völlig überhöhte Preise zu nennen, um dem Gegenüber dann mit dem Erfolgserlebnis des sinkenden Preises zu locken, ist hier völlig fremd. Daher ist hier Vorsicht angebracht. In den Marken spricht man auch davon, »das richtige zu verlangen«, und gar schnell ist jemand beleidigt. Außerdem sollte man sich daran erinnern, daß auf der einen Seite die Preise im allgemeinen weit geringer sind als bei vergleichbarer Qualität in Deutschland, denn die Italiener mögen keine Billigprodukte ohne Qualität, und zum anderen ist man hier nicht in der Dritten Welt. Das heißt, die Dinge haben ihren Preis und die Menschen möchten gerne für ihre Leistungen angemessen bezahlt werden.

Rauchen

Rauchen ist in allen öffentlichen Gebäuden, Restaurants, Bars etc. per Gesetz verboten, obwohl sich nicht immer alle daran halten. Die Tabakpreise sind ähnlich hoch wie bei uns; Zigaretten bekommt man in den Bars und Geschäften, die außen mit »Sali e Tabbacchi« gekennzeichnet sind.

Reisedokumente

Sie benötigen einen gültigen Personalausweis oder Reisepaß. Kinder unter 16 Jahren müssen im Paß eines Elternteils eingetragen sein oder einen eigenen Kinderausweis mitführen.

Reiseführer

Für organisierte Gruppen in deutscher Sprache:

Region Ancona, *Leonardo Guerriero, Via Piano di Frassineta 34, 60041 Sassoferrato (AN), Tel. 0732/959835*

Shopping

Die Marken haben ganz hervorragende Handwerker mit einer oft sehr weit zurückreichenden Tradition. So bekommt man in vielen Städten noch handgefertigte Produkte von hervorragender Qualität, die in Deutschland schon seit geraumer Zeit völlig verschwunden sind, z. B. Schuhe, Kupferwaren, Schmiedeeisernes, Majolika, Hüte, Spitze, Wurst, Käse, Papier, Terrakottawaren, Lederverarbeitung oder Musikinstrumente. Aber auch die Restaurierung alter Möbel und Bücher nimmt einen nicht unbedeutenden Platz ein. Man sollte sich, sofern im Städteteil nicht ohnehin darauf verwiesen ist, unbedingt erkundigen, auf welches Handwerk sich die Gegend spezialisiert hat, in der man sich gerade befindet. Oft kann man direkt in den Werkstätten wunderschöne Dinge zu günstigen Preisen erstehen.

Strom

Es wird einheitlich 220 Volt Spannung verwendet, lediglich bei den Steckern gibt es verschiedene Systeme. In modernen Häusern ist dieses Problem jedoch meist durch multifunktionale Steckdosen gelöst.

Da es in Italien keine Atomkraftwerke gibt, wird sehr viel Strom mit Wasser und Windkraft erzeugt.

Tanken

In Italien gibt es staatliche Benzinpreise, daher ist der Preisunterschied zwischen normalen und Autobahntankstellen nur gering. Bleifreies Benzin ist mittlerweile überall zu bekommen. Die ehemals üblichen »Coupons« für verbilligtes Benzin gibt es nicht mehr, die Benzinpreise sind nahezu mit denen in anderen europäischen Ländern identisch.

Sehr viele italienische Tankstellen haben Autogas, welches sehr viel günstiger und umweltfreundlicher ist als Benzin. Der relativ günstige zusätzliche Einbau einer solchen Anlage ermöglicht das alternative Fahren von Benzin und Gas und macht sich schon nach wenigen tausend Kilometern bezahlt.

Taxis

Taxis gibt es oft nur in den mittleren bis größeren Orten (ab ca. 5.000 Einwohner).

Telefonieren

In Italien muß seit einiger Zeit bei Ortsgesprächen auch innerhalb der Ortschaften die Vorwahl mitgewählt werden.

Öffentliche Telefonzellen funktionieren in Italien meist mit Bargeld und Telefonkarten, jedoch geht die Tendenz ähnlich wie in Deutschland mehr zu Kartentelefonen. Telefonkarten bekommt man zu 5000 oder 10.000 Lire in den meisten Bars oder Zeitungsläden, vor allem wenn diese außen mit »Sali e Tabbacchi« gekennzeichnet sind. Wichtig ist, die gekennzeichnete Ecke auf der Karte herauszubrechen, sonst funktioniert sie nicht!

Vorwahlen von Italien ins Ausland:
Deutschland 0049
Österreich 0043
Schweiz 0041

Vorwahlen vom Ausland nach Italien:
0039

Handybesitzer, sofern sie über ein GSM Gerät verfügen, können innerhalb Italiens ohne die Landesvorwahl telefonieren. Es stehen die drei Anbieter TIM, Wind und Omnitel zur Verfügung. Um sich von Deutschland aus auf ein Handy anrufen zu lassen, braucht man die italienische Landesvorwahl nicht mitzuwählen. Die Rufweiterleitung funktioniert automatisch.

Tiere

Es ist verboten, Hunde und andere Tiere mit in Restaurants und Hotels zu bringen. Erlaubt es der Betreiber, riskiert er eine Geldstrafe. Ab und an wird bei wenig Betrieb eine Ausnahme gemacht. Denken Sie daran, daß Hunde in Italien meist recht frei gehalten werden und natürlich auch ein entsprechendes Revierverhalten besitzen. Sollten sich die »Hunde vom Land« mal in die Haare kriegen, macht das den Besitzern meist weniger aus, und normalerweise passiert auch nicht viel bei so einer Rangelei. Sollten Sie eine solche Begegnung vermeiden wollen, denken Sie daran, daß viele Hunde in Italien frei umherlaufen.

In Zügen kann man Hunde grundsätzlich mitnehmen, man sollte allerdings einen Maulkorb dabei haben, den man im Normalfall nicht anlegen muß.

Trinkgeld

Mit dem Trinkgeld verhält es sich ähnlich wie in Deutschland und Österreich, Trinkgeld ist möglich, aber kein absolutes Muß.

Verkehrskontrollen

Carabinieri, Polizia und auch die Guardia di Finanza (Steuerpolizei) kontrollieren häufig auf den Straßen. Im Gegensatz zu Deutschland wird jedoch so gut wie nie nach Alkoholsündern gefahndet. Statt dessen werden Fahrzeugtüchtigkeit, Papiere und die Anschnallpflicht geprüft. Die häufigen Kontrollen finden nicht zuletzt deshalb statt, weil die Kasernen teils mit Bußgeldern finanziert werden. Geschwindigkeitskontrollen kommen vor, aber wesentlich seltener. Touristen werden meist korrekt und mit Respekt behandelt.

Verkehrsverbindungen, Bus und Bahn

Entfernungen in km von Ancona

Amsterdam	1582	Aosta	605
Athen	1200	Bari	457
Belgrad	1168	Berlin	1380
Bern	775	Bologna	208
Bonn	1304	Brenner	595
Brüssel	1362	Budapest	1142
Bukarest	2100	Cagliari	870

Chiasso	517	Düsseldorf	1378
Florenz	322	Frankfurt	1127
Genf	840	Genua	522
Graz	808	Hamburg	1650
Hannover	1487	Innsbruck	620
Kopenhagen	2100	Köln	1332
Lausanne	736	Lissabon	2600
London	1784	Luxemburg	1334
Lyon	904	Madrid	2026
Mailand	427	München	780
Neapel	495	Oslo	2705
Palermo	1159	Paris	1326
Perugia	149	Ponte S. Luigi	690
Prag	1176	Reggio C.	891
Rom	291	Salzburg	794
Sofia	1980	Stockholm	2743
Straßburg	931	Stuttgart	960
Tarvisio	499	Trento	445
Triest	445	Turin	561
Venedig	295	Warszawa	1620
Wien	974	Zürich	729

Vertretungen und Anschriften

Italienische Vertretungen in Deutschland und Österreich

Italienische Botschaft,
Dessauer Straße 28–29, 10963 Berlin, Tel. 030/254400, Fax 030/25440120 (ab 2002: Hiroshimastraße 1–7, 10785 Berlin)

Italienische Botschaft,
Ungargasse 43, 1030 Wien.

Deutsche und österreichische Vertretungen in Italien

Ⓓ *Rom, Via Po 25 c, Tel. 06/884741.*
Ⓐ *Rom, Via Pergolesi 3, Tel. 06/8543286.*

Konsularische Vertretungen:

Ⓓ **Genua,** *Via San Vincenzo 4/28, Tel. 010/590841;*
Ⓓ **Mailand,** *Via Solferino 40, Tel. 02/6554434;*
Ⓓ **Neapel,** *Via Crispi 69, Tel. 081/7664647;*
Ⓐ **Bologna,** *Via Ugo Bassi, Tel. 051/436672;*

Staatliche Italienische Fremdenverkehrsämter ENIT

60329 Frankfurt, *Kaiserstraße 65, Tel. 069/237430, Fax 069/232894;*
80336 München, *Goethestraße 20, Tel. 089/530360;*
40212 Düsseldorf, *Berliner Allee 26, Tel. 0211/132231-2.*
1010 Wien, *Kärntner Ring 4, Tel. 01/5051639-13.*

Automobile Club d'Italia (ACI), 00 185 Rom, Via Marsala 8,

Casella Postale 2389, 00 100 Roma, Tel. 06/49981, Fax 06/49982234.

Touring Club Italiano (TCI), 20 122 Mailand, Corso Italia 10,

Tel. 02/85261, Fax 02/8526362. Geschäftsstellen beider Clubs in einigen größeren Städten.

Wie man die Marken erreicht:

Autobahn A14, Ausfahrten:
Cattolica · S. Giovanni. Gabicce · Pesaro, Urbino · Mondolfo, Marotta · Fano · Senigallia · Ancona Nord · Ancona Sud · Loreto, Recanati · Civitanova Marche, Macerata · Fermo, Porto S. Giorgio · Pedaso · S. Benedetto del Tronto, Ascoli Piceno

Flughafen:
Raffaello Sanzio, Ancona Falconara
Hafen von Ancona
Verbindungen zu anderen Häfen: Ex-Jugoslawien, Griechenland, Türkei, Albanien.
Quelle: Regione Marche, Assessorato al Turismo

Zeitverschiebung

Italien stellt die Uhr zusammen mit Deutschland und Österreich um.

Zoll

Im privaten Reiseverkehr innerhalb der EU dürfen Sie Waren zum eigenen Verbrauch unbegrenzt mitführen. Zur Abgrenzung zwischen privater und gewerblicher Verwendung gelten folgende Richtmengen: Privat erlaubt sind bis zu 800 Zigaretten, 400 Zigarillos, 200 Zigarren, 1 kg Rauchtabak, 10 Liter Spirituosen, 20 Liter alkoholische Getränke bis 22%, zudem 90 Liter Wein (davon max. 60 Liter Schaumwein) und 110 Liter Bier. Bei Mitnahme von größeren Mengen müssen Sie im Fall einer Kontrolle durch die zuständigen Behörden glaubhaft machen, daß es sich tatsächlich um Waren für den Eigenbedarf handelt.

Zugkosten

Zugfahren kostet in Italien recht wenig im Vergleich zu Deutschland. Man zahlt etwa soviel wie für die Autobahngebühren.

Zugfahrkarten

Vorsicht, wenn Sie von einem italienischen Bahnhof aus nach Deutschland wollen! Oft müssen die ausländischen Ziele per Hand aus riesigen Büchern gesucht werden. Da fährt einem schon mal der eine oder andere Zug vor der Nase weg. Also früh genug dasein, denn im Zug nachzulösen ist zwar möglich, kostet aber erheblich mehr. Außerdem müssen die Fahrkarten unbedingt vor Fahrtantritt in an den Bahnsteigen dafür vorgesehenen Entwertern abgestempelt werden, sonst ist eine Strafe fällig.

Aqualagna → Trüffelmarkt
Cagli → Fresken v. Raffael-Vater
Sassoferrato
Numana
Vestignano
Pontelatrave
Pievebovigliana
Chiaravalle di Fiastra
+ Grotta dei Fraticelli
San Ginnesio